JOHANNES UND EVA-MARIA HOLMER

ICH WEISS, DASS GOTTES PLAN PERFEKT IST

LYDIA – EIN LEBEN VOLLER VERTRAUEN

MIX
Papier | Fördert gute Waldnutzung
FSC® C014496
FSC www.fsc.org

Eva-Maria und Johannes Holmer
Ich weiß, dass Gottes Plan perfekt ist
Lydia – ein Leben voller Vertrauen

Best.-Nr. 271998
ISBN 978-3-86353-998-6

Am Güterbahnhof 26 | 35683 Dillenburg
www.cv-dillenburg.de
(Dieser Titel erschien seit 2013 bereits in fünf Auflagen bei SCM Hänssler in der SCM Verlagsgruppe GmbH · 71088 Holzgerlingen)

Satz: typoscript GmbH, Walddorfhäslach
Umschlaggestaltung: Christliche Verlagsgesellschaft mbH
Umschlagmotiv und Bilder im Innenteil: © Familie Holmer

Druck: GGP Media GmbH, Pößneck
Printed in Germany

Wenn Sie Rechtschreib- oder Zeichensetzungsfehler entdeckt haben, können Sie uns gern kontaktieren: info@cv-dillenburg.de

Inhalt

In großer Dankbarkeit gegenüber dem Herrn,
der Lydia so sichtbar in seiner Hand gehalten hat.
Dankbar auch gegenüber denen,
die über viele Jahre hinweg an Lydia gedacht und
für sie gebetet haben.
Manche haben sie auch materiell unterstützt.
Viele haben uns geholfen, dieses Buchprojekt zu realisieren,
haben uns Beiträge geschickt oder von Begegnungen erzählt.
Die meisten der vielen Freunde von Lydia
konnten hier nicht namentlich genannt werden.

Im Gedenken an Maximilian,
an Sigurd und an Monika, besondere Freunde,
die schon in der Ewigkeit sind, sowie in der Fürbitte für die,
die zurückgeblieben sind.

Markus Spieker über Lydia

Was macht einen Menschen groß?

Die Frage stelle ich mir oft, wenn ich über Persönlichkeiten des Zeitgeschehens berichte. Präsidenten, Kanzler, Minister oder sonstige Amts- und Würdenträger. Sie spielen auf der Bühne der Weltöffentlichkeit, dabei ist der Applaus zu Beginn meist stürmisch und die Buhrufe am Ende laut. Oft bleiben sie nur als geschichtliche Randnotizen im allgemeinen Gedächtnis, je nachdem, wie viel Gutes oder Böses sie bewirkt haben und was davon überhaupt Schlagzeilen gemacht hat.

Manche werden einwenden, dass die Frage falsch gestellt ist und es bei der Lebensbilanz nicht so sehr auf die historische Größe, sondern vielmehr auf das persönliche Glück ankommt. Gewonnen hat nach dieser Lesart nicht der mit den meisten Pokalen, sondern der mit den meisten Spielzeugen, derjenige, der viel Spaß gehabt hat, und das möglichst lange.

Bei beiden Fragen, denen nach Größe und Glück, schneidet Lydia nicht sonderlich gut ab. Sie war gemessen an den gängigen Erfolgsstandards ein kleines Licht, und das ging auch noch schnell aus.

Lydia hat gestrahlt.

Aber sie hat gestrahlt! Und wie! So kräftig, dass davon mir und allen, die sie kannten, jetzt und vermutlich immer warm ums Herz wird. So gesehen war Lydia ein Superstar. Eine Supernova. Eine Ausnahmeerscheinung. Weil ihr Leuchten nicht die Zufälligkeiten eines angenehmen Lebens reflektierte und auch nicht von innen kam und damit an den provisorischen Herzschlag gekoppelt war – sondern von Gott, der ihr Leben zum Überquellen vollmachte. Deshalb hatte sie recht, wenn sie ein paar Jahre vor der schrecklichen Krebsdiagnose schrieb: »Ich bin sehr gespannt, was Gott noch mit mir macht. Ich merke oft, dass Gott Dinge macht, die wir uns gar nicht hätten denken können. So ein Leben ist doch spannend.«

So leicht es mir im Nachhinein fällt, Lydias Leben sinnhaft in Gottes Heilsplan einzuordnen, so schwerfällt es mir, ihr teilweise unsägliches Leiden zu akzeptieren. Ich frage: War das wirklich nötig, Jesus? Wie kannst du zusehen, wie eine deiner treuesten Jüngerinnen so qualvoll von inneren Wucherungen zerfressen wird? Ich habe zwar selbst schon gepredigt, dass Gemeinschaft mit Jesus auch Leidensgemeinschaft bedeuten kann, aber in diesem konkreten Fall erscheint es einfach zu brutal.

Die Antwort auf die Frage nach den Gründen für Lydias gesundheitliche Tragödie werde ich erst im Himmel bekommen. Schon jetzt weiß ich: Der Krebs hat sie nicht besiegt, sondern sie zu einer ganz besonderen Schönheit werden lassen. Ich habe – und das schreibe ich ganz ohne journalistische Übertreibung – noch nie einen Menschen erlebt, der die christlichen Tugenden Glaube, Liebe und Hoffnung besser verkörpert hat als Lydia, trotz und gerade wegen ihres harten Schicksals. Wenn ich sie in Bülow besucht habe, ging von ihrem Zimmer eine größere Kraft aus als vom Kanzleramt. Und nach jedem Besuch war ich selbst der Beschenkte. Die Glaubensfestigkeit, die Zuversicht und die Freundlichkeit, die Lydia auf Krücken, im Rollstuhl oder im Krankenbett ausstrahlte, wirkt bei mir immer noch nach. Ich staune darüber, wie ein Geschöpf, das langsam seines Lebens beraubt wird, so vital erscheinen kann, so dankbar, so gütig. Nicht von ungefähr nannte sie ihren kleinen Hund »Grace«. Sie vertraute hartnäckig auf Gottes Barmherzigkeit und beschämte damit viele kerngesunde Christen, denen der Überfluss die Glaubenssubstanz weggespült hat. Sie begriff, dass Gottes Gnade sich nicht in oberflächlich heilen Umständen zeigt, sondern in der permanenten Erlösung von irdischer Begrenzt- und Verlorenheit.

Zweimal habe ich mit Lydia einen Gottesdienst in ihrer Heimatkirche erlebt: erst am Osterfest, dann ein Dreivierteljahr später bei ihrer Beerdigung. Es tröstet mich zu wissen, dass sie zwar gestorben, aber nicht tot ist und dass ich ihren blonden Lockenkopf und ihre feurig-fröhlichen Augen auf jeden Fall vor Ablauf dieses Jahrhunderts wiedersehen werde, wenn es bei mir nämlich selbst soweit ist mit dem Sterben.

Es geht ihr gerade prächtig.

Die Frage, ob Lydia ein großer Mensch war und ein glückliches Leben hatte, ist also falsch gestellt. Irdisches Glück gibt es nur für den Moment, und für Größe fehlt uns Menschen die richtige Maßeinheit. Fakt ist stattdessen: Lydia hat ein erfülltes Leben, und es geht ihr gerade prächtig. Den ersten Abschnitt ihrer biologisch befristeten und auf drei Dimensionen beschränkten Existenz hat sie mit Bravour absolviert. Sie hat ein Leuchten in die Welt gebracht, das alle TV-Scheinwerfer wie trübe Funzeln aussehen lässt.

Danke, Lydia, und danke, Jesus.

Markus Spieker

Ich werde eines Tages sterben, wie jeder von uns. Doch ich habe die Gewissheit, dass ich eine viel schönere »Welt« erleben werde. Jesus hat diese Hoffnung in mir verankert.

Lydia Holmer vor ihrem Tod

Abschied von Puschel

11. Februar 2012. Winterliches Licht fällt durch die Kirchenfenster auf die 350 feierlich gekleideten Menschen. Die sitzen dicht gedrängt in der kleinen Dorfkirche in Bülow am Malchiner See. Weil die Stühle nicht reichen, müssen viele im hinteren Bereich der Kirche stehen. Doch das stört sie nicht, sondern unterstreicht nur das Besondere dieses Gottesdienstes. In der Mitte der Kirche steht eine Kamera auf einem Stativ – aufgestellt für die, die den Gottesdienst live übers Internet in aller Welt verfolgen. Das sind am Ende mehr als 300.

Abschied von Puschel

Mancher aus unserem Dorf ist gekommen, viele auch aus der weitläufigen Kirchengemeinde. Und noch viel mehr sind aus aller Welt angereist: aus Schweden, Holland oder von dem weit entfernten Bodenseehof der Fackelträger.

Alle sind hier wegen Lydia, die nie gerne im Mittelpunkt stand. Die meisten von ihnen kennen sie nur unter dem Namen Puschel. Manche senken die Köpfe, andere schauen gedankenverloren auf den Sarg, ein paar haben ihren Blick auf das Foto von Puschel gerichtet, das neben dem Predigttext an die Wand projiziert ist. Auf dem Bild schaut Puschel glücklich in die Ferne, so, als blicke sie Gott direkt in die Augen, als hätten die beiden etwas Wichtiges zu bereden.

Unter den Trauergästen sind Grafen, Freiherren und Journalisten. Viele von ihnen haben Lydia über Jahre hinweg freundschaftlich und im Gebet begleitet. Und natürlich ist da auch Lydias weitläufige Verwandtschaft der »Holmer-Sippe«.

Als Pastor von Bülow begrüße ich die Trauergemeinde. »Wir sind hier nicht versammelt, um irgendeinen Personenkult um unsere Tochter zu betreiben, sondern weil wir in dieser Stunde Gott loben und für Lydia danken wollen.«

Der Prediger, Lydias Onkel Reinhard aus Elbingerode, spricht von Jesus, dem Hirten. »Niemand kann die Schafe aus der Hand des Vaters reißen, sagt er. Gott schenkt ewiges Leben.«

Lydia war reich. Sie hatte nicht viel Geld, aber sie war beschenkt von Gott. Sie ist seinen Weg gegangen mit einer Krankheit, die ihr zwar viel nahm, den Lebensmut und die Liebe zu Gott und ihren Mitmenschen jedoch nie. Puschel hatte Freunde in aller Welt, wie sie wohl nur die haben, die die große geistliche Familie des Vaters im Himmel kennen.

Nach dem Gottesdienst kommen viele mit zur Beisetzung in das dreißig Kilometer entfernte Serrahn. Dort ist Lydias Oma beerdigt, die ihr bereits 1995 in die Ewigkeit vorausgegangen ist. Damals hat Lydia als Zwölfjährige mit uns an ihrem Sterbebett gesessen.

Puschel wurde nur 28 Jahre alt. Und so steht bei dieser Abschiedsfeier, ausgesprochen oder auch nicht, die Frage im Raum: Gott, warum?

Nach der Beisetzung versammeln wir uns bei Kaffee und Kuchen zu einer Lob- und Dankstunde. Viele erzählen von ihren Begegnungen mit Puschel. Eine alte Frau aus unserem Dorf schildert, wie sie sich immer gefreut hat, wenn Puschel auf ihrem Quad angefahren kam und sie besuchte.

Tabea, eine von Puschels Cousinen, sagt: »Ich kannte Puschel schon, bevor sie so weise war. Sie war für jeden Spaß zu haben …« Einige der anderen Cousinen und Cousins stimmen sofort zu. Dann sind es Freunde von den »Fackelträgern« und sogar Mitpatienten aus der Krankheitszeit, die etwas sagen. Am Ende ergreift Puschels Pflegeschwester das Wort. Sie räuspert sich. Sie ist es nicht gewohnt, vor vielen Menschen zu sprechen. »Puschel hat mich beeindruckt, noch nie hat mir jemand Glaube, Liebe und Hoffnung so vorgelebt wie Puschel. Sie hat immer gesagt: ›Ich weiß, dass Gottes Plan perfekt ist.‹«

Let us fix our eyes on Jesus …

Seit diesem Ereignis ist mehr als ein Jahr vergangen. Lydia ist nach fünfjährigem Kampf nun in der ewigen Heimat.

Dieses Buch zu schreiben, ist schmerzlich und doch zugleich wunderbar. Während wir nach und nach die Texte lesen, die Puschel aufgeschrieben hat, werden wir immer wieder überrascht. Wir lernen von unserer eigenen Tochter. Zum Beispiel entdecken wir, dass Puschel schon beim Ausbruch ihrer Krankheit alles mit Gott besprochen hatte, was ihr Leben ausmachte. Wir entdecken, dass Gott Linien in ihr Leben hineingeschrieben hat, die für sie stets seine Linien waren.

Wir lernen von unserem Kind.

In den Jahren ihrer Krankheit erzählte Puschel jungen Menschen in Deutschland, Schweden und Amerika, dass Gott sie besonders in der Zeit auf der Bibelschule in Schweden und im Kinderheim in El Salvador auf die letzten fünf Jahre ihres Lebens vorbereitet hatte.

»Ich schaue jeden Tag mehr auf Details und freue mich über Kleinigkeiten«, sagt sie acht Monate vor ihrem Tod in einem Radiointerview. »Ich wusste es immer, aber ich habe nun erfahren, was trägt und was wirklich wichtig ist.

Das Erste ist, den Blick auf Gott zu behalten, denn ich habe gemerkt: Die Zeiten, in denen ich K. o. war und dachte ›Jesus, ich kann nicht mehr‹, waren Zeiten, in denen ich mich auf andere Dinge konzentriert habe – mehr als auf ihn. Wenn ich meinen Blick wieder auf ihn gerichtet habe, dann hat das mein Herz verändert und mich wieder fröhlich gemacht.«[1]

»Let us fix our eyes on Jesus, the author and perfecter of our faith.«[2] steht auf einer Tafel an ihrem Grabstein.

Bevor Puschel 2006 nach El Salvador aufbrach, richteten wir eine Internetseite ein, damit sie ihre Freunde regelmäßig über ihre Arbeit in Mittelamerika informieren konnte. Auch später war dies für sie die beste Möglichkeit, mit ihren Freunden in Kontakt zu bleiben und über ihren Gesundheitszustand zu berichten. Daneben hatte sie jedoch auch ihre Tagebücher, die sie für sich persönlich und im Gespräch mit Gott niedergeschrieben hat. Gern hätten wir hier auch noch mehr Freunde zu Wort kommen lassen und ein paar Bilder mehr gezeigt, doch das hätte den Rahmen dieses Buchs gesprengt.

»Ich werde eine viel schönere ›Welt‹ erleben.«

Auf ihrer Internetseite schrieb sie an ihre Freunde:

Gott tut Wunder. Doch geht es um weit mehr als darum, mich auf diesem Planeten zu behalten. Ich werde eines Tages sterben, wie jeder von uns. Doch ich habe die Gewissheit, dass ich eine viel schönere »Welt« erleben werde.

Puschel war ein zutiefst dankbarer Mensch. Das konnten alle, die sie erlebten, immer wieder sehen. Für sie war etwas, was wir uns oft nicht bewusst machen, sehr klar: Gott baut in unser Leben viele Möglichkeiten ein, mit denen wir Tag für Tag leben, die aber immer nur Grund zur Dankbarkeit sein können, nie zu Stolz oder Hochmut. Es ist nicht nebensächlich, in welches Land, in welche Familie wir hineingeboren werden, welchen Menschen wir bereits in der Kindheit begegnen. Wir leben von den Entscheidungen anderer, besonders unserer Eltern, mehr, als wir ahnen. Wir können für die allermeisten Voraussetzungen in unserem Leben nichts. Darum war ihr die Dankbarkeit so wichtig.

---

1 Auszug aus einem Interview von ERF Medien. Geführt am 11.05.2011 in der Reihe Calando.

2 Hebräer 12,2 (LUT): »Lasst uns aufsehen zu Jesus, dem Anfänger und Vollender des Glaubens.«

Puschel war ein Mensch wie du und ich. Doch in allem »Normalen« waren Gott und die Menschen ihre Leidenschaft. Dies wird auf jeder Seite ihrer Tagebücher und Briefe sichtbar. Sie hat das alles gewiss nicht dafür geschrieben. Doch wir sind sicher, dass sie damit einverstanden wäre, dass wir hier Auszüge daraus wiedergeben.

Bülow, im Mai 2013

Puschels Kindheit

1982. Wir befinden uns im Osten Deutschlands in der tiefsten DDR-Zeit. Vieles ist anders als das, was wir heute als normal empfinden. Ich habe mein erstes theologisches Examen in der Tasche. Ich werde Pastor. Meine Vikariatszeit in der Mecklenburgischen Landeskirche ist fast beendet. Da werde ich völlig überraschend zum Militär eingezogen. Das ist reine Schikane, denn die Politik der DDR-Führung will ihre Macht demonstrieren: Niemand soll sich auf irgendetwas einstellen oder verlassen können. Und so lande ich – mitten im zweiten theologischen Examen, die schriftliche Hausarbeit muss ich schnell und verkürzt zu Ende bringen – bei den Bausoldaten der DDR, dem damals möglichen Wehrersatzdienst. Ich bin irgendwie sauer, ein bisschen auch auf Gott – warum das alles?

Ende Mai 1983 ist Eva-Maria, meine Frau, hochschwanger. Ich möchte gern wie bei unserem ersten Kind, Titus, bei der Geburt dabei sein. Das scheint jetzt eher schwierig zu sein, denn ich bin mehr als hundert Kilometer entfernt stationiert. So warte ich in der Kaserne sehnsüchtig auf die Nachricht aus dem Klinikum in Wriezen, dass unser zweites Kind geboren wird. Doch die kommt nicht. Tage später erhalte ich einen Anruf von zu Hause mit der Frage, warum ich nicht zur Geburt gekommen sei. Es stellt sich heraus, dass uns ein kleines Mädchen geboren worden ist – Lydia.

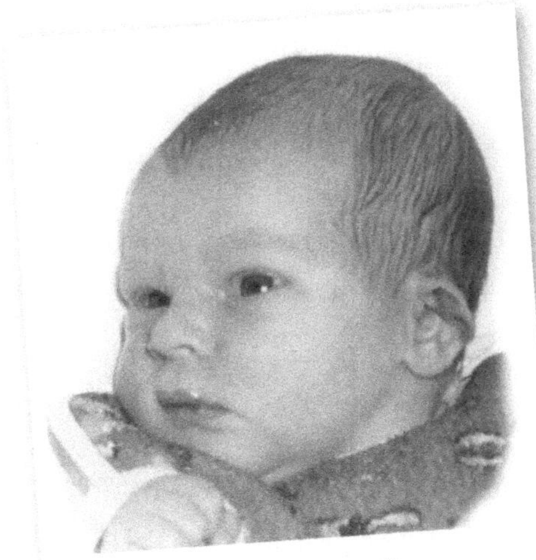

Die neugeborene Lydia mit Schlappohr

Eva-Maria hatte zwar ein Telegramm geschickt, doch die Vorgesetzten in der Kaserne haben die Nachricht »Geburt im Anmarsch« einfach nicht weitergeleitet. Mir hätte ein Sonderurlaub von drei Tagen für die Geburt meines Kindes zugestanden.

So mischt sich in die Freude über das gesunde Töchterchen ein wenig der Ärger über die Gemeinheit des DDR-Systems. Ich schreibe daraufhin eine Eingabe an den Staatsratsvorsitzenden der DDR, Erich Honecker, und beschwere mich über diese Verfahrensweise. Das Ergebnis ist: Ich bekomme eine Woche Sonderurlaub. Offenbar hat Gott diese Gemeinheit gesehen – und ein bisschen ausgebügelt. So kann ich die Kleine und ihre Mutter nun zu Hause viel länger genießen.

Von unserer kleinen Lydia wird später manches Mal im Spaß gesagt, man habe sie auf dem »Babyberg« in Wriezen wohl vertauscht – das könne doch wohl nicht unsere Tochter sein. Denn sie entwickelt schon bald ihren eigenen Kopf und ihren eigenen Stil. Die Gene ihrer Eltern sind jedoch unverkennbar – Puschel passt sehr gut in die »Holmer-Bülow-Sippe« hinein und ist sicher nicht vertauscht worden.

Sie entwickelt ihren eigenen Kopf.

Nach etwa einjähriger Zwischenstation in Jabel, in der Nähe von Waren/Müritz, ziehen wir nach Bülow am Malchiner See. Das Pfarrhaus steht auf einem wunderschönen Fleckchen Erde. Es ist ein großes, urwüchsiges Gelände direkt an diesem malerischen Natursee, dessen Nordufer in großen Teilen von Kirchenland gesäumt wird und deshalb sehr natürlich geblieben ist.

So wächst Lydia in diesem kleinen Dorf mit knapp 70 Einwohnern auf. Sie ist ein niedliches, kleines Mädchen, wie es sich wohl alle Mütter (und Väter natürlich!) wünschen. Ihre hellen Löckchen machen sie auf den ersten Blick zu einem kleinen Sonnenschein. Ihre Art ist frisch, sonnig und unbeschwert.

In den folgenden Jahren bekommt Lydia zwei weitere Geschwister, Esther und Silas. Dass vor Silas noch ein weiteres Schwesterchen während der Geburt stirbt, bekommt sie nur am Rande mit. Jedenfalls scheint es sie nicht besonders zu beschäftigen, dass Mama zwar lange einen dicken Bauch hatte, nun aber ohne ein neues Geschwisterchen wieder nach Hause kommt.[3] Wir haben unseren Kindern die Traurigkeit und den Verlust nicht dramatisch vor Augen geführt. Und da sich Kinder oft viel schneller mit den Realitäten im Leben

---

[3] Später allerdings erzählt uns ihre Freundin Eva, dass Puschel damit noch in Zeiten der Ausbildung zur Kinderkrankenschwester innerlich beschäftigt war.

abfinden als Erwachsene, geht auch Puschel schnell wieder zu ihrer Tagesordnung über. Die meiste Zeit verbringt sie mit ihrem großen Bruder Titus; die beiden denken sich oft ihre eigenen Spiele aus und stromern gemeinsam übers Gelände. Lydia kann auch stundenlang irgendwo im Zimmer oder draußen im Gelände still für sich »herummuscheln«. Als sie ungefähr fünf Jahre alt ist und wir eines Tages Besuch haben, heißt es plötzlich: »Und das ist unsere Muschel-Puschel.« Dieser Spitzname, der dann zu »Puschel« wird, bürgert sich so ein, dass später viele Freunde und Bekannte Lydias richtigen Namen gar nicht kennen.

»Muschel-Puschel«

Bei Mami ist's am schönsten. Lydia (1984)

Gern läuft mir Puschel, wenn ich im Gelände arbeite, überall hinterher, sie will helfen und alles mitmachen. Wir haben zu der Zeit bis zu 20 Schafe, die als »Rasenmäher« helfen sollen, das drei Hektar große wilde Areal urbar zu machen. Zudem ist die Wolle für mich als Pastor in der DDR mindestens ein zusätzliches Monatsgehalt pro Jahr wert. Zu Puschels großer Freude schwimmen in unserem Teich meist Enten, im Stall gibt es Kaninchen, Katzen stromern übers Gelände oder dösen irgendwo in der Sonne. »Muschel-Puschel« denkt sich Spiele mit ihren Tieren aus, hütet die Entenfamilien. Manchmal versucht sie, ein Lämmchen zu dressieren, oder füttert ein anderes mit der Flasche. Ein ganz besonderes Lamm ist Fridolin. Seine Mutter ist nach der Geburt gestorben. Und so bettelt Puschel regelrecht darum, es mit der Flasche aufziehen zu dürfen. Fridolin folgt ihr überallhin, später sogar zum Einkaufen. Und manchmal ist Fridolin sogar in ihrem Zimmer bei den Hausaufgaben dabei.

Mit Papa draußen im Gelände (1987)

Eines Tages ist Puschel wieder bei mir draußen und »hilft«, eine Ente zu schlachten. Für sie ist es eine normale Sache, dass für einen guten Braten ein Tier getötet werden muss – das Sterben gehört eben zum Leben dazu. So ist sie also auch dabei, als ich die tote Ente von den Federn befreie und anschließend die Innereien herausnehme. Puschelchen beobachtet jeden Schritt und sagt plötzlich: »Papa, darf ich auch mal?« So schaue ich amüsiert zu, wie ihr kurzer rechter Arm bis zur Schulter in der Ente verschwindet, um dieser den Schlund durch das Hinterteil zu ziehen. Für Puschel ist das kein Problem. Doch für mich ein Bild, das ich wohl nie vergessen werde.

So wächst Puschel in einer Bullerbü-ähnlichen Dorfidylle auf, in der es auch Kinderstreiche gibt. Wenn die Geschwister am Abend von ihren Abenteuern zurückkommen, ist es immer eine Frage der Abwägung, ob sie Mutti und Papa von ihren Erlebnissen erzählen. Puschel ist meist der Meinung, dass ihre Eltern nicht unbedingt alles wissen müssen. Oft ist sie es, die ihren großen Bruder Titus – sie verehrt ihn über die Maßen und schaut meistens zu ihm auf – zu irgendwelchen Streichen anstachelt. Sie selbst hat die meisten lustigen Ideen, aber eben nicht genug Kraft, sie zu verwirklichen.

Eines Tages, Puschel ist etwa sieben Jahre alt, heißt es in Bülow: Der Altpapiercontainer vor dem Dorf steht in Flammen. Er brennt tatsächlich tagelang und glüht am Ende völlig aus. Man munkelt im Dorf, die Pastorskinder seien beteiligt oder gar schuld daran. »Tante Holz«, die Leiterin des *Konsums*, eines kleinen Lebensmittelladens, den in der DDR-Zeit jedes Dorf hat, beteuert fest gegenüber allen, die ihr das auf diesem Meinungsumschlagsplatz des Dorfes erzählen: »Ich lege meine Hand für diese braven Kinder ins Feuer, die waren das nicht.« Die anderen Kinder vielleicht, aber Puschel und Titus? Niemals! Erst als ihr Puschel Jahre später erzählt, dass tatsächlich sie ihren großen Bruder angestachelt und selbst Schmiere gestanden hat, muss »Tante Holz« es glauben. Natürlich hat Puschel nicht gewollt, dass das Altpapier so lange brennt. Aber es ist ja auch kein Drama – jedenfalls für Puschel nicht. Für sie ist das Leben sowieso schön. Und da sollte man sich doch durch solche kleinen Pannen nicht irremachen lassen ...

Daneben ist Puschel eine richtige Künstlerin! Schon in der Kindheit malt und zeichnet sie gern für Freunde und Verwandte Bilder auf Briefe und Karten. Diese Begabung hat sie sicher nicht von ihrem Vater geerbt – ihre Mutter ist die Künstlerin in der Familie.

Die schlimmsten Zeiten sind vorbei

Puschel lernt mit ihrem Bruder Titus nur noch kurz den realen Sozialismus der DDR kennen. Sie kommt im September 1989 in die Schule.

Mit großem Bruder Titus und kleiner Schwester Esther (1987)

Während jedoch ihr großer Bruder noch die gemeinen Seiten des Sozialismus am eigenen Leib zu spüren bekommt, trifft es sie nicht mehr so hart. Titus hat noch zum Eröffnungsappell des Schuljahres und zur Begrüßung der Schulanfänger allein auf dem Appellplatz seiner Klasse stehen bleiben müssen, während die anderen, viel »Klügeren«, nach vorn kommen durften, um ihre Gratulation und das Pionierhalstuch in Empfang zu nehmen.

Es ist Strategie der sozialistischen Pädagogik, die »Ewiggestrigen« hautnah spüren zu lassen, dass sie auf der falschen Seite stehen – alle sollen sehen, wie einsam und verlassen man ist, wenn man nicht mit der Zeit geht.

Die kleine Schwester Puschel hat es etwas leichter, weil die Zeit, mit der man noch ein Jahr zuvor gehen sollte, plötzlich ganz anders zu werden scheint und es ein paar Wochen später tatsächlich wird. Und so geht sie stolz mit ihrem großen Bruder Titus die drei Kilometer ins Nachbardorf zur Schule. Wenn das Wetter gut ist, fahren die beiden die schmale »KAP-Straße«[4] von Bülow nach Schorssow mit ihren Fahrrädern. Manchmal nehmen sie auch den Bus. Wenn dann die Schule allerdings früher aus ist und der Bus nicht gleich fährt, laufen sie los – allein auf der Landstraße. Oft werden sie dann von vorbeifahrenden Treckern mitgenommen. Manchmal hat Papa auch einfach vergessen, sie von der Schule abzuholen. Aber das ist schon okay – er hat ja auch immer viel zu tun ...

Mein Papa ist der Bürgermeister

1992 werde ich zum ersten frei gewählten Bürgermeister der umliegenden Dörfer gewählt, weil es dafür kaum Kandidaten gibt, die von der DDR-Zeit her nicht vorbelastet sind. »Mein Papa ist der Bürgermeister«, erzählt Puschel stolz allen, die es (nicht) wissen wollen. So ändern sich die Zeiten – auch für »Pastors Kinder«.

In diesen Tagen taucht Puschels Opa eine Zeit lang auf den Titelseiten großer Zeitungen und Magazine in Deutschland auf, weil er dem Staatschef der DDR, Erich Honecker, in seinem Haus Asyl gegeben hat. Das ist für die kleinen Enkelkinder zwar ein Grund, ein wenig stolz zu ihrem Opa aufzublicken. Doch Opa ist eben Opa. Und der ist ja zu allen lieb und barmherzig. Und so ist das nicht wirklich etwas Besonderes – jedenfalls in ihren Augen nicht. Außerdem ist Honecker für sie schon viel zu weit weg ...

Puschels Opa ist in der Zeitung.

Unsere Kinder werden in die Großfamilie Holmer mit am Ende mehr als 50 Enkeln hineingeboren. Lydia betrachtet das stets als Geschenk Gottes. Titus ist der älteste Junge unter allen Cousins der

---

4 KAP war die »Kooperative Abteilung Pflanzenproduktion« – von den meisten Menschen bis zuletzt jedoch als LPG, Landwirtschaftliche Produktionsgenossenschaft, bezeichnet.

Holmer-Sippe und Puschel die erste von allen Cousinen. Ich selbst habe neun Geschwister und Eva-Maria vier. Manche von ihnen haben bis zu acht eigene Kinder. So wird jedes Familientreffen zu einer lustigen Angelegenheit. Je älter die Cousins und Cousinen werden, desto bunter wird es.

Die Tiere müssen auch im Winter versorgt werden.
Familie Holmer beim Heumachen

Ihr Opa, den nicht nur Puschel bewundert und liebt, veranstaltet ab 1999 jedes Jahr eine sogenannte Enkelkinderfreizeit, zuerst in Bülow, dann in Serrahn, wo er zu Hause ist. Da treffen sich dann alle Enkelkinder von Opa Holmer, dessen größtes Anliegen es ist, dass sie seine jahrzehntealte Liebe zu Jesus kennenlernen und selbst Kinder Gottes werden. An diesen Enkelkinderwochen kann Puschel zwar nicht jedes Mal teilnehmen, doch sie liebt es, so viele Cousins und Cousinen wie möglich auf einmal zu sehen. Und es macht ihr Freude, etwas von Opas Glaubens- und Lebensweisheiten zu hören und dadurch Gott immer besser kennenzulernen. Obwohl Lydia ungern vor einer größeren Menschenmenge redet, folgt sie, als sie später so schwer krank ist, gern Opas Bitte, allen etwas aus ihrem Leben mit Jesus zu erzählen.

Enkelkinderfreizeit 2005 – Opa Holmer liebt es, all die Seinen um sich zu haben.

Ronja Räubertochter

Ihre Cousins und Cousinen wissen, dass sie keine Heilige ist und gerne Streiche ausheckt, trotzdem hören sie ihr aufmerksam zu.

Puschels Cousinen Reinhild, Almut und Magdalena schreiben:

Puschel war eine Art Ronja Räubertochter. Sie war frei, raufte ebenbürtig mit ihren Brüdern und Cousins, fuhr schon als Teenie Trabbi und amüsierte sich laufend über uns ahnungslose »Großstadtkinder« (schließlich kamen wir aus einer Stadt mit

7 000 Einwohnern!). Für uns war sie wie Pippi Langstrumpf – stark, unabhängig, bester Freund der Tiere, und sie hatte immer einen Haufen Blödsinn im Kopf. Wir waren Tommy und Annika. Sie zeigte uns, wie man Regeln bricht (natürlich, ohne erwischt zu werden), Heu macht, auf einem Pferd oder Esel reitet – oder wie interessant eine Gruft sein kann. Doch wie man einen Apfel mit bloßen Händen in zwei Teile bricht – das blieb trotz ihrer Erklärungsversuche immer ihr Geheimnis. Denn das schafften nicht einmal alle Jungs ...

Eine Entscheidung fürs Leben

Für Puschel ist die Kirchengemeinde ein Teil ihrer Heimat. Als sie mit uns nach Bülow zog, gab es dort keine Gemeinde. 1984 fanden wir allenfalls bauliche und geistliche Trümmer vor. Fast 15 Jahre lang war dort kein Pastor gewesen, und der Kirchenvorstand hatte sich aufgelöst. Nur in einer der vier Kirchen gab es im Sommer einige Gottesdienste. So muss alles neu begonnen und aufgebaut werden. Puschel wird mit ihren Geschwistern Teil dieses Aufbaus. Sie bringen ihre Freunde und Schulkameraden in die Gemeinde mit, die Arbeit beginnt.

Puschel als Schulkind (1991)

Für Puschel selbst vollzieht sich der Anfang ihres eigenen Glaubens recht still. Sie redet nie groß darüber, dass sie mit neun Jahren ihr Leben Jesus geschenkt hat. Sie selbst sagt dazu später in einem Interview:

»Als ich neun Jahre alt war, lag ich in meinem Bett und habe Jesus mein Leben gegeben, habe gesagt: ›Okay, ich hab hier so viel

von dir gehört und es scheint wichtig zu sein, dass ich dir sage, dass mein Leben dir gehört.‹ Und über die Jahre ist auch der Wunsch gewachsen, dass ich hundert Prozent für ihn leben möchte. Mit dem Versprechen habe ich ihm aber auch das Versprechen gegeben, dass er mit meinem Leben alles machen kann und darf ... Es ist seine Sache, was er damit macht.«[5]
In ihr Tagebuch schreibt sie:

> *Gott kann man sich anvertrauen! Er führt und leitet mich auf oft wunderliche, aber doch wunderbare Weise! Als neunjähriges Mädchen habe ich mich abends im Bett Gott anvertraut. Doch langsam merke ich, dass man mit Gott nie auslernen kann.*

In der Dorfschule ist Lydia eher eine graue Maus, aber nachmittags zu Hause hüpft sie fröhlich durch den Garten, denkt sich Spiele aus, malt und zeichnet, erkundet das friedliche Dorf und streift über die Wiesen. Durch eine Familie, die nach der politischen Wende in Deutschland aus dem Westen in unser Dorf umgesiedelt ist, lernt sie Pferde, das Reiten und das Leben mit großen Tieren kennen. Mit ihren Freundinnen Giesela und deren beiden Töchtern Konstanze und Lucia, die ihre beste Freundin im Dorf wird, reitet sie oft aus. Die weiten Ausritte, die kindlichen Streiche, das ruhige Leben im Dorf geben ihr eine große Ausgeglichenheit.

Gott kann man sich anvertrauen.

In Puschel wächst der feste Wunsch, Pferdewirtin zu werden. Sie macht ein Praktikum in einem größeren Pferdezuchtbetrieb und ist am Ende der Schulzeit sicher: Ich möchte mit Tieren arbeiten. So bewirbt sie sich, wartet und hofft. Doch sie erhält nur Absagen. So steht sie plötzlich vor der Frage. Was nun?

---

5 Auszug aus einem Interview von ERF Medien. Geführt am 11.05.2011 in der Reihe Calando.

Aidlingen

Anders als erträumt

Nachdem sich Puschels Wunsch, Pferdewirtin zu werden, zerschlagen hat, fragt ihr Opa eines Tages: »Wie wäre es mit Aidlingen?« In Aidlingen, im fernen Süden Deutschlands, befindet sich das Mutterhaus der Aidlinger Diakonissen, die dort unter anderem berufliche Orientierung für junge Frauen anbieten. Opa findet es wichtig, dass seine Enkel »etwas Ordentliches« lernen. Am liebsten wäre es ihm, vor allem im Blick auf seine älteste Enkeltochter, wenn sie gut vorbereitet eine Familie gründen würden. Geldverdienen und Karriere hält er zwar nicht für alles entscheidend, aber gut ist es allemal. Vor allem Familie und Kindererziehung sind der wichtigste Dienst an den Kindern selbst und an der Gesellschaft. Studieren ist zwar nicht schlecht, doch meist kommen die jungen Frauen dann in den Zugzwang, Karriere zu machen – wozu studiert man sonst? Kinder sind meist das Letzte, was dann zum Glück noch fehlt.

Puschel in der Aidlinger Zeit

Doch nicht nur Opa schlägt Aidlingen vor, auch wir Eltern können dem etwas Gutes abgewinnen. Es wäre für unser 16-jähriges Mädchen vom Lande sicher nicht schlecht, Erfahrungen mit gleichaltrigen Christen zu machen. Und der Schutz eines Mutterhauses ist hilfreich, um nach und nach selbstständig zu werden.

Natürlich kann Puschel selbst entscheiden, was sie tun möchte. Das Thema Haushalt hat sie aber noch nie interessiert. Ihr Ordnungssinn, um es vorsichtig auszudrücken, ist nicht besonders ausgeprägt. Sie müsste ihre Freiheit, die Natur und ihre Tiere eine Zeit lang aufgeben. Doch alle machen ihr Mut, dorthin zu gehen. Außerdem will Tabsi, eine Freundin aus der Nachbargemeinde, sie begleiten. Tabsi möchte in Aidlingen eine dreijährige Ausbildung machen. Für Puschel reicht das Vorstellungsvermögen allenfalls für ein Jahr, also für ein Hauswirtschaftspraktikum.

Wir können nicht wirklich sagen, wie sehr sie in dieser Zeit von Heimweh geplagt wird und sich durchbeißen muss. Die Diakonissen können sich wahrscheinlich am wenigsten vorstellen, wie stark sich das lebenslustige Dorfmädel aus Bülow, das doch eigentlich Pferdewirtin werden wollte, umstellen muss.

Sie kämpft sich durch – und findet Freude daran. Im Nachhinein schreibt sie über diese Zeit:

> *Gott hat mich 1999 durch meinen Opa nach Aidlingen geführt, wo ich erst richtig lernen konnte, mit Christen in Kontakt zu sein. Ich werde selbstständig. Gott hat mir bei allen Entscheidungen innere Ruhe gegeben. Gott hat mir auch liebe Eltern gegeben, die mir geholfen haben, dies alles durchzustehen. Ich habe es noch vor Augen, als ich mit der Bahn noch in Mecklenburg war, schon da überkam mich Heimweh. Ich habe überlegt, wie schön es ist, hier eine Heimat zu haben. Mir kam dann der Bibelvers in den Sinn: »Sagt Gott, was ihr braucht, und dankt ihm.«[6] Und das tat ich dann auch. Denn es gibt Tausende Menschen, denen es viel schlechter geht als mir.*

Puschel macht das Beste aus allem. Und das bedeutet für sie, die Dinge so zu nehmen, wie sie sind, und sich gleichzeitig so viel wie möglich an ihnen zu erfreuen. Die feste Einbindung in die Regeln eines Mutterhauses akzeptiert sie zwar, aber so ein bisschen wird man sich ja wohl seine eigenen Freiheiten herausnehmen können … Ihre Freundin Tabsi aus Mecklenburg schildert:

Puschel macht das Beste aus allem.

---

6 Philipper 4,6

Zu unseren Aufgaben gehörte das Singen im Jugendchor. In den Übungsstunden suchten wir uns unsere Plätze immer möglichst nebeneinander. Dass Puschel extrem gut aufpasste, kann man nicht sagen ... Während der »superlangweiligen« Erklärungen, die zwischendurch zwangsläufig immer wieder anstanden, drehte sie die Notenblätter einfach um und malte dann Porträts unserer beiden Chorschwestern Christel und Annette. Ich traute meinen Augen kaum, als ich beim Entstehen dieser Bilder zusah. Sie traf mit einfachen Bleistiftstrichen deren Eigenarten punktgenau. Ich war mit diesen beiden Schwestern schon bald etwas enger befreundet und zeigte ihnen nach der Chorstunde Puschels Meisterwerk. Sie waren so beeindruckt, dass Puschel ganz plötzlich die Aufgabe bekam, Kulissen für die Kindermusicals zu malen.

Puschel genießt die Zeit mit den anderen Mädchen sehr. Einige stammen aus Nachbarorten und genießen darum ein paar Sonderrechte. Als im sieben Kilometer entfernten Gärtringen ein Jugendabend stattfindet, lässt sich Puschel nicht lange bitten mitzukommen, obwohl das für sie nicht erlaubt ist. Bei diesem einen Abend aber bleibt es nicht. Und es entstehen Freundschaften zu einer Reihe von Jugendlichen, natürlich auch zu Jungs (auwei – und das vom Mutterhaus aus!), die Lydias Leben prägen.

Irgendwann sind wir Eltern in Aidlingen zu Besuch bei Puschel. Wir erleben die Freundlichkeit und Gastfreundschaft des Mutterhauses und freuen uns, dass unser ostdeutsches Dorfmädchen gut in die geistliche Gemeinschaft eingebunden ist. Wir laufen gerade durch das Mutterhaus, als wir Puschel bei der Arbeit begegnen. Sie hat die Aufgabe, eine große, breite Marmortreppe zu putzen. Allerdings ist auch vor der Reinigung schon alles sauber, jedenfalls in Puschels Augen. Da ist es doch gar nicht einzusehen, dass man sich für eine so sinnlose Arbeit auch noch krumm macht. Also steht Puschel da, hält sich fröhlich am Geländer fest und hat den Wischlappen unter ihren Füßen, die sie ein wenig hin und her schiebt. Sie freut sich, uns zu sehen, und erklärt auf die Frage, was sie denn da gerade mache: »Na ja, ich mache sauber, aber ich mach das halt auf meine Weise.«

Hier lernt sie auch Myri kennen, die eigentlich Myriam heißt, etwas älter ist und sie als Freundin bis zum Ende ihres Lebens begleitet. Myri hat die Texte von manchen der Musicals, die in Aidlingen und Umgebung mit den Kinder- und Jugendchören aufgeführt werden, geschrieben. Für einige der Musicals malt Puschel dann Kulissen für die Bühne. All das ist für sie nicht selbstverständlich. Ihre Freundin Myri schreibt über diese Zeit des Kennenlernens und der ersten Begegnungen:

Zwei Mecklenburgerinnen in Schwaben – Tabsi und Puschel

Als Puschel nach Süddeutschland kam, war sie sehr geprägt von ihrer kleinen Welt in Bülow. Jeder, der sie kennenlernte, hörte von ihrem Papa und ihrer Mutti, von ihren Tieren und der Natur in Mecklenburg. Schon damals freute sie sich immer, wenn sie helfen konnte. Und so ließ sie oft den in die Gespräche einfließen, von dem sie diese Leidenschaft hatte: ihren Papa. Manchmal dachte ich, jeder zweite Satz beginnt mit »Papa ...«, »Mutti ...« oder »In Mecklenburg ...«. Sie war einfach noch das kleine Mädchen vom Lande, das ihr Dorf und ihre Familie über alles liebte. Und das sollte sich auch nicht ändern – bis auf das Detail mit dem »kleinen Mädchen«. Das hat Gott über die Jahre so ziemlich in jeder Hinsicht verändert. War Puschel zu Beginn unserer Freundschaft jemand, der gerne überall mitmachte, doch nie die Führung übernahm, lernte sie über die Jahre, Gruppen anzuleiten, zu organisieren und Initiative zu ergreifen. Nie hätte ich gedacht, dass Puschel jemals vor einer Gruppe von Menschen reden, niemals, dass sie etwas schriftlich verfassen würde, was andere lesen könnten. All das tat sie Jahre später immer wieder – stets mit dem einen Ziel: Menschen herauszufordern, Gott mehr zu vertrauen. Puschel war keine Schriftstellerin, keine Akademikerin und keine großartige Rednerin. Ihr Herz war einfach auf Gott ausgerichtet. Sie liebte ihn so sehr, dass sie kompromisslos verfolgte, was ihm am Herzen lag: Menschen. Das ließ sie Dinge tun, die sie sich selbst niemals zugetraut hätte, als sie mit 17 Jahren Aidlingen verließ.

Mit ihrer Freundin Myriam (2001)

Meine erste Begegnung mit Puschel war nicht einmal physischer Art. Ich hörte nur von »Puschel«, die als Praktikantin bei den Hauswirtschafterinnen ist und super zeichnen kann. Da wir gerade ein Musical fertig geschrieben hatten, zeichnete sie ein Bild, das als Vorlage für das Werbeplakat zu den Aufführungen dienen sollte. Darunter hatte man geschrieben: Zeichnung: Lydia Holmer. Ich weiß noch, wie ich ganz verwirrt fragte: »Aber das Bild ist doch von Puschel!?«

Puschel ließ sich nicht gerne den Spaß verderben, denn Spaß war doch das Wichtigste ... Ihr Lieblingsspruch war lange: »Gott hat dir ein Gesicht gegeben. Lachen musst du selbst.« So unkompliziert wie möglich – das war Puschel am liebsten. Eigentlich war nichts wirklich ein Problem für sie. Und: Es war ein hartes Stück Arbeit, sie davon zu überzeugen, dass »Jungsklamotten« nicht wirklich hübsch an Mädchen sind und dass das Benutzen von Wimperntusche einen nicht gleich zum Modepüppchen macht ...«

Am Ende ihres Jahrespraktikums ringt Puschel sich durch, im Süden zu bleiben und eine Ausbildung in einem Krankenhaus der Aidlinger Schwestern zu machen. Doch auf ihre Bewerbung hin wird ihr gesagt, sie habe doch ein recht mangelhaftes Sozialverhalten. Das ist wohl die Quittung von einer Schwester, die für Puschels Sondertouren nach Gärtringen in den Jugendkreis wenig Verständnis aufbringen konnte ... Puschel bekommt eine Absage. Doch wenn es auch im ersten Moment eine Enttäuschung ist, stürzt es sie nicht in eine Krise. Sie wendet sich der Zukunft zu. In ihrem Tagebuch schreibt sie:

> *... so langsam kam dann der Sommer, und jeder fragte mich, was ich danach machen wollte. Myri hatte mich nach Herrenberg zum Eisessen eingeladen. Wir bekamen plötzlich einen Anruf von Schwester Anne, die ich durch Schwester Christel kannte ... Sie bot mir an, für ein halbes Jahr im Korntaler Kinderheim zu arbeiten, in dem sie die Leitung hatte. Und sie machte auch den Vorschlag, im Altenheim vorbeizuschauen. So machte ich das von November bis Januar/Februar. In dieser Zeit konnte ich eine Freundschaft zu Myri aufbauen und ab und zu Lara und Co.*[7] *treffen. Schwester Anne gab mir den Tipp, mich im Kinderkrankenhaus »Olga-Hospital« zu bewerben. Ich tat es und bekam prompt eine Einladung zum Auswahlverfahren. Da ich so etwas noch nie gemacht hatte, bekam ich etwas Angst. Doch ich bat Gott, dass er mir Ruhe gibt. Im Januar konnte ich dann die Ruhe spüren. Und in dem ganzen Verfahren merkte ich, dass Gott da war.*
>
> *Irgendwie habe ich in der ganzen Zeit gedacht, dass dies mein Platz sein könnte, denn auf dem Briefbogen waren Tiere von Noah ... Und da ich gerade mit Schwester Christel und Myri das Musical »Aktion Arche« mit Kinderchor, Spielern und »Pro2«*[8] *aufführen durfte, war dies für mich ein kleiner Wink ... Einen Tag später auf der Heimfahrt stand ich im Kalten auf dem Berliner Hauptbahnhof. Ich rief Papa an, und der sagte mir, ich hätte einen Anruf aus Stuttgart bekommen.*

---

7 Ihre Hauswirtschaftskolleginnen
8 Ein kleiner Aidlinger Mädchenchor

Eine mündliche Zusage vom Olga-Hospital! Das ist doch Führung! Dieses Krankenhaus ist das größte in Deutschland. Es soll eine gute Ausbildung sein. Da hat sich das Warten gelohnt. Zumal ich es mehr und mehr mit Gott erlebte. Also, die »Zusammenarbeit« [mit Gott] wird immer besser ...

Unbeschwerte Momente – Gottes kleine Geschenke

Zwischen der Zeit in Korntal und dem Beginn der Ausbildung in Stuttgart kann Puschel ein paar Wochen zu Hause verbringen. Sie genießt das sehr. Denn wenn sie im Süden auch viele Freundschaften und die Menschen lieb gewonnen hat – ihre Heimat ist und bleibt Mecklenburg.

... Es hat letzte Nacht noch stark geschneit. Lucia und Konstanze sind spät aus der Schule gekommen. So bin ich mit Saba allein durch die Schneelandschaft geritten. Wir zwei allein – einfach traumhaft schön! Mit Joschi [dem Esel] bin ich dann noch spazieren gegangen. Plötzlich sah ich Lucia, die von der Schule kam. Wir sind uns entgegengelaufen und haben uns mit Schnee beworfen ... ich kann mich in der Zeit, in der ich von nichts abhängig bin, über Kleinigkeiten freuen, die einem sonst nicht auffallen. Warum sind unsere Augen dafür so oft verschlossen?

28. Februar 2001 – Ich bin sehr gespannt, was Gott noch mit mir macht. Ich merke oft, dass Gott Dinge macht, die wir uns gar nicht hätten denken können. So ein Leben ist doch spannend!

Unsere Jugendstunde hat noch nie so lange gedauert. Es hat viel Spaß gemacht. Wir haben einen Teil aus Jeremias Leben gesehen. Es muss nicht gerade einfach für Jeremia gewesen sein, als Gott ihm sagte, er dürfe nicht heiraten und auch keine Familie gründen.

Doch man weiß, oder ich weiß, dass Gottes Wege gut und richtig sind, auch, wenn sie anders sind, als wir es gern hätten, uns erträumen oder überschauen können. Gott ändert auch mit uns die »Wichtigkeit« von materiellen Dingen. Nie hätte ich gedacht, dass ich für drei Jahre in eine Stadt ziehen würde.

Doch Gott hat mich darauf vorbereitet, und zwar auf so gefühlsmäßige Art, dass ich es nicht bemerkt habe.

Mal sehen, was Gott noch alles mit meinem Leben vorhat. Ich denke so grob gesagt, dass ich meine Ausbildung als Kinderkrankenschwester mache, einige Jahre arbeite, Familie gründe mit fünf Kindern und dann in einer Gemeinde mitarbeite ... doch mir ist jetzt schon irgendwie im hintersten Winkel bewusst, dass es nie so kommt. Da kann man nur sehen und staunen!!! Und das Gottvertrauen nie vergessen ...!

Hatte Gott ihr bereits eine Ahnung ins Herz gegeben? Eine Ahnung, dass er einmal etwas von ihr verlangen würde, wovor wir normalerweise alle Angst haben?

19. März 2001 – »Ich bin nur ein Gast auf Erden!« Dieser Spruch ist mir gerade eingefallen. Ich finde, er hat eine besondere Wirkung. Sagt er aus, dass wir die Erde pflegen sollen, da sie nicht uns gehört? Mein richtiges Zuhause ist ganz woanders? Wir erzählen anderen Menschen von unserem irdischen Zuhause und lassen unser richtiges Zuhause aus dem Spiel! Benehmen wir uns denn wie ein Gast? Ich meine, man soll sich ja zu Hause fühlen, doch nisten wir uns nicht manchmal viel zu sehr auf dieser Erde ein? Herr, lass mich ein Segen für die Menschen auf dieser Erde sein! Hilf mir, dass ich auch von dem »anderen Zuhause« erzähle! Ich weiß, du bist da und hilfst mir und trägst mich hindurch – durch Freud und Leid – danke!

Eine ganz andere Schwester

»Hallo Welt, ich bin da«

Im Spätsommer 2001 beginnt Puschel die Ausbildung im Olga-Hospital in Stuttgart. Die Arbeit mit den Kindern gefällt ihr. Auf der Station, im Unterricht und am Abend lernt sie die anderen Schülerinnen kennen. Die meisten von ihnen können mit einer persönlichen Beziehung zu Jesus nicht viel anfangen. Das ist für Puschel generell kein Problem, hatte sie doch von ihrer Kindheit an mit vielen zu tun, die Jesus nicht kennen. Sie mag Menschen, die sie und ihre Überzeugungen hinterfragen, ist froh über jede Herausforderung und lebt ihren Glauben gleichzeitig so konsequent wie möglich.

Sie schließt Freundschaften, über die wir oft gar nichts erfahren. Eine besonders gute Freundin aus dieser Ausbildungszeit ist Eva, eine ebenso bodenständige Pferdeliebhaberin wie sie. Eva erinnert sich an diese Zeit:

> *Puschel fiel mir sofort bei der Vorstellungsrunde in unserer Seminargruppe auf. Sie war eine der Jüngsten im Kurs, so viel war schnell klar. Und sie sprach Hochdeutsch. Sie konnte nicht immer alles verstehen, wenn es zu schwäbisch wurde. Dann sagte sie stets: Kannst du das bitte noch mal sagen, damit ich es auch verstehe?*
>
> *Sie erzählte viel von zu Hause, von Mecklenburg und ihren Eltern. Und nach nur wenigen Minuten wusste jeder, dass ihr Vater Pastor (im Schwabenland sagt man »Pfarrer«) und sie selbst super gern draußen war – ein Umstand, der uns von Anfang an miteinander verband. Unsere ersten Gespräche kreisten nicht etwa um die Ausbildung, sondern um Pferde und alles, was dazugehört.*
>
> *Während des Unterrichts ging es irgendwann um das Thema Tod, und es fiel uns beiden nicht gerade leicht, etwas davon zu erzählen. Puschel erzählte, dass ihre Mutter schon einmal eine Fehlgeburt hatte. Später war eine kleine Schwester während der Geburt gestorben. Dies war ihr sehr nahegegangen.*

Danach gingen Puschel und ich zum ersten Mal allein spazieren, und sie erzählte mir von Jesus. Für mich stellten sich danach eine Menge Fragen im Blick auf das ganze Leben. Ob hier auch der Grund dafür war, dass Puschel oft viel gelassener und entspannter war als ich? Es folgte danach eine ganze Reihe wichtiger und tiefgründiger Gespräche, bevor ich mich dann ein Jahr später für ein Leben mit Jesus entschied. Puschel und auch ihre Freundin Myri haben dabei eine entscheidende Rolle gespielt. Puschel schenkte mir eine kleine Bibel mit einer Widmung. Diese Bibel begleitet mich seither durch das Leben. Mir ist diese Übergabe der Bibel wie ein »heiliger« Moment in Erinnerung. Sie hatte das zu einer feierlichen Sache gemacht. Normalerweise hätte man Puschel so etwas gar nicht zugetraut ... Insgesamt waren diese Momente jedoch der Startschuss in ein viel aufregenderes und spannenderes Leben mit Gott.

Puschels Pflegeschwester

Mitten in der Zeit ihrer Ausbildung lernt Puschel K. kennen, ein Mädchen, dessen Namen wir zu seinem Schutz abkürzen. Wir Eltern machten ihre Bekanntschaft durch Tanja, die »Kindertante« in unserer Gemeinde, die zuvor die Verantwortung für die Kinderarbeit einer schwäbischen Kirchengemeinde hatte. Als sie sich nun in Mecklenburg gerade gut eingelebt und eingearbeitet hat, klingelt plötzlich das Telefon. Aus dem Büro des Jugendamtes eines schwäbischen Landkreises ruft K. an.

K. ist 17, stammt aus der Türkei, ist Kurdin und lebt seit frühester Kindheit in Deutschland. K.s Leben zu beschreiben, würde ein eigenes Buch füllen: die Ablehnung, das Verlassensein, die Gewalt, die sie als Kind erlebt hat. Seit Jahren lebt sie mehr oder weniger auf der Straße. Als kleines Mädchen war sie in der Kinderstunde von Tanja. Nun, fast zehn Jahre später, sucht sie Hilfe. Als sie durch das Jugendamt von der Straße aufgegriffen wird, erinnert sie sich, wie schön es damals in der Kinderstunde bei Tanja war. Da sie nicht weiß, wohin sie soll, und das Jugendamt ebenso ratlos ist, nennt sie den Betreuern Tanjas Namen. Sie ermitteln die Telefonnummer und rufen an. Natürlich hat K. keine Ahnung, wie klein Bülow ist und wo es liegt. »Tanja, kann ich für ein paar Tage zu dir kommen?«, fragt sie. Tanja sagt zu. Sie weiß zu dem Zeitpunkt nicht, worauf sie sich damit einlässt, denn die schlimmen Kindheitserfahrungen haben bei K. zu Identitäts- und Persönlichkeitsproblemen geführt. Auf uns in Bülow aber kommt unversehens eine Menge neuer Erfahrungen zu.

Familie Holmer (2003) – mit Pflegetochter K.

K. besucht mit Tanja den Gottesdienst in unserer Kirche, hält aber die Nähe zu Gott überhaupt nicht aus. Sie möchte gern mit Tanja beten, doch sie kann nicht. In der Vergangenheit ist K. mit Satanismus und anderen teuflischen Praktiken in Berührung gekommen, die sie wie eine große Last niederdrücken und sich auch körperlich bemerkbar machen, vor allem während des Gebets und im Gottesdienst. Obwohl K. sich für Gott öffnen will, scheint sie wie fremdgesteuert zu sein, ist blockiert und reagiert sogar aggressiv. So kommt es in der Folge zu manchen Herausforderungen unseres Glaubens. Diese Kämpfe sind für uns alle schwierige, aber auch heilsame Erfahrungen. Denn K. erlebt Gottes Macht und Liebe und wir mit ihr. Puschel erfährt von alledem aus der Ferne übers Telefon.

Nach einigen Wochen verlässt uns K. wieder, um auf Geheiß des Jugendamtes, das die Vormundschaft für sie hat, eine Psycho- und Suchttherapie in der Nähe von Stuttgart zu beginnen. Wir bitten Puschel, K. hin und wieder zu besuchen, und so kümmert sie sich fortan gemeinsam mit ihrer Freundin Myri, mit der sie in dieser Zeit viel unternimmt, neben ihrer Ausbildung um K.

Wir helfen, so gut es geht, aus der Ferne. Aber für K. ist die Therapie überaus hart. In dieser Zeit fragt das Jugendamt bei uns an, ob wir K.s Pflegschaft für die restlichen Monate, bis sie 18 Jahre alt wird, übernehmen könnten – K. selbst hat sich das gewünscht. Wir erklären uns schließlich dazu bereit. Kurz darauf erhalten wir wieder einen Anruf vom Jugendamt. »K. ist abgehauen«, sagt uns die Betreuerin, »wenn wir sie nicht finden, wissen wir nicht, wie es weitergehen kann.« Was tun?

Zwei Tage später wird K. von der Polizei aufgegriffen und in eine geschlossene Psychiatrie eingewiesen. Wir müssen lange bohren – noch sind wir ja nicht die Pflegeeltern –, doch wir erfahren schließlich, dass K. in die psychiatrische Abteilung des Olga-Hospitals gebracht worden ist, in dem Puschel gerade ihre Ausbildung macht – für Puschel und Myri ein Wunder Gottes. Nun ist es viel leichter für sie, K. zu besuchen – und das tun sie auch, so oft sie können. K. darf die Station dann und wann sogar verlassen und besucht Puschel in ihrem leicht chaotischen Zimmer, in dem sich viele Mädchen ihres Lernkurses heimisch fühlen. Puschel, Myri und K. reden viel, beten und weinen gemeinsam. In diesen Tagen lernt K. Gott kennen. Und sie lernt beten. Sie beginnt nach und nach, Vertrauen zu fassen – zu Menschen und zu Gott.

Eine türkische Kurdin wird Puschels Schwester.

»Puschel, Myri und immer wieder auch Eva haben mich geprägt«, sagt K. eines Tages zu uns. »Ich habe zum ersten Mal Menschen kennengelernt, die sich um mich kümmern, nicht aus Berechnung, sondern einfach, weil ich ihnen wichtig bin.«

Und später ist Puschel zu Hause dabei, als K. im Malchiner See in Bülow getauft wird. Fast drei Jahre bleibt K. in Bülow – so wird eine türkische Kurdin zu Puschels Schwester.

Ist das nicht Wahnsinn?

Während ihrer Ausbildung arbeitet Puschel auf einer Station für krebskranke Kinder. Täglich sieht sie die kleinen Patienten und die verzweifelten Eltern, die vor all den Fragen stehen, die der Tod uns stellt.

Eva erinnert sich an die gemeinsame Zeit:

Puschel malte auch in ihrem kleinen Zimmer viel und verschenkte ihre Bilder immer wieder an die Mädels aus dem Kurs. Sie lebte ihren Glauben zu Jesus, ohne aufdringlich oder mahnend zu sein, sie verurteilte niemanden, das war für mich echt bewundernswert. Sie hatte so viel Liebe zu jedem Menschen in sich, dass es fast aus allen Knopflöchern kam ... Und man spürte, dass es letztlich Gottes Liebe war.

Puschel schreibt als Abschluss dieses Lebensabschnitts in ihr Tagebuch:

Ist das nicht Wahnsinn, was ich alles kann? Das soll nicht überheblich klingen, sondern ein Lob Gottes sein. Nie hätte ich gedacht, dass ich Mut, Kraft und Stärke habe, nach Aidlingen zu kommen. Nie hätte ich es für möglich gehalten, einmal für das Singspiel »Action Arche« Bilder malen zu dürfen, geschweige denn, es zu können. Oft denken wir viel zu schlecht. Gott hat mir ganz einfach die Möglichkeit gegeben, es zu entdecken. Ich habe wahnsinnige Fähigkeiten von Gott bekommen, die er mir zum Teil erst in diesem Jahr gezeigt hat.

Woher bekomme ich allein die Kraft zur Dankbarkeit und Freude, um auch einfach ein Vorbild für ein wirkliches Leben als Christ zu sein, doch ich strahle meiner Meinung nach noch viel zu wenig Dankbarkeit aus. Ich weiß nicht, ob es Typsache ist, oder ob man es lernen kann. Freude über andere Menschen überträgt sich, glaube ich, auch auf die anderen Menschen. Man muss ihnen die Freude zeigen! »Es ist wie ein winziges Senfkorn. Obwohl das Senfkorn zu den kleinsten Samenkörnern gehört, wächst es doch zu einer der größten Pflanzen heran, mit langen Zweigen, in denen die Vögel Zuflucht finden« (Markusevangelium, Kap. 4,31-32).

Schweden

Abenteuerlicher Start in eine abenteuerliche Zeit

Puschels Verlangen, mit Gott immer enger im Kontakt zu stehen, bringt sie auf den Gedanken, nach der Ausbildung ein paar Monate Auszeit für Gott zu nehmen und erst danach mit der Arbeit als Krankenschwester zu beginnen.

»Dieses eine Mal bin ich deinem Rat nicht gefolgt ...«

Opa Holmer rät ihr, jetzt doch erst einmal in ihrem Beruf zu arbeiten. Berufserfahrung, eine eigene Familie gründen – das sei doch irgendwie handfester. Jahre später sagt Puschel zu ihm: *»Opa, ich bin so dankbar für alles. Und du hast immer gut und weise geraten. Aber dass ich dieses eine Mal deinem Rat nicht gefolgt bin, darüber bin ich bis heute froh ...«*

In Holsbybrunn, im schwedischen Småland, gibt es ein Jugendzentrum der Fackelträger, einer internationalen christlichen Jugendorganisation. Hier möchte Puschel gemeinsam mit ihrer Freundin Myri drei Monate lang mitarbeiten. Doch Myri muss in letzter Minute absagen. Stattdessen springt Eva auf den Zug auf und plant innerhalb kürzester Zeit, sich Puschel anzuschließen. Obwohl Puschel jetzt selbstständig genug ist, auch allein voranzuschreiten, freut sie sich, dass Eva mitkommt. Denn allein ist es nie so schön! Das Abenteuer beginnt.

Puschel mit ihrer Freundin Eva

Eva schreibt aus ihrer Erinnerung:

Wir trafen uns gut gelaunt etwa einen Monat nach dem

Examen zur Abreise nach Schweden am Stuttgarter Hauptbahnhof. Auf nach Frankfurt! Dort sollte der Flug nach Schweden starten. Mit viel Gepäck und dem Gefühl, gut vorbereitet zu sein, kamen wir in Frankfurt an – und merkten schnell, dass der Flug nach Stockholm gar nicht wirklich von Frankfurt aus gehen würde, sondern von Frankfurt-Hahn, einem Airport für Billigfluglinien, etwa 80 km von Frankfurt entfernt! Doch die Zeit lief, das Flugzeug würde nicht warten. Und so kratzten wir einen großen Teil unseres Geldes zusammen und nahmen ein Taxi. Denn mit dem Zug wäre es aussichtslos gewesen. In Frankfurt-Hahn kamen wir dann in letzter Minute an, froh, nun doch noch alles geschafft zu haben. Doch es sollte ja ein Abenteuer werden: Wir standen am Check-in-Schalter. Und man sollte es nicht für möglich halten, aber die Mitarbeiterin dort bemerkte tatsächlich trotz aller Hektik, dass Puschels Personalausweis abgelaufen und somit nicht mehr gültig war. Ohne gültigen Personalausweis aber gibt es keinen Flug ins Ausland … Und so gingen wir mit all unserem Gepäck doch ziemlich deprimiert zum Busbahnhof anstatt in den Flieger … Da saßen wir nun auf unseren Taschen und wussten nicht so recht, ob unsere Reise schon zu Ende ist, oder was wir tun sollten. Aber wir waren beide so gestrickt, dass uns das Unvermeidliche normalerweise nicht gleich aus der Bahn warf. Für Puschel gab es ohnehin kaum Probleme, die nicht eigentlich nur dazu da waren, gelöst zu werden …

Wir erinnerten uns schnell daran, dass wir ja schon von Frankfurt aus mit Puschels Vater telefoniert hatten. Nach einem Stoßgebet war es nun wohl wiederum das Beste, zu Hause anzurufen. Vielleicht wäre es ja möglich, dass ihr Vater in einer »Nacht-und-Nebel-Aktion« (der war ja Bürgermeister und kannte viele »wichtige« Leute …) einen vorläufigen Ausweis beantragen könnte. Dann würden wir nach Bülow zurückkommen und könnten von dort mit dem alten Polo mit der Fähre nach Schweden fahren.

Und genau so geschah es. Als wir am Ende völlig erschöpft in Schweden ankamen, begrüßten uns die Mitarbeiter sehr freundlich – auf Englisch natürlich –, wir verstanden erst einmal nur Bahnhof. Dass wir mit dem Auto gekommen waren, stellte sich später als Vorteil heraus, denn so konnten alle Mitarbeiter den Polo ausleihen, wenn sie ihn brauchten. Puschel hatte nämlich keine Probleme, solch einen unbedeutenden Alltagsgegenstand wie ein altes Auto allen zur Verfügung zu stellen!

Lebensfreude

Eva und Puschel leben sich schnell ein unter all den freundlichen (und bestimmt auch manchmal weniger freundlichen) Jugendlichen aus aller Herren Länder. Vor allem mit den »Amis« hat Puschel viel Spaß, sodass (fast) alle sie mögen. Sie lässt sich gern herausfordern, meist sportlich. Am liebsten misst sie sich mit den Jungs, kann sie es doch an Kraft und Sportlichkeit mit fast allen mühelos aufnehmen.

Für Puschel ist solches Klettern eher ein Spaziergang. Hier klettert sie »gegen« ihre kleine Schwester Esther.

Ihr Wachstum im Glauben kehrt sie nicht besonders gern nach außen. Sie hat weiter viel Freude daran, abends stundenlang mit den anderen zu reden, morgens durch den Wald zu joggen, beim Essen über lustige Bemerkungen zu lachen und am Wochenende mit ihren Freunden klettern zu gehen. Gleichzeitig wächst in ihrem Innern immer mehr die Verbindung zu Jesus, den sie bewusst über alles andere in ihrem Leben stellt. Dabei werden Äußerlichkeiten für sie Stück für Stück weniger wichtig.

Das heißt nicht, dass sie plötzlich keine Freude mehr am Leben und an »weltlichen Dingen« hat. Für sie ist kein Spaß zu spaßig, als dass man ihm nicht sogar noch einen kleinen »Puschel-Pepp« verpassen könnte. Ein etwas älterer Mitarbeiter, Harry aus Lettland, der Jahr für Jahr ein paar Wochen in Holsby aushilft, schreibt über eine Begebenheit aus dieser Zeit:

> *Im Herbst half Puschel in meinem Reinigungsteam mit, die heruntergefallenen Blätter zusammenzuharken. Ich merkte schnell, dass etwas im Busch war. Sie hatte wie immer einen unglaublichen Spaß daran, Streiche zu spielen. Plötzlich fragte sie mich, ob sie mal für zehn Minuten verschwinden könnte, und ich sagte: »Okay!«*
>
> *Ich ahnte natürlich, dass sie irgendetwas plante, und so beobachtete ich sie und ein anderes Mädchen, wie sie zum Jungsgebäude schlichen, die Feuerleiter begutachteten, dann hinaufkletterten und in den Jungsflur verschwanden. Weiter geschah nichts … Ein paar Tage später brachte Brad, der Koch, einen kleinen Eimer mit gefrorenem Wasser in den Speisesaal und drehte ihn auf den Kopf. Heraus kam ein Eisblock – mit über 20 fest eingefrorenen Zahnbürsten … Was haben wir gelacht – auch wenn die Jungs es nicht ganz so lustig fanden – zumindest in dem Augenblick.*

Bei unseren Besuchen in Holsby bekommen wir einen Eindruck davon, wie sehr Puschel in der »Holsby-Family« verankert ist. Puschel freut sich, wenn wir zum Beispiel im Winter mit unseren Kettensägen anrücken, um Hurrikan-Schäden beseitigen zu helfen. Oder wenn wir mit Jugendlichen aus der Gemeinde nach Holsby kommen.

Eines Tages wird sie gebeten, in der Küche mitzuhelfen. Obwohl sie nie richtig kochen gelernt hat, lässt der Koch sie ab und zu allein das Mittagessen für 70 Personen zubereiten. Eines Tages soll es zum Mittagessen, das immer um zwölf Uhr fertig sein muss, Bohnen geben. Puschel stellt den Topf mit Bohnen anderthalb Stunden vorher auf den heißen Herd. Als eine halbe Stunde später die Hausmutter die Küche betritt, fragt sie: »Was? Du hast jetzt erst begonnen, die Bohnen zu kochen?«

Verwundert antwortet Puschel: »Ja, warum? Es ist doch noch genügend Zeit bis zwölf Uhr.«

»Bohnen brauchen drei bis vier Stunden!«

Ratlos steht Puschel vor dem Topf und fragt sich, wie sie nun um zwölf Uhr die Bohnen auf den Tisch bringen soll. Eine Alternative gibt es nicht. So betet sie: »Jesus, mach das Feuer stärker.« Als kurz vor zwölf ein anderer Mitarbeiter in die Küche kommt, um das Essen in den Speisesaal zu bringen, bittet Puschel ihn, die Bohnen zu kosten. Er probiert, nickt anerkennend und sagt: »Sie sind durch. Wir geben sie raus.«

»Jesus, mach das Feuer stärker.«

Später sind wir oft erstaunt, wie sehr Puschel viele in ihrer Umgebung beeindruckt hat. Kirsten, eine Sonderschulpädagogin aus Colorado Springs, USA, hat uns ein paar ihrer Erlebnisse geschildert.

Ich habe Puschel 2004 kennengelernt, als ich nach Holsbybrunn, Schweden, zurückkehrte, wo ich an der Bibelschule der Fackelträger im kommenden Schuljahr als stellvertretende Schulleiterin unterrichten sollte. Wir wohnten nebeneinander im Haus »Solhult«, wo alle ledigen Frauen untergebracht waren. Puschel war als Sommeraushilfe hierhergekommen und hatte dann entschieden, länger zu bleiben. Im Laufe des Jahres wurden Puschel und ich sehr gute Freunde. Da ich selbst andere Sprachen erlernt hatte, bewunderte ich, wie schnell sich ihr Englisch verbesserte, ohne dass sie irgendwelche Englischkurse belegte. Sie hatte keine Angst, auszuprobieren und Fehler zu machen, wodurch sie alles viel schneller lernte.

Es war von Anfang an offensichtlich, dass sie Jesus von ganzem Herzen liebte. Gelegentlich sah ich, wie sie mit ihrer

Bibel in der Hand verschwand, um Zeit mit Gott zu verbringen. Wenn irgendwelche Probleme im Haus der Mitarbeiter auftraten, lenkte Puschel unseren Blick immer wieder auf Jesus – ich wusste, dass sie ständig mit ihm sprach.

Puschel war ein gottgesandtes Geschenk an mich. Ich liebte es, mit ihr zusammen zu sein, weil nicht nur ihre Verrücktheit ansteckend war, sondern auch ihre Liebe zu Jesus. Jeder wusste, dass Jesus der Herr ihres Lebens war …

Hilfe für Amy

Eva schreibt über die Sommerzeit:

Wir hängten uns schnell an die Amis (Puschel fand die eh viel cooler), und so lernten wir relativ schnell ziemlich gut Englisch. Wir hielten sogar bald schon mal eine Andacht auf Englisch. Wir waren in einem super netten Mädchenzimmer, wo wir uns auch wie Mädchen benahmen … :-). Natürlich fand Puschel manche Jungs toll, aber das war nie wirklich ein Thema für sie.

Eines Morgens kam beim Frühstück Ric, der Direktor, und erzählte, dass in der Nacht eine Mitarbeiterin von uns ins Krankenhaus gebracht worden war, es sei irgendetwas Psychisches. Er fragte, ob wir als Team das mittragen würden. Natürlich wollten wir. Allerdings wussten wir nicht, wie das geschehen könnte. Und so beteten wir intensiv für Amy[9]*. Wenige Tage später kam sie wieder zurück auf den Campus. Die Leiter fragten, wer bei ihr im Zimmer schlafen und auf sie achtgeben könnte. Puschel erzählte, dass sie dieses psychische Krankheitsbild ein wenig kenne, da sie eine Pflegeschwester mit denselben Symptomen gehabt habe. Und so kamen wir beide in Amys Zimmer …*

---

9 Name geändert

Puschel wird also die Betreuerin von Amy. Sie ist zu der Zeit die Einzige, die eine ungefähre Vorstellung davon hat, wie man mit solch einem Krankheitsbild umgehen kann. In den folgenden Wochen und Monaten ruft Puschel oft zu Hause an und bespricht mit uns, was zu tun ist, und wir beten miteinander. Hinter der Krankheit von Amy stehen massive Persönlichkeitsprobleme mit psychologischen und seelsorgerlichen Aspekten. Und obwohl Puschel bereits Ähnliches bei ihrer Pflegeschwester erlebt hat, gerät sie in den nächsten Monaten oft an ihre Grenzen.

Puschel mit Amy in Schweden

Das Werkzeug, nicht der Arbeiter

Im Herbst 2004 schreibt Puschel in ihr Tagebuch:

> *Es ist nun an der Zeit, Dinge zu notieren, die ich mit Jesus in den letzten Wochen hier in Schweden erlebt habe. Ich darf immer mehr erleben, wie wichtig es ist, in ihm verwurzelt zu sein, ihm zu vertrauen, IHN den ganzen Tag in meinen Gedanken zu*

haben. Unendlich dankbar bin ich ihm, dass ich sein Kind sein und in seinem Team »spielen« darf. »Wer zum Herrn aufschaut, der strahlt vor Freude, und sein Vertrauen wird nie enttäuscht« (Psalm 34,6 [HFA]). Gott führt uns oft andere Wege, als wir wollen. Doch er führt uns immer gute Wege. ER hat den Weitblick, nicht ich! Hier in Schweden wurde ich mit Liebe in die Gemeinschaft von Christen aufgenommen. Es war dadurch ziemlich egal, ob ich sie verstehe (sprachlich gesehen) oder nicht. Mit Geduld wiederholten sie, wenn ich mal nix verstand. Ziemlich am Anfang erfuhr ich von – ich gebe ihr einen Pseudonamen – »Amy«. Sie war einige Tage in einer Klinik, weil sie nicht mehr leben wollte. Als sie wieder zurückkam, konnte sie nicht alleine bleiben, weil es ihr Leben gefährdet hätte. Doch in dem großen Team, welches sie mit Liebe umgab, war es okay. Gott hat mich durch »K.«, meine Pflegeschwester zu Hause, viel gelehrt. Ich hatte Vorerfahrungen, die niemand sonst hier hatte.

Als mir gesagt wurde, dass ich für Amy arbeiten soll, wusste ich nicht, was dies für mich bedeuten würde. Wir beteten in dieser Zeit sehr viel, oft betete ich mit Eva allein, die Gebete der Amis verstanden wir zuerst nicht. Wir mussten lernen, die Sorgen wirklich an Jesus abzugeben. Er ist der Sieger! Und ich durfte immer mehr erfahren, dass Jesus kein Gebet überhört. So durfte ich an manchen Tagen erleben, dass er mich hier haben wollte, um Menschen zu ermutigen.

Das Team der Mitarbeiter steht voll hinter Puschel. Doch viele einzelne Situationen muss sie dann oft allein durchstehen und durchbeten. Sie schreibt dazu später an den heutigen Leiter des Fackelträgerzentrums in Holsby, John Poysti:

Lieber John, ich erzählte dir von dem Vers, den ich im Kopf hatte, als ich so an euch und eure Situation dachte. Er steht in Psalm 46,11 [SLT]: »Seid still und erkennt, dass ich Gott bin.« Wusstest du, dass Martin Luther sich eine Stunde mehr Zeit für die Stille mit Gott nahm, wenn er wusste, dass er besonders viel zu tun haben würde an dem Tag? Ich erinnere mich an eine Zeit in Holsby: Ich war laufen gegangen, rannte also durch die Gegend und blieb plötzlich stehen und hatte Tränen in den Augen. Es war Nacht und es regnete. Es gab sooo viele Probleme mit Amy, und ich hatte keinen Plan, wie das weitergehen könnte. Ich war so voller Fragen und ich sagte Gott, dass ich selbst am Ende wäre. Doch plötzlich realisierte ich, dass ich vor einer Weile angefangen hatte, die Probleme aus meiner eigenen Kraft heraus lösen zu wollen. Gott zeigte mir, dass der einzige Weg, da rauszukommen, der ist, dass ich alle meine Zweifel, Sorgen und Fragen an IHN abgebe. Denn ER hatte versprochen, für alles zu sorgen. Und weißt du was? Er tat es! Einige der Probleme verschwanden gleich, einige blieben (einige, von denen ich dachte, dass sie gelöst werden müssten, mussten das eigentlich gar nicht ...). Der große Unterschied in der ganzen Sache war, dass ER die Verantwortung zu sich zurücknahm. Ich war nur das Werkzeug, aber nicht der Arbeiter. Ohne das zu merken, hatte ich die Positionen gewechselt.

Das Ergebnis war, dass mir bewusst wurde, dass ich es allein nicht schaffen konnte. So also gab ich alles an Jesus zurück und ließ IHN die Dinge machen. Ich konnte doch niemals in der Lage sein, die Verantwortung für eine 30-jährige Lady zu tragen, die so starke Probleme hatte, dass sie sich sogar das Leben nehmen wollte. In den Augen mancher Leute war ich dazu in der Lage, aber die haben das schlichtweg nicht verstanden. Das Einzige, was ich tun konnte und tun musste, war, in seiner Kraft zu leben.

Trotz der großen Verantwortung hat Puschel bei allem ihren Spaß und versucht, die anderen daran teilhaben zu lassen. Eva schreibt:

Puschel ging auch oft mit den Jungs joggen, sie konnte da tatsächlich mithalten, was ihr große Anerkennung brachte, ich glaube, das gefiel ihr gut, auch wenn sie es nie sagte. Auch beim Klettern ließ sie sich von den Jungs absolut nichts vormachen, was besonders die wirklich beeindruckte, uns Mädels ja sowieso. Puschel hatte – welch ein Wunder – so einige Verehrer, aber der, von dem sie sich das gewünscht hätte, war leider nicht dabei – wie das eben so ist. Und so musste sie manchen der Jungs auch »Abfuhren« erteilen. Einmal wurden wir gerufen, weil einer eine Wunde am Bein hatte, ich fand es nicht besonders schlimm, aber Puschel versorgte es fachmännisch und ziemlich ausführlich. Sie kontrollierte es für meine Begriffe ein wenig sehr oft – wie schön für ihn …

Nicht selten haben wir alle gemeinsam wunderbare Sonnenauf- und -untergänge erlebt. Wir haben viele kleine und große Feste gefeiert. Und auch die Gottesdienste und Andachten waren »Celebrations[10] der Freude«. Und wen wundert's, der Sommer ging für uns alle viel zu schnell vorbei. Natürlich besonders für mich, denn ich musste nach dem Sommer nach Hause, während Puschel ja nun länger blieb, um für Amy da zu sein.

Und so bleibt Puschel in Schweden, während Eva wieder nach Deutschland zurückkehrt. Puschels Englisch ist mittlerweile so gut, dass der alltägliche Umgang kein Problem mehr darstellt. Nach ein paar Monaten kommt ihr Bruder Titus für einige Wochen zur Mitarbeit nach Holsby und irgendwann auch ihre Freundin Myri. Puschels Hauptaufgabe ist immer noch vor allem die Betreuung von Amy. Dabei erlebt sie Wunder und Freude, wird aber oft auch bis an die Grenzen der Belastbarkeit geführt. Es sind wertvolle Zeiten, in denen Puschel geistlich und menschlich immer reifer wird.

Dankbarkeit und Vertrauen

Zwischen all den Turbulenzen und Freuden in dieser Zeit hat Puschel offenbar doch Ruhe, über alles Bisherige nachzudenken und dafür dankbar zu werden.

Holsbybrunn 22. November 2004 – Vater, mein ganzes Leben soll eine Anbetung und ein Dank sein. Ich möchte dir danken mein ganzes Leben lang. Egal, in welche Situation ich komme, möchte ich dir danken.

---

[10] Deutsch: Feiern, Feste

Ich habe kein Recht, mich über Dinge zu beklagen. Wer bin ich, dass ich mich beschweren könnte?! Lehre mich immer mehr, deine Taten im Kleinsten zu erkennen.

Ich wünsche mir, dass die Leute um mich herum dich erkennen in mir. Erkennen, was du für Liebe, Gnade, Barmherzigkeit usw. für jeden im Überfluss hast. Ich möchte, dass sie erkennen, wie du bist; ja, dass für dich nichts zu schwer ist!

Je mehr ich erkenne, wer du bist, bekomme ich Ehrfurcht und Respekt vor dir. Und wiederum wirst du mir immer vertrauter, weil du Liebe bist. Stück für Stück lerne ich, dir mehr zu vertrauen. Mein ICH zweifelt manchmal, aber mein Wille ist da. Du bist durch und durch Wahrheit, und dein Wort in der Bibel ist wahr. Danke, dass du mir die Bibel gegeben hast. Ich kann sie ganz frei in diesem Land lesen und werde nicht verfolgt. Ich kann sie studieren – warum nutze ich die Zeit nicht mehr, um es zu tun?

Danke für die Zeit, die ich hier in Holsby sein darf. Angefangen bei den Häusern und dem Land. Du hast es wunderbar gemacht. Im Sommer ist es traumhaft und im Winter gemütlich. Spazieren durch deine Natur macht mich fröhlich. Danke für meine Beine. Danke, dass ich gesund bin. Danke, dass du mir so viel Spaß am Sport gibst und ich mich hier sportlich betätigen kann und dazu die Freiheit habe. Manche mögen denken, es ist hart für mich, hier zu arbeiten. Doch ich bin dir dankbar für die Umgebung, in die du mich gestellt hast.

Herr, danken möchte ich dir, dass du mich geschaffen hast zu genau dieser Zeit. Du hast mich in eine Familie gestellt, die mich und dich liebt. Die mich gelehrt hat, dass du das Oberhaupt der Familie bist. Einen Papa, der mir ähnlich ist und mit dem ich gut reden kann; der schlau ist und den ich bei vielem um Rat fragen kann, der im Dienst für dich steht. Einen Papa, der Freude hat an der Natur, an den Tieren und trotzdem Technik mag. Einen Papa, durch den ich eine Ahnung bekommen durfte, was es bedeutet, getragen zu werden. Er kommt mich auch mal in der Ferne besuchen und interessiert sich für das, was ich mache. Ich durfte lernen, dass Geld nicht das Wichtigste ist. Gott, ich möchte dir danken für meinen Papa, auch dass ich überhaupt einen habe.

Und dann hast du mir diese wunderbare Mutti gegeben. Sie ist besorgt um jeden von uns. Sie ist eine treue Ehe- und Hausfrau. Ohne sie könnte Papa gar nicht arbeiten. Sie liebt es, uns die Wäsche zu waschen :-). Wir haben so viel Spaß miteinander, besonders wenn wir Urlaub haben. Dann ist sie im Grunde immer noch nicht erwachsen, sondern ein Mädel, das überlegt, was sie als Nächstes für einen Streich machen kann. So geht es mir auch, wenn ich relaxt bin. Ich weiß von Mutti und Papa, dass sie mich lieben, auch, wenn sie nicht immer Zeit haben. Also, was stört es, wenn sie Sachen zu mir schicken, aber meist keinen Brief. Das ist dann egal. Ihre Geschichte, wie sie sich verheiratet haben, ist mir ein Vorbild. Papa hat sie gefragt, ob sie sich vorstellen kann, eine Freundschaft anzufangen mit dem Ziel zu heiraten und als seine Ehefrau Pfarrfrau in Mecklenburg zu sein.

Familie Holmer – Bülow Anfang 2005

Vater, ich möchte dir danken, dass Papa Pastor in Mecklenburg ist. Dass ich dort aufwachsen durfte; direkt am See, mit viel Platz; Tiere, die ich später selbst versorgen konnte. Ich habe gute und kaum schlechte Erinnerungen an meine Kindheit.

Titus – für ihn bin ich dankbar! Du hast mir einen großen Bruder gegeben, und das ist cool. Er hat ein gutes Herz. Ich glaube, oft größer als meins. Er hat mir geholfen, zu dem zu werden, was ich nun bin. Wir haben viel Zeit miteinander verbracht. Gott, danke, dass du ihn für einige Zeit nach Holsby geschickt hast. Es ist schön, dass wir uns immer noch so gut verstehen.

Und da ist Mäuschen. Sie sieht, bevor ich selbst entdecke, dass ich etwas brauche, was ich brauche, zum Beispiel am Tisch. Sie liebt Kinder über alles. Sie hat das Temperament wie Mutti und lernt, im Leben zurechtzukommen. Sie denkt immer für andere, nie für sich selbst, und sie macht es gut. Außerdem kann sie, was Jesus angeht, standfest sein. Danke, Gott, dass du mich durch Mäuschen so viel gelehrt hast und dass sie meine Schwester ist!

Nun Silas, unser Kleinster, der aber immer größer wird ... Mit ihm kann ich so viel Spaß machen. Er ist schüchtern, wenn er Leute nicht kennt. Dazu sportlich fit, technisch begabt. Was das Lernen in der Schule angeht, glaube ich, ist er gleichgültig wie Titus – und ich. Er ist ein schlaues Köpfchen und hat ein gutes Herz für Kinder. Mit ihm kann ich Tränen lachen! Danke, Gott!

Dann ist da »K.«: Sie ist etwas später in unsere Familie gekommen. Durch sie haben wir, glaube ich, alle Gott näher kennengelernt. Und sie war für mich die Vorbereitung für Schweden.

Danke, Herr, dass ich durchgehend in meinem Leben sehen kann, dass du da bist. Du hast mich von einer Person, die etwas schüchtern für alles war, herausgeholt. Du hast mich nach Aidlingen gebracht, wo ich den Umgang mit Mädels lernen konnte! Dort habe ich Myri getroffen, und du hast mich auf eine besondere Art verankert. Ich konnte lernen, dass andere Familien eine Art Heimat werden können!

Danke für die Zeit in Korntal, die ich mit Myri haben konnte. Dort konnte ich mehr und mehr selbstständig werden. Du hast mich gelehrt, wie schön es sein kann, sich um Kinder und alte Menschen zu kümmern. Es war eine lehrreiche, gute Zeit. Danke, dass ich sehen durfte, dass du deinen Plan mit meinem Leben hast. Zu der Zeit ist Myri mehr und mehr meine Freundin geworden. Sie ist das pure Gegenteil von meinem Temperament, was oft sehr gut ist. Denn der Kinderchor, die Schule, all das profitiert von ihrer Persönlichkeit. Und wenn wir etwas zusammen machen, gleicht es sich gut aus. Singen kann sie wahnsinnig gut. Und für ihr Studium musste sie, glaube ich, viel weniger lernen als viele andere und war trotzdem sehr gut. Danke für die vielen Dinge, Orte, Menschen, die wir gemeinsam erleben durften.

Ich weiß nicht, was du in Zukunft mit mir vorhast, aber danken möchte ich dir, dass ich weiß: Du wirst dich um sie und um mich kümmern! Danke, dass wir miteinander nach Föhr fahren konnten.

Wer mir in den drei Jahren Stuttgart auch wichtig geworden ist, sind die Familien in Gärtringen, speziell Baders und Zinsers. Dies waren meine Pflegefamilien für diese Zeit. Danke für jede einzelne Person von ihnen!

Vater, es ist durchgehend, ohne Pause, deine Hand in meinem Leben sichtbar. Danke!

Eine Taufe auf Amerikanisch

Eines Tages klingelt bei uns in Bülow das Telefon. Puschel ist dran. Das kommt nicht oft vor, denn sie ist mittlerweile sehr selbstständig und redet nicht gerade viel über das, was sie so erlebt.

Diesmal aber hat sie eine konkrete Frage, und zwar an mich als Pastor: »Papa, was denkst du? Lindsay möchte sich taufen lassen. Ihr ist im Unterricht in der Bibelschule und auf der Heimreise im Sommer deutlich geworden, dass zum Christsein nicht nur der Glaube gehört, sondern als Bestätigung des Ganzen auch die Taufe. Jetzt hat sie mich gefragt, ob ich sie nicht taufen könnte. Was meinst du, kann man das machen? Oder gibt es da Probleme?«

»Ich bin überzeugt, dass du das machen kannst.«

Eine solche Frage ist mir auch noch nicht untergekommen. Und so muss ich erst einmal in Ruhe überlegen. Philippus, der den Äthiopier taufte (Apostelgeschichte 8,26 ff.), war auch kein ordinierter Pastor. Er hatte noch nicht einmal einen

Taufunterricht im kirchlichen Sinn durchführen können. Entscheidend war das Bekenntnis zu Jesus.

So sage ich meiner Tochter beim nächsten Anruf: »Ja, ich bin überzeugt davon, dass du das machen kannst. Nimm dir noch einmal die Bibel und lies die Stellen, in denen etwas über die Taufe steht. Der Ordnung halber taufen in den deutschen Landeskirchen nur ordinierte Pastoren. Aber bei einer Amerikanerin sollte das keine Rolle spielen ... Zumal sie sich zu Hause sowieso einer Freikirche anschließen wird.«

So trifft sich bald darauf in den Wäldern Schwedens eine kleine Gruppe junger Leute – die meisten von ihnen sind Amerikaner – zur Taufe von Lindsay. Und es ist für sie völlig in Ordnung, dass Puschel aus Deutschland die Taufe vornimmt ... Puschel erwähnt das zwar später einmal. Aber lange darüber reden, das ist wie immer nicht ihr Ding. Lindsay, der Täufling, hat ein paar Erinnerungen aufgeschrieben:

Im Sommer 2005 kam ich zurück, um das neue Schuljahr zu beginnen. Puschel holte mich in Vetlanda ab. Gleich im Auto erzählte ich ihr, dass ich mein Leben Jesus gegeben habe und gern getauft werden würde. Und ich fragte sie, ob sie das nicht tun könnte. Ich weiß noch, dass sie spontan sagte: »WAS? Nein, ICH kann dich doch nicht taufen.«

»Natürlich kannst du«, sagte ich.

Ich weiß noch, dass ich intensiv darüber nachgedacht hatte, ob und warum es unbedingt ein Pastor oder eine geweihte Person sein müsste. All das habe ich Puschel erklärt und sie überredet.

Wir waren sehr gut befreundet, und ich liebte es, wie sehr sie Jesus liebte – über alles, einfach und mit ganzem Herzen. Sie sah ihren Vater im Himmel in allem und in jedem und ließ sich darin gar nicht beirren. Sie ließ alles eher liegen, nur nicht die Beziehung zu ihm. Es gibt zwei Menschen in meinem Leben, die mich so besonders geprägt haben: Der erste ist mein Mann Otto, der zweite Puschel. Deshalb war ich so entschlossen, dass sie mich taufen sollte.

Ich wollte, dass die Taufe im kleinen Kreis stattfindet. Also habe ich nur die engsten Freunde eingeladen. Es waren

Mitarbeiter, die sich gut kannten und schon länger dort waren. Ich weiß noch, wie niedlich es war, weil die Jungs alle schick in Anzügen und Krawatte total herausgeputzt ankamen.

Und dann fuhren wir mit dem Bus zum See. Ich weiß noch, wie Puschel zwei Stellen aus der Bibel vorlas. Eine war Römer 6,8-10. Ich glaube, wir sangen ein oder zwei Lieder. Es war nicht extravagant oder überzogen. Es war genau das, was ich mir vorgestellt hatte. Einfach, intim – und einfach Jesus! Und dann tauchte sie mich ins Wasser und ich kam wieder heraus – eine neue Kreatur in Christus! Wir spielten danach im Wasser und hatten unseren Spaß! Es war echt genial und etwas wirklich Besonderes. Ich werde die ganze Zeit mit Puschel immer in meinem Herzen tragen. Wir verbrachten wunderbare Monate miteinander und hatten viele besondere Momente.

Bereit zu gehen?

Nun bin ich hier in Schweden. Das sollte eine Zeit sein, in der ich dir nachfolgen und etwas für dich tun kann. Aber du hast es mehr umgedreht und mir eine Zeit für mich gegeben. In keiner anderen Zeit habe ich so viel von dir gelernt wie in den letzten sechs Monaten.

Danke, dass Amy gerade in diesem Jahr gekommen ist. Danke, dass ich hier sein und dein Wunder miterleben darf – sehen, wer du bist. Wie sehr habe ich gesehen, dass ich selbst nix bewirken kann, und wenn ich mir dich nicht als Priorität gesetzt habe, ja dann kam mein Leben durcheinander. Wie wichtig war und ist die Zeit am Morgen in der Stille mit dir! Vater, mein Leben ist dein – zeige mir, wenn du nicht die erste Priorität bist. Ich habe kein Recht, mein Leben für mich zu behalten!

Danke für die vielen Freunde von so vielen verschiedenen Kontinenten. Danke für die Zeit, die ich in den »Lectures«[11] *sitzen darf, und dass ich die CDs günstig kaufen kann!*

---

[11] Deutsch: Unterrichtsstunden

Gestern habe ich Mittagsruhe gemacht und habe an die Kinder vom Oktoberfest in Stuttgart gedacht. Mir ist aufgegangen, wie viel höher mein Herz für die Kinder schlägt, die keine richtigen Eltern haben. Und in Verbindung mit Mission kommen mir immer die Philippinen in den Sinn. Ich habe Gott abends gefragt, ob ich da hingehen soll. Ich habe die Bibel aufgeschlagen – Epheser 4,17 – »Wort Gottes ist das Schwert …«. Daraufhin bin ich zu dem Vers gedanklich gekommen: Matthäus 28,19-20 »Geht hin in alle Welt«. Gott, wenn du Türen öffnest, möchte ich für dich und mit dir gehen!

Mit der Jugend unserer Gemeinde nehmen wir ab und zu in Schweden an Freizeiten teil. Es freut Puschel immer ganz besonders, wenn sie »ihre Leute« begrüßen und den anderen vorstellen kann.

Bei einem Besuch bei Puschel lassen wir eine Ausgabe der Zeitschrift *ideaSpektrum* auf dem Tisch liegen.[12] Ein paar Tage später sitzt Puschel am Küchentisch und blättert die Zeitschrift durch. Da sie nicht gerne liest, schaut sie sich vor allem die Bilder an. Da sticht ihr ein Bild von einem Kinderheim in El Salvador ins Auge – *La Casa de mi Padre*[13]. Sie schaut auf das Bild und weiß auf einmal, dass Gott etwas von ihr möchte. Doch was kann sie geben? Geld hat sie nicht, finanzielle Unterstützung kann sie also nicht leisten. Bleibt nur noch die Möglichkeit, selbst hinzugehen – das Thema Mission im Ausland beschäftigt sie ja schon eine Weile. Zu diesem Zeitpunkt weiß sie noch nicht einmal, wo El Salvador liegt. »Möchtest du wirklich, dass ich dorthin gehe?«, fragt sie Gott. »Ich habe doch erstens kein Geld und spreche zweitens kein Spanisch.«

Puschel weiß auf einmal, dass Gott etwas von ihr möchte.

7. Februar 2005 – Ich bin nur eine kleine Hilfe und ohne mich würdest du das auch hinbekommen. Doch du willst mich gebrauchen. Danke! Ich sehe, wie du deine Arbeit Stück für Stück

---

12 So schildert es Puschel im Interview mit Dominique Pfeiffer für die Jugendwoche in Gärtringen 2010 (Video 4). http://www.youtube.com/watch?v=wGsm68FLy7o (abgerufen am 28.11.2024).

13 Deutsch: Das Haus meines Vaters

zusammenbringst. Du bist Puzzlebauer und Puzzler. Ich habe die CD gehört: »Dein Wort ist ein Licht auf meinem Weg«. Ja, Gott, ich möchte in deinem Licht leben! Du bist mein Lebenssinn. Mein Licht, meine Festung, meine Burg ...!

Bin nicht sicher, wo du mich gebrauchen möchtest. Aber ich bin hier. Und sollte es auf Erden zu Ende sein – meine Umwelt soll wissen: Ich war nur Gast auf Erden. Und bei dir in der Ewigkeit zu sein, das wird der beste Teil meines Lebens. Ich kann es mir nicht vorstellen – wow, es geht über meine Vorstellung hinaus!

20. Februar 2005 – Wenn du Türen nach El Salvador öffnest, dann gehe ich. Wenn nicht, gib mir Geduld und den richtigen Blick, auf den Punkt zu warten, bis du es mir zeigst.

Ich möchte keinen Anspruch auf Wünsche haben, aber du weißt, wo meine Gaben liegen, was ich brauche oder wo ich noch lernen muss. Ich möchte nur dich näher kennenlernen und mich noch viel mehr in dich verlieben.

22. Februar 2005 – Herr, lehre mich, Menschen so anzunehmen, wie sie sind; sie nicht für ihr Handeln zu verurteilen. Ich möchte lernen, jeden mit deiner Liebe anzunehmen. Ich möchte Menschen auf dich aufmerksam machen, sie aber nicht mit meinen Worten abschrecken.

Trotzdem möchte ich deutlich bleiben. Wenn ich einen Menschen anschaue, möchte ich ihn mit deiner Liebe anlächeln. Hilf mir, es bei jedem Menschen zu tun.

Danke, Herr, für den Morgen mit dir. Ich bin doch glatt in die Fragerei gerutscht, was ich nun weiter mit meinem Leben machen soll. Es waren mehr Sorgenblicke. Als ich daraufhin unser Buch aufschlug, zeigtest du mir Matthäus 6,24-34. Daraufhin habe ich mich gefragt, oder vielmehr dich, ob ich mich kümmern soll. Ich hatte die Gedanken, dass ich doch irgendwo in einem Krankenhaus arbeiten sollte.

Puschel nimmt ihre Bibel zur Hand und liest wieder die Verse in Matthäus 6,33-34: »Wenn ihr für ihn lebt und das Reich Gottes zu eurem wichtigsten Anliegen macht, wird er euch jeden Tag geben, was ihr braucht. Deshalb sorgt euch nicht um morgen, denn jeder

Tag bringt seine eigenen Belastungen. Die Sorgen von heute sind für heute genug.«

Sie soll sich also keine Sorgen machen. Aber heißt das, sie soll sich keine Gedanken darüber machen, wohin sie gehen soll – oder soll sie sich keine Sorgen um ihre Versorgung in El Salvador machen? Sie blättert weiter zu Matthäus 9,36 und liest: »Er hatte tiefes Mitleid mit den vielen Kindern, die zu ihm kamen, denn sie hatten große Sorgen und wussten nicht, wen sie um Hilfe bitten konnten. Sie waren wie Schafe ohne Hirten.« Kinder, die nicht wussten, wen sie um Hilfe bitten sollten ... Für Puschel ist klar, dass Gott durch diese Bibelstelle zu ihr geredet hat. Sie beschließt, beim Kinderheim in El Salvador anzufragen, ob sie Hilfe brauchen. Eine halbe Stunde später zeigt sie den Vers ihrer Freundin und merkt auf einmal, dass in dem Vers das Wort »Kinder« gar nicht vorkommt, sondern allgemein von »Menschen« die Rede ist.

Der Lesefehler jedoch hat Puschel geholfen, zu einer Entscheidung zu gelangen.

Habe mit Hanna die E-Mail nach El Salvador geschickt. Wenn ich dort in deinem Namen hingehen darf, dann hilf bitte, dass es Myri und Mutti verstehen. Bitte, bereite sie vor! Herr, wenn es nicht gut ist, dann zeig mir, dass ich geduldig ausharren soll, ansonsten danke ich dir, dass du mich nicht aus aller Freude herausreißt, haha ...

Ich wurde von M. heftig angeschrien und beschimpft wegen »dreckigen Geschirrs«, sie hat mich sogar persönlich angegriffen. Vater, ich bitte dich um bessere Gemeinschaft hier im »Solhult«[14]. Zeige mir, was ich besser machen kann, aber bewahre du M. vor Herzattacken, wenn sie sich über uns so aufregt. Ich vergebe ihr für die Sachen, weil du mir die Wahrheit durch Kirsten gezeigt hast. Danke für die Freundschaften hier!

8. März 2005 – Wir hatten das letzte Family-Group-Meeting. Es war ein wertvoller Abend. Wir haben uns gegenseitig gesagt, was wir am andern gut finden – als Ermutigung.

---

[14] Die Mädchenunterkunft in Holsby

Wir sind so verschieden gemacht und individuell wertvoll ... Vater, ich habe meist viel zu wenig Interesse an meinen Mitmenschen. Und noch viel zu wenig liegen mir die Menschen auf dem Herzen, die dich noch nicht kennen ... Es ist ein irres Gefühl zu wissen, dass ich diese Menschen nie mehr auf dieser Erde wiedersehen werde. Doch bist du es, der uns für immer verbindet. Vater, nur du kannst es machen, dass niemand von ihnen von dir wegkommt. Vater, lehre mich, auf Menschen zuzugehen!

Vater, danke für die Gebetsspaziergänge, die ich mit Amelie haben durfte. Und danke für den Segen, der sie für mich schon in viele Richtungen war. Segne ihr Leben weiterhin.

Eine der besten Freundinnen in dieser Zeit ist Alana, eine junge Frau aus Kanada:

Meine letzte Erinnerung an Puschel in Holsby: Es war Frühling. Und wie fast alle wissen, ist es eine bittersüße Zeit in Holsby, wenn die Blumen anfangen zu blühen und der Geruch des Sommers in der Luft liegt, aber viele Mitarbeiter und Schüler den Heimweg antreten. Nun war ich an der Reihe, Holsby zu verlassen. Es war Tradition, dass alle in einem Kreis vor dem Hauptgebäude zusammenkamen, um Tschüss zu sagen, so auch an diesem Tag. Ich erinnere mich an den großen Kreis meiner Holsby-Familie. Von allen musste ich mich verabschieden. Es war herzzerreißend. Ich sagte einem nach dem anderen Lebewohl. Als ich zu Puschel kam, weinten wir beide. Ich kann mich nicht daran erinnern, dass Puschel je geweint hätte in Holsby, aber an diesem Tag weinten wir zusammen. Als ich zu einigen anderen Lebewohl sagte, war Puschel plötzlich verschwunden. Ich hatte keine Ahnung, wo sie war, aber ich dachte, dass sie die Verabschiedung einfach nicht ertragen könnte. Ich lud meine Sachen ins Auto und winkte allen zum Abschied, als wir langsam davonfuhren. Es gibt eine ein Kilometer lange Straße vom Campus bis zur Landstraße. Als wir dieser Hauptstraße näher kamen, sah ich ein Mädchen neben unserem Auto sprinten. Es war Puschel, die durch den Wald gerannt war. Sie hatte einen Strauß Blumen gepflückt und kam nun, um ihr letztes Lebewohl zu sagen und mir einen Strauß Wildblumen zu übergeben. Sie weinte immer noch. Ihre Haare waren durcheinander – wie meistens. Wir versprachen uns, dass wir uns wiedersehen würden ... So werde ich Puschel immer in Erinnerung haben. Laufend. Wild. Fröhlich. Und immer einen Schuss Schalk im Nacken.

6. Juli 2005 – Alana ist vor zwei Tagen gegangen. Es ist ein Loch da. Danke für diese Freundschaft! Bitte, gib, dass ich sie nicht vernachlässige, lass diese Freundschaft tiefer werden.

Ich bin das Tschüss-Sagen müde, aber gleichzeitig gespannt, was Gott aus diesem Sommer noch machen möchte. Vater, zeige mir, wie es weitergeht.

Mach mich sensibler für die Menschen und mehr respektvoll. Und dass ich sehe, wenn sie Hilfe brauchen. Du bist der Grund, warum ich hier bin. Du hast viel bessere Pläne für uns, als wir uns das hier vorstellen können. Ich kann dir voll vertrauen. Der Sommer ist und war sehr vollgepackt mit Freizeiten und Besuch und Fahrt nach Deutschland. Herr, danke für Lissi, Inge und Amelie, mit denen ich immer beten kann!

Herr, zeige mir, was meine Aufgabe jetzt hier in Holsby ist. Und gib, dass El Salvador antwortet. Segne die Arbeit und die Kinder sowie die Mitarbeiter. Danke! Mein Deal mit Gott, mir zu bestätigen, ob ich hierbleiben soll, war: Gib mir (kostenlos) einen Schlafsack, und ich bleibe! Eine Woche später ruft mich Eva an und erzählt mir, dass sie mir einen Schlafsack schickt ... Nun bleibe ich bis Ende Oktober, weil ich nicht das Gefühl habe, dass ich hier weggehen soll. Herr, schmeiß mich aus dem Nest, wenn es sein soll! Dan geht auch schon Mitte September. Herr, wenn es dein Wille ist, dann lass diese Freundschaft [mit Dan] so tief werden, dass wir uns nach Holsby nicht aus den Augen verlieren. Danke, dass er über den Sommer hier ist.

Alte Freunde gehen – neue kommen

14. September 2005 – Dieser Monat war mal wieder sehr voll. Viele Freunde sind gegangen. Aber genauso durfte ich auch neue Freundschaften beginnen. Ich konnte ganz spontan auf eine dreitägige Kanutour mitfahren. Anfang des Sommers ist Tom gekommen. Noch am gleichen Tag haben wir davon gesprochen, mal Kanu zu fahren. Ich habe es nicht glauben können, dass daraus wirklich etwas wird ... Anfang September, also vor einigen Tagen, konnte ich sogar mit Jen, Dan und Tom nach Gränna campen gehen. Es war sooo gut. Ich wurde als Mädchen behandelt – musste also Sachen wie Lagerfeuer nicht übernehmen. Wir haben jeden Tag in Gottes Hand gelegt – gemeinsam und auch zwischendrin gebetet. Es war so gut. Wir haben einmal unseren Schlafplatz verlassen bzw. wechseln müssen, weil überall »Opa Langbeins«[15] *rumgelaufen sind. Habe noch nie so viele auf einmal gesehen. Haben dafür in einer wunderbaren Scheune übernachten können. Sind auf dem darauf folgenden Tag nach Stockholm gefahren und haben da im Wald übernachtet. Danach haben wir Tom zum Flughafen gebracht. Komischerweise vermisse ich ihn hier immer noch. Ich hoffe, die Freundschaft bleibt erhalten.*

Vor zwei Tagen habe ich in El Salvador angerufen und endlich erfahren, dass sie meine Hilfe von März an gebrauchen können. Ich bin gespannt. Ohne Gott, ohne dich, Herr, kann ich da nix ausrichten. Das ist zu groß für mich. Danke, dass ich es nun endlich weiß. Segne die verbleibende Zeit hier in Holsby. Gib mir Weisheit beim Planen für El Salvador.

10. September 2005 – Bin mit Gott spazieren gegangen im Wald am Morgen. Mir wurde klar, dass ich bis Weihnachten hierbleiben soll. Warum, weiß ich nicht. Habe jetzt richtige Antwort von El Salvador. Gott, danke, dass du mir immer wieder deine Führung zeigst. Ich muss keine Spenden sammeln! Danke! Danke, dass ich nichts zu fürchten habe, wenn ich in dir bleibe!

---

[15] Eine Spinnenart; auch bekannt als Weberknechte

Bin nach einem Mittwoch-Worship unruhig geworden und habe mein Fahrrad geschnappt, um rauszufahren – die Straße zu Wally und Donna raus. Habe gefragt: Was willst du mir sagen? Und Gott hat geantwortet: Ich habe dich lieb. So durfte ich ein Stück mehr von seiner Liebe erfahren.

Über 18 Monate ist Puschel in Schweden. Viel länger, als sie es ursprünglich vorgesehen hat. Doch die Richtung ist für sie nun klar: Sie geht nach El Salvador!

Eine der wichtigsten Freundschaften ist für Puschel die zu Donna und Wally. Sie waren vor 40 Jahren dabei, als diese Fackelträger-Arbeit in Schweden begann. Sie sind für Puschel so etwas wie Ersatzeltern geworden.

Donna schreibt im Nachhinein:

Puschel blieb länger als geplant, um sich um eine bedürftige Person zu kümmern. Hier habe ich angefangen zu erleben, wer Puschel wirklich war. Sie hatte keine leichte Aufgabe, doch ich hörte sie nie klagen. Ihre Arbeit ging weit über die normalen Stunden hinaus, aber sie strahlte immer unendliche Treue aus.

Während dieses Jahres verbrachten wir viele kostbare kameradschaftliche Stunden miteinander. Wir waren so traurig, als sie von Holsby abreiste, aber auch genauso begeistert, als sie die Arbeit in einem Kinderheim in El Salvador in Angriff nahm.

Puschel schreibt über ihre Zeit in Holsby:

Im Rückblick kann ich nur einen wunderbaren Segen über dieser Zeit sehen. Psalm 34,6 [HFA]: »Wer zum Herrn aufschaut, der strahlt vor Freude, und sein Vertrauen wird nie enttäuscht.« – Diese Worte hat Gott mir Tag für Tag neu in Holsby bestätigt. Das Wichtigste ist, den Blick zu ihm zu behalten, den Rest wird er tun. Was für eine Gewissheit! Ich bin so dankbar, sein Kind zu sein! Ein Kind des Königs der Könige! Für dieses Vorrecht (das ja jedem offensteht!!) sollten wir dankbar sein und es nutzen!

Aufbruch nach El Salvador

Vertrauen ist alles

Puschels amerikanische Freundin Kirsten schreibt:

> *Nichts war jemals unüberwindbar für Puschel – sie vertraute darauf, dass Gott alle Details klären würde. Das war auch so, als ich ihr half, sich in El Salvador zu bewerben, und fragte, ob sie denn schon Spanisch könnte. »Das wird sich schon zeigen, und Gott weiß, was ich brauche«, war ihr Kommentar. Was für ein Vorbild sie für mich war! Ihr Vertrauen auf Gott brachte mich oft dazu, das Meine neu zu prüfen.*

Manche Freunde raten Puschel, sich doch einer Missionsgesellschaft anzuschließen, um in El Salvador besser abgesichert zu sein. Doch Puschel dauert das alles zu lange. Denn damit verbunden wäre auch ein »Missionstraining« mit Sprachkurs und Kulturtraining. Puschel aber hat Gary Powell in El Salvador zugesagt, dass sie so bald wie möglich kommt. Und in ihrer Rechnung ist dies das frühe Frühjahr 2006.

Vorher nimmt sie noch einen wichtigen Termin zu Hause wahr: Ihr großer Bruder Titus heiratet. Danach aber soll es für sie sofort losgehen.

Bis zur Abreise genießt sie die Zeit zu Hause. Immer wieder wird ihr die Frage gestellt: Wie willst du das nötige Geld für El Salvador zusammenbekommen? Puschels Antwort: »Wenn Gott will, dass ich dorthin gehe, dann wird er auch dafür sorgen, dass es geht.« Wir als Eltern sagen uns: Wenn sie so sicher ist, dann wird es so kommen. Und wenn Gott es nicht will, dann wird er es irgendwie verhindern. Es gibt etliche Vorschläge, wie Puschel alles finanzieren könnte – bis schließlich jemand im Bekanntenkreis sagt: Du solltest dich auf jeden Fall mal beim Arbeitsamt melden. Aber Puschel hat sicher keinen Anspruch auf Arbeitslosengeld, schließlich ist sie gleich

»Wenn Gott es will, wird er auch dafür sorgen, dass es klappt.«

nach der Ausbildung nach Schweden gegangen und hat noch nicht gearbeitet.

Dennoch geht sie zum Arbeitsamt, um sich wenigstens zu melden. Der Sachbearbeiter sagt unverbindlich: »Wir prüfen Ihren Antrag und geben Bescheid.« Nur wenige Tage später kommt ein Schreiben vom Arbeitsamt: Sie bekommt Arbeitslosengeld – mehr, als sie je gedacht hätte. Berechnungsgrundlage ist ihr Gehalt während der Ausbildung. Und so kann sie drei bis vier Monate lang Geld sparen. Sie ist ohnehin sehr genügsam. Am Ende kann sie so viel sparen, dass es für den Hin- und Rückflug nach El Salvador reicht und sogar für eine Reise zu ihren Freundinnen Alana in Kanada und Liesl in Idaho. Sie kann sich auch noch mit anderen Freunden treffen, bevor es dann nach Mittelamerika geht.

Doch noch ist sie zu Hause und schreibt in ihr Tagebuch:

2. Februar 2006 – Nun ist eine ganze Weile vergangen. Vieles ist passiert. Seit etwa einem Monat bin ich schon wieder zu Hause. Gott, du zeigst mir deine Liebe so oft durch andere Menschen. Deine Liebe möchte ich weitergeben.

Der Abschied in Schweden ist sehr unbewusst an mir vorbeigegangen. Gott, danke nochmals für die Zeit in Holsby. Danke für all die Menschen, die ich kennengelernt habe. Hilf mir, immer die Sehnsucht in mir zu haben, dich mehr kennenzulernen, dich zu suchen. Hilf mir, dass ich mir genug Ruhezeit mit dir nehme. Ich möchte dir nicht im Weg sein, mich zu der Frau zu machen, die du mit mir haben möchtest. Danke für deine Treue. Auf dich kann ich mich immer verlassen. Danke für meine Familie. Danke für diesen Ort, an dem ich aufgewachsen bin und in Frieden leben durfte. Lass dieses Land zu deinem werden. Erwecke ganz Mecklenburg! God is writing a story with us![16]

[16] Deutsch: Gott schreibt Geschichte mit uns!

Moderne Technik macht's möglich

Bevor Puschel aufbricht, richten wir die Internetseite ein, um ihre Freunde auf dem Laufenden zu halten.

Hier schreibt sie ihre ersten Eindrücke auf dem Weg nach El Salvador über einige Stationen in den USA und Kanada:

Februar 2006 – Ich halte mein Flugticket nach El Salvador in meiner Hand. Wie ihr seht, hat Gott bisher alles Nötige beschafft. Ich kann sogar schon fünf spanische Wörter fließend sprechen: »Hola, me llamo Puschel« und »Gracias« …[17] *Ich will meinem Herrn ganz und gar vertrauen – ich weiß in der Tat nicht, was mich erwartet. Ich bin echt gespannt auf dieses Land, seine Menschen, eben auf den Platz, an den Gott mich stellt. Was für ein großer Gott unser Gott doch ist! Lobet den Herrn – oder auf Neudeutsch: Praise the Lord!!*

7. März 2006 – Liebe Leute, danke für eure Gebete. Die Reise [nach Kanada] verlief ohne Probleme. Nun bin ich bei Alana in Calgary für die nächsten zwei Wochen …

25. März 2006 – Hatte eine gute Reise. Die Zeit mit Alana war sehr schön. Ich habe keinen Bären oder Berglöwen getroffen … Nun bin ich in Idaho bei Liesl und ihrer Familie (sie hat fünf Geschwister). Wir haben viel Spaß zusammen. Ich konnte auch Toms Familie besuchen und habe Russel getroffen (Freunde aus Schweden – falls jemand die Leute kennt). Oh, und wir waren Ski fahren auf dem »Schweizer« und sind ohne Knochenbrüche davon zurückgekommen. Am 27. und 28. werde ich unterwegs nach El Salvador sein. Ich danke euch sehr für alle eure Gebete und Unterstützung!

---

[17] Deutsch: »Hallo, ich heiße Puschel« und »Danke«

Eine andere Welt

Kulturschock

Der Gründer des Kinderheims *La Casa de mi Padre*, der US-Amerikaner Gary Powell, arbeitet hauptberuflich als Direktor eines Hilton Hotels und lebt mit seiner Familie in San Salvador. Gary hat die verwahrlosten Kinder auf der Straße gesehen und möchte ihnen eine Perspektive fürs Leben geben. So gründete er das Kinderheim. Durch seine eigentliche Arbeit hat er gute Kontakte in die Regierungskreise des Landes hinein. Der Autor des Artikels in der *ideaSpektrum*-Ausgabe[18], Thorsten Alsleben, wurde auf Garys Arbeit aufmerksam, weil seine Frau Rocio eine Zeit lang in dem Hilton Hotel gearbeitet hat, das Gary leitet.

> *Tagebuch, 28. März 2006 – Bin nun in El Salvador! Vater, du hast die Welt so wunderbar für uns bereitet. Nun beginnt ein neuer Abschnitt in meinem Leben.*
>
> *Bei 37° C bin ich gelandet. Das Land ist wunderschön. Viele Arten von Bäumen und Vögeln. Ich bin gesegnet mit einem eigenen Bett – und Badezimmer. Von meinem Fenster aus sehe ich einen wunderschönen Sonnenuntergang. Ein Fenster mit Blick in den Garten. Mein Tag geht dem Ende zu. Danke, Vater, für mein Leben! »You are the light of the world. A city on a hill can't be hidden« (Matthew 5:14 [NIRV]).[19] Ja, Herr, deinetwegen bin ich hier. Lass mich das nie vergessen! Sei du meine Kraft. Ich möchte mehr von dir wissen.*

Für Puschel ist Mittelamerika eine neue Welt. Sie spricht kein Spanisch und hat kein Kulturtraining absolviert. Sie beobachtet und staunt. Aber sie bezweifelt nicht, dass es die richtige Entscheidung war, hierherzukommen.

---

18 Ausgabe 4/2005

19 Matthäus 5,14: »Ihr seid das Licht der Welt – wie eine Stadt auf einem Berg, die in der Nacht hell erstrahlt, damit alle es sehen können.«

In ihr persönliches Tagebuch schreibt sie:

29. März 2006 – Vater, diese Welt ist so anders. Hier lebe ich in einer Welt, und doch sind es zwei. Heute habe ich die Kinder das erste Mal getroffen. Dieser Platz ist eine große Herausforderung für mich, zu groß. Aber, Herr, das war dein Plan, nun führst du ihn aus. Ich danke dir. Durch Gespräche ist mir klar geworden, dass ich die (einzige) Krankenschwester für 50 Kinder bin. Ich war erst geschockt, und dann habe ich gebetet. Kurze Zeit später hat mich eine Frau angesprochen, die mir für kurze Zeit hilft. Sie hat mir erklärt, dass sie Infos über Krankheiten hat – speziell für El Salvador. Sie hatte immer gehofft, dass es mal jemandem nützt. Danke, dass du sie für diese Woche hergeschickt hast.

Spanisch verstehe ich nix. Aber die Kinder liebe ich. Es ist Dauerzustand, ein Kind auf dem Arm zu haben. Heute hat mich ein Kleiner zehn Minuten unterhalten, und ich habe nix verstanden. Die Kinder sind arm und doch reicher als viele andere in diesem Land.

Ja, und da ist die andere Welt: Ich habe hier einen wunderschönen, großen Raum. Die Handtücher werden schon am ersten Tag gewechselt. Mein Zimmer muss ich, glaube ich, nie sauber machen. Ich bin mit Gary ins Hotel[20] *gefahren. Das ist eine völlig andere Welt. Menschen dort sind erstaunt und denken, das sei doch verrückt, dass ich auf dem Flughafen übernachtet habe, bevor ich hierhergekommen bin. Dass ich mir nicht immer ein Hotel leisten kann, versteht hier keiner. Dass ich noch nie mehr als Schweden, Dänemark, Deutschland und Italien gesehen habe und noch nie in Ägypten oder so war, ist für sie auch unerklärlich. Ich habe ein Wasser angeboten bekommen, und als es leer war, stand gleich das nächste da – verrückt. Ich bin sicher sehr aufgefallen in meinen kurzen Hosen und Sandalen. Außerdem falle ich sowieso auf, denn die Menschen hier haben alle dunkle Haare. Sogar die kleinen Jungs waren total aufgedreht, weil ich blond bin und blaue Augen habe. Gott, ich*

[20] In das Hotel, das Gary Powell hauptberuflich leitet.

möchte hier niemandem schöne Augen machen, sondern dir allein dienen und ein Licht sein. Oh, dann ist da noch die Sache, dass ich nie ohne Begleitung irgendwohin kann.[21] *Hilf mir, dass mich das nicht zu sehr stört. Da ich es liebe, mit dir spazieren zu gehen, ist es eher hart. Vater, segne dieses Zimmer und lass es für mich zu einem Raum für »Spaziergänge mit dir« werden. Dein Wille geschehe, Herr. – Gerade höre ich Schüsse aus der Nachbarschaft. Das ist auch so'n Ding. Hier gibt es viele Häuser mit bewaffneten Menschen davor. Auch das Kinderheim hat solch einen Wächter. Vater, danke, dass du dich nie veränderst, auch wenn sich meine Welt ändert. Du bist mein Fels, auf nichts anderes möchte ich bauen. Leute nennen mich mutig, weil ich diesen Schritt gegangen bin. Danke, dass ich nicht mutig sein muss und mich auch nicht so fühle, sondern einfach deinen Willen tue. Danke, dass du mein Vater bist. Ich habe dich lieb und möchte deine Liebe weitergeben. Lass mich immer ich bleiben, ob ich nun im Kinderheim oder im Hotel bin. Nun bitte ich dich um einen tiefen und erholsamen Schlaf.*

30. März 2006 – Nun ist ein neuer Tag alt geworden ... Ronaldo ist mein Chauffeur. Wir brauchen zum Kinderheim ungefähr eine halbe Stunde. Wir sehen viele verfallene Häuser. Menschen, die an der Straße stehen, um Dinge zu verkaufen, Autos zu waschen, zu betteln und Blumen zu verkaufen. Parken tut jeder, wo er will. Manchmal steht ein parkendes Auto auf einer Kreuzung. Die Hupe wird oft betätigt. Lärm von allen Seiten, Hitze, Autoabgase, Dieselluft, dreckige Straßen, keine Verkehrsordnung, viele Pick-up-Trucks, überfüllte Busse und viele Bäume. Menschen, die an der Straße sitzen. Menschen, die zur Arbeit laufen. Menschen mitten auf der Fahrbahn ... Vater, segne El Salvador! Bring Freude in ihre Herzen – dich! Ich habe viele Aufgaben bekommen. Gott, ich kann nix davon. Gib mir deine Weisheit, du weißt, was zu machen ist, denn du hast sie geschaffen. Danke für Familie Powell.

---

[21] Aus Sicherheitsgründen. El Salvador ist eins der Länder mit der weltweit höchsten Kriminalitätsrate.

31. März 2006 – Nun ist wieder ein Tag vergangen. Erneut habe ich Informationen bekommen über meine neue Arbeit. Gott, ich brauche dich jede Minute meiner Arbeit. Erinnere mich immer dran, mit dir im Gespräch zu bleiben, wenn ich arbeite, denn du weißt, was zu tun ist.

Es hat am Abend kräftig geregnet und gewittert, obwohl das eigentlich erst Anfang Mai anfangen sollte. Danke, dass du die Krankenschwester vorbeigeschickt hast. Du hast einfach immer perfektes Timing.

Wir waren mit der Familie bei »Pizza Hut«. Und Eis essen. Sie haben mir gesagt, dass ich sonntags Autofahren üben muss. Die Straßen sind verrückt, aber du wirst dabei sein …! Hey, ich möchte mich hier nicht verfahren …! Vater, danke für die lachenden Kindergesichter und die, die erst lachen lernen. Ich kann dich durch sie lachen sehen. Was drückt deine Liebe mehr aus als ein lachendes Gesicht! Lass mich immer Freude daran haben und es im Alltag nicht übersehen.

Wenn wir ab und zu mit Puschel telefonieren oder skypen, erzählt sie meist voller Freude von allem. Über ihre Internetseite meldet sie sich bei ihren Freunden. »Macht euch keine Sorgen, wenn ihr nicht so oft etwas von mir hört – mir geht es gut!«

Aber sie muss nun lernen, mit der Mentalität der Menschen und deren Eigenheiten umzugehen.

»Macht euch keine Sorgen, mir geht es gut.«

9. April 2006 – Vater, hilf mir. Ich möchte nie über Menschen etwas reden, was sie verletzen würde, wenn sie es hören.

Vater, meinst du, ich soll eine spanische »Mädchen Bible Study Group«[22] anfangen? Herr, zeig es mir. Hilf mir, Spanisch zu lernen, und lass mich dich besser kennenlernen. Mach mir jeden Moment meines Lebens bewusst, wer du bist und was du für mich eigentlich nichts-wertigen, aber durch dich vollwertigen Menschen getan hast. Herr, dir gebührt die Ehre. Lass mich die Hoffnung, die ich habe, ausstrahlen.

---

[22] Ein Bibellesekreis für Mädchen

Unterricht im Zähneputzen

Puschel soll die medizinische Versorgung in *La Casa de mi Padre* auf einen Stand bringen, der in Mittelamerika als vorbildlich gelten kann. Dabei geht es vor allem erst einmal um die einfachsten Dinge: die tägliche Hygiene für die Kinder. Die Kleinen müssen lernen, sich täglich die Zähne zu putzen und sich zu waschen. Für all das war bisher in den Anfängen dieser Arbeit niemand da. Bei allem kommt es für Puschel darauf an, dass die Kinder selbst lernen, auf sich zu achten. Und das beschränkt sich nicht auf die Hygiene und die Kinder.

Puschel mit einigen »ihrer« Kinder in El Salvador

Auch die einheimischen »Nannies« (die Frauen, die die Kinder betreuen) müssen manche Lebensgewohnheiten ändern. Dabei gibt es natürlich Reibungspunkte – Puschel eckt also an, wenn sie bestimmte Dinge anmahnt und einfordert. Das alles beschäftigt sie innerlich. Denn sie möchte diesen Menschen ja die Liebe ihres himmlischen Vaters vor Augen führen und vorleben.

18. März 2006 – Vater, du vertraust mir Dinge an, bei denen du weißt, dass ich herausgefordert bin. Obwohl wir so viele Fehler machen, nimmst du uns die Aufgaben nicht weg. Herr, hilf mir, dass ich mich auf dich konzentrieren kann, wenn wir unsere Zeit am Morgen haben. Lass es intensiver werden. Lass mich nie vergessen, dass ich nur ein Fremder, Besucher, Botschafter, Wanderer, Reisender, Ausländer bin. Und trotzdem habe ich ein Zuhause bei dir! Die Erde ist nicht mein Zuhause, ich bin für was viel Größeres gemacht. Ich werde nie komplett befriedigt sein auf dieser Erde, weil ich für die Ewigkeit bestimmt bin. Viele Christen haben ein hartes Leben bis zum Schluss und sie wissen, dass das Ende der Anfang für ein unvorstellbar neues Leben sein wird. Das ist, weshalb Gott uns manche unverständliche Meilensteine gibt.

Gary Powell hat diese Arbeit mit einem klaren Vorbild begonnen: Georg Müller, der »Waisenvater von Bristol« (England). Georg Müller hatte es sich zur Regel gemacht, bei Menschen nie um Geld zu betteln. Als eine Frau ihn fragte, was er denn gerade brauche, soll er geantwortet haben: »Euer himmlischer Vater kennt eure Bedürfnisse« (Matthäus 6,32). So halten es auch Gary und sein Team. Gemeinsam bitten sie Gott, nicht Menschen, um das Nötige.

26. April 2006 – Vater, ich muss lachen, wenn ich an unseren Arztbesuch denke. Sechs Kinder und fünf Erwachsene in einem normalen Auto. Herr, pass weiter auf unsere Kinder auf und zeige uns, wenn wir Fehler machen, damit kein Kind zu Schaden kommt. Da denke ich an Salvador, der für eine Weile die doppelte Dosis an Krampfmedikamenten bekommen hat, weil die Nannies einen Fehler gemacht haben.

Du weißt, dass wir für die Kinder nur Geld bis zum ca. 10. Mai haben. Vater, du hast dich bisher gekümmert. Ich vertraue dir, dass du es auch diesen Monat tun wirst. So bitte ich dich, den Kindern das zu geben, was sie zum Leben brauchen. (Gerade beantwortet mit einer Spende von 15 000 Dollar!)

Dabei bekommt Puschel selbst nichts als das, was sie zum Leben braucht: Essen, Unterkunft und ein kleines Taschengeld. Doch als im

Sommer klar wird, dass *La Casa* Teki, einen wunderschönen, großen Hund, weggeben muss, weil das Geld für dessen Unterhalt dringender für die Kinder benötigt wird, »adoptiert« Puschel den Hund kurzerhand und bezahlt sein Futter von ihrem kleinen Taschengeld. Puschel weiß, dass der friedliche Teki ein wunderbarer »Therapiehund« für die Kinder ist. So meldet Puschel nach Hause: »Wir haben ein neues Familienmitglied. Es heißt ›Teki Holmer‹.«

19. Mai 2006 – Vater, deine Existenz ist kein Leben auf Zeit. Du hast andere »Zeit«. So möchte ich mein Leben auch nicht abhängig machen von Zeit. Ich möchte, dass es immer abhängig ist von dir. Meine ganzen »Pläne«, Herr, gebe ich dir, damit du mir zeigst, wann was zu tun ist und wann ich wohin gehen muss (darf). Ich möchte nichts vor dir zurückhalten. Herr, danke für deine Gnade, dass ich dir dienen und dich kennen darf.

Wenn du möchtest, dass ich hier länger als ein Jahr bleibe, dann möchte ich dir nicht mehr im Wege stehen. Herr, ich habe es nicht verdient, mit so qualifizierten, guten Menschen, die dich so lieben, zusammenzuarbeiten. Mit dir ist mein Leben so reich, Vater.

Die Zeit vergeht wie im Flug. Nun bin ich hier schon fast zwei Monate. Mein Spanisch ist eher dürftig, aber zu Hause fühle ich mich. Ich kann mir gar nicht vorstellen, die Menschen und das Land nicht zu kennen.

Whitney[23] *ist am 9. Mai gekommen. Herr, danke, dass sie gekommen ist und wir so gut klarkommen.*

Wachsende Liebe

Nach und nach wächst Puschel in ihre Arbeit hinein und lernt die Kultur besser kennen. Ihre Liebe zu den Kindern wird auch immer größer.

[23] Die älteste Tochter von Gary Powell.

22. Mai 2006 – Vater, ich möchte nie über andere Menschen richten oder lästern. Lass mich aufstehen, wenn andere Menschen es tun, und Nein dazu sagen.

Danke – und da ist kein Dank genug – trotzdem danke, dass du dein Leben für mich hingelegt hast, damit ich leben kann. Das ist mein Wunsch, dass ich mein Leben für Brüder und Schwestern hinlege und deine Liebe weitergebe. Lass Menschen deine Liebe sehen, weil du mich so unendlich liebst. Lass mich ehrlich sein vor dir und meinen Mitmenschen!

29. Mai 2006 – Danke für letzten Freitag, wo wir mit 15 Kindern (3–7 Jahre) zum Zahnarzt gefahren sind. Vater, ich liebe diese Kinder von Tag zu Tag mehr. Danke für die Freude, die du mir mit ihnen gibst. Vater, zeige mir klar, wann ich nach Deutschland fahren soll. Herbst oder Frühling? Oder eine noch andere Zeit? Und dann ermutige mich wieder zurückzukommen. Hilf mir, schnell Spanisch zu lernen … und zu akzeptieren, dass ich es noch nicht kann, und dass auch das in deinem Plan ist. Ich liebe dich. Ich kann es an nichts festmachen, aber Vater, ich liebe dich sehr. Hilf mir, mit dir tagsüber im Gespräch zu bleiben. Vater, so oft beschwere ich mich zuerst bei anderen Menschen oder mache mir Gedanken um Sachen, anstatt zuerst zu dir zu kommen und es mit dir zu besprechen. Vater, lehre mich, das zu ändern.

Was wir von Puschel zu hören oder zu lesen bekommen, ist nach wie vor Fröhlich-Alltägliches – und manchmal ihre Sorgen ganz allgemein. So ist es für sie sehr bald wichtig, dass ihr Visum verlängert wird, damit sie nicht erst in ein Nachbarland fahren und dann neu einreisen muss, um so wieder drei Monate in El Salvador bleiben zu können. Sie möchte gern offiziell für ein Jahr im Kinderheim arbeiten. Nicht nur mit den Kindern, auch mit dem Team geht es immer besser.

Alltag in El Salvador

22. Juni 2006 – Salvador hatte ein kleines Mädchen als Bettnachbarin. Sie ist ein Jahr alt und sah sehr unterernährt aus. Ihre Papiere am Bett erklärten, dass sie einen Herzfehler hat.

Ich habe sie aus dem Bett genommen, nachdem ich hörte, dass sie selten Besuch bekommt. Ich durfte sie füttern. Danach kam ein kleiner, eher ärmlich aussehender Mann und erklärte, er sei der Vater. Er war sehr dankbar, dass ich mich um sie gekümmert habe. Er hat sie auf den Arm genommen und ist den ganzen Nachmittag geblieben. Am Tag der Entlassung sah ich ihn noch einmal. Es hat mein Herz tief berührt, als ich den Mann mit der Kleinen auf dem Arm nach Hause gehen sah. Ein Mann, der nicht viel hat, mit einer viel größeren Liebe zu seiner Tochter, als ein reicher Vater oft geben würde. Da habe ich ein Bündel, gefüllt von Liebe, nach Hause gehen sehen. In dieser Welt, wo sie sich gegenseitig erschießen (voller Hass), ist er ein Vater, der seinem Kind alles gibt, was er ohne Reichtum geben kann – Liebe!

Und: … Ich habe jetzt ein verlängertes Visum! Danke, Vater!

Puschel bekommt sehr bald ein herzliches Verhältnis zur ganzen Familie Powell, vor allem zu Whitney, der ältesten Tochter. Sie darf bei den Powells wohnen und genießt dies immer mehr. Denn so ganz in der Fremde keine familiäre Anbindung zu haben – das hätte ihr sicher die Arbeit und das Leben dort sehr viel schwerer gemacht.

21. Juli 2006 – Mein Vater, es war so viel los, du hast mir so viel gezeigt … Vertrauen. Vater, das möchte ich den Menschen von El Salvador zeigen und vorleben. Es macht mich traurig, wenn ich sehe, dass niemand dem anderen vertraut. Das bedeutet, dass sie auch dir nicht vertrauen können. Herr, ich weiß nicht, wie, aber das möchte ich ihnen vorleben, während ich hier bin. Das ist mein Gebet, dass sie es lernen.

Hilf mir, jeden Menschen aus deiner Perspektive zu sehen und zu lieben. Danke für die Geduld, die du mir Tag für Tag gibst. Unser Team ist (noch) kein Team, aber ich kann sehen, wie du arbeitest. Hilf mir, dass ich das Richtige tun kann, um ihnen dich näherzubringen.

Ich danke dir so sehr für Whitney. Ich kann nur staunen, was du aus unserem Leben in einem Zimmer für drei Monate gemacht hast. Danke für sie.

24. Juli 2006 – Am 21. Juli habe ich einen kleinen Unfall mit Whitney zusammen gehabt. Wir sind gefallen. Sie hat Kopfschmerzen und ich muss eine Halsmanschette tragen. Ich habe drei Frontzähne zur Hälfte verloren und Lippen und Kinn verletzt. Schon am nächsten Tag, am Samstag, haben wir einen Zahnarzt besuchen können, der Rufdienst hatte, und so habe ich meine Zähne wieder bekommen. Nur sind die zwei vorderen immer noch verschoben. Vater, lass da nicht noch mehr Komplikationen kommen. Danke, dass nicht mehr passiert ist.

Tatsächlich verletzt sich Puschel bei dem Versuch, einen Sturz von Whitney zu verhindern. Sie selbst landet dabei so unglücklich mit dem Kinn auf der Bordsteinkante, dass die Schneidezähne abbrechen. Weil Puschel eine gute Krankenversicherung fürs Ausland hat, kann sie die besten Ärzte der Hauptstadt aufsuchen.[24] Zwischen Whitney und Puschel entwickelt sich eine enge Freundschaft. Whitney schreibt:

Puschel war nicht sehr lange in El Salvador, nur etwa ein Jahr lang. Aber in der Zeit, in der sie hier war, hat sie das Leben vieler Menschen sehr berührt und beeinflusst. Sie war ein wirkliches Beispiel von Jesu Liebe zu den Kindern von El Salvador. Sie hat es täglich so gelebt. Am meisten hat mich beeindruckt, wie sie mit den Kindern von La Casa de mi Padre umging.

Jeden Tag mussten wir gemeinsam durch die Stadt fahren, um zu La Casa zu kommen. Diese Fahrten waren immer ganz spezielle Abenteuer. Das Fahren auf den Straßen von San Salvador ist wirklich mühsam, mit einer Menge von verrückten Fahrern und Menschen, die einfach über die Straße laufen und dann plötzlich vor deinem Auto auftauchen.

Einmal schaute Puschel mich an, während sie gerade fuhr, und meinte: »Whit, ich habe heute meinen Führerschein nicht dabei.« Ich sagte ihr einfach, sie solle halt vorsichtig fahren,

---

[24] Viel später, als Puschel längst zu Hause ist und ein anderes Zahnproblem hier in Deutschland behandeln lässt, staunt der Zahnarzt und bescheinigt den Ärzten aus El Salvador eine ausgezeichnete Handwerksarbeit.

weil wir ja schon fast da waren. Aber keine zwei Minuten später bremsten die Autos vor uns plötzlich scharf ab, sodass wir das letzte von hinten anstupsten. Na klasse ... Doch als wir den Polizisten alles genau erklären mussten, hatten wir miteinander eine Menge Spaß. Vor allem mussten wir – ein amerikanisches und ein deutsches Mädchen ohne Führerschein – ihnen erklären, dass dies wirklich unser Auto war und es okay und legal war, dass wir damit fuhren. Eine wirklich skurrile Situation, die in dem Moment aber gar nicht so lustig war ...

Wenn wir in La Casa ankamen, war unsere erste Anlaufstelle meistens der Babyraum. Das war der Teil, in dem alle kleinen Kinder unter zwei Jahren untergebracht waren. An den Wänden standen ganze Reihen von Kinderbettchen, sodass in der Mitte eine Menge Platz zum Spielen war. Wenn wir hereinkamen, hoben die Kinder sofort ihre kleinen Ärmchen, damit wir sie hochnehmen würden, um sie wieder einmal zu herzen. Das mochten sie alle, nicht nur die Kleinen. Und natürlich sollten wir mit ihnen spielen. Puschel liebte es, mit ihnen zu spielen. Und ich tat es ihr natürlich gleich.

Wenn die größeren Kinder in der Schule waren, holten wir die Kleinen in das Hauptgebäude, um dort mit ihnen zu spielen. Puschel kam immer wieder mit neuen Spielen an, und die Kleinen freuten sich. Ich drehte häufig die Musik auf und tanzte mit den Kindern. Das Lieblingsspiel der Kinder war »der hüpfende Frosch«. Dabei musste man sich drehen, dann im Kreis rennen und über die anderen springen – meistens wir über die Kinder. Es brachte sie immer komplett zum Lachen, wenn wir auf der anderen Seite von ihnen landeten. Ob mit oder ohne Spiele – wir konnten ihnen unsere Zeit schenken und einfach zeigen, dass sie geliebt sind. Ich erinnere mich noch genau, dass Puschel die kleine Ana Julia auf dem Schoß hatte und ihr erzählte, dass sie sie lieb habe, aber dass Jesus sie noch viel mehr liebt. Wenn sie das tat, dann konnte man richtig sehen, wie sich die Liebe von Jesus in Puschels Augen spiegelte.

Puschel half auch, für die Kinder Zahnarzt- und Arzttermine zu vereinbaren. Eine örtliche Universität bot in dieser Zeit an, die zahnärztliche Versorgung der Kinder zu übernehmen. Also fuhren Puschel und ich jeden Freitag mit ungefähr 15 Kindern zur Uni, wo die Ärzte ihnen die Zähne reinigten und Karies entfernten. Das Schwierige daran war, dass nur Puschel und ich da waren, um sie stundenlang zu beaufsichtigen. Wir überlegten uns ein paar ziemlich verrückte Sachen, um die Kinder zu unterhalten, während sie warten mussten. Alles, was wir finden konnten, wurde zum Spielzeug: vom Haarnetz bis zum Handschuh.

Eines der Kinder, die Puschel sehr liebte, Salvador, hat Epilepsie. Er hatte mehrere Anfälle, als sie hier war. Einige waren so schlimm, dass er ins Krankenhaus musste. Einmal verbrachten wir den ganzen Tag bei ihm im Krankenhaus, damit sein Betreuer ein bisschen Schlaf finden konnte. Als wir am Bett des schlafenden Jungen saßen, streichelte Puschel unentwegt seine Wange und sagte ihm immer wieder, wie sehr er geliebt wurde. Sobald die Ärzte ins Zimmer kamen, fing sie an, Fragen zu stellen. Für mich war es schwierig, so schnell zu übersetzen, wie sie Fragen stellte. Puschel liebte den Kleinen so sehr, dass sie sogar versuchte, ihre Eltern in Deutschland zu überreden, ihn zu adoptieren.

Wir arbeiteten und wohnten zusammen, denn Puschel war zu meiner Familie gezogen. Es war so genial, jemanden im Haus zu haben, der eine andere Sprache sprechen konnte. Puschel brachte uns ständig irgendwelche deutschen Sprichwörter oder kurze Sätze bei. Einige machten uns Schwierigkeiten, aber sie waren immer lustig, wie zum Beispiel »Eichhörnchen« oder »Streichholzschächtelchen«. Mein Bruder Carlos war am meisten daran interessiert, neue Sätze zu lernen. Er dachte sich sogar ein paar eigene aus, die uns immer zum Lachen brachten. Abends blieben wir oft lange auf, um einander besser kennenzulernen.

Puschel hat stets versucht, jeden fröhlich zu machen. Sie sah immer das Positive, sogar in harten Zeiten. Und was mich am meisten beeindruckt hat, war ihre Hingabe an Gott. Ich erinnere mich, wie sie jeden Tag zeitig aufstand, um ihre Bibel zu lesen und zu beten, bevor sie in den Tag startete. Sie hat Gott immer an die erste Stelle gesetzt und von ganzem Herzen die Beziehung zu ihm gesucht. Puschel hatte ein ehrliches Herz und kümmerte sich aufrichtig um andere.

Puschel will sich ihrer Identität immer bewusst bleiben. Sie ist ein Kind Gottes, eine »Prinzessin« des großen Königs auf dieser Erde, und will auch so leben.

7. August 2006 – Mein Vater, lass mich nicht die Basis in unserer Beziehung vergessen. Ich bin dein Kind, das Kind des Königs. Du hast mich freigemacht und versprichst mir ein Leben mit der Zusage, dass du deine Versprechen hältst.

Vater, lass meinen Glauben einfach bleiben. Vertrauen wie ein Kind. Ich möchte mich nicht verfangen in große Theologie und Anleitungen.

Immer wieder möchte ich den Sinn meines Lebens vor Augen haben und meine Stellung vor dir. Wer ich bin. Ich bin dein Kind. Du hast mich lieb (unbeschreiblich), ich bin dein Repräsentant! Und auf meiner Reise darf ich so viele Menschen wie möglich zum »Fest des Lebens« einladen. Ich möchte dich mit Klarheit und Wahrheit repräsentieren; möchte deine Liebe weitergeben und mir keine Sorgen machen, denn du bist der, mit dem alles begann – A und O – Alpha und Omega!

4. September 2006 – Mein Vater, ich möchte eine Frau sein, die dir mit ganzem Herzen gehört. Heile die Teile, die mich davon abhalten, dir mit komplettem Leben/Herzen und voller Lebensfreude zu dienen.

Danke für das neue Haus, das wir für die Kinder haben. Herr, ich danke dir für die letzte Woche. Für die harten, aber lehrreichen Tage.

Es wird nicht leichter, als sich das Jahr dem Ende nähert. Im Herbst beschäftigt Puschel immer mehr die Frage, ob sie länger als ein Jahr dort bleiben soll oder nicht. Der Alltag aber geht weiter, und Puschel freut sich an »ihrer Familie«, an »ihren Schwestern«, an »ihrem kleinen Bruder« Carlos und an ihrem Vater im Himmel:

15. Oktober 2006 – Es ist Sonntag. Carlos sitzt mit am Tisch und liest seine Kinderbibel. Vater, lass diesen kleinen Kerl heranwachsen im Wissen von und in der Liebe zu dir. Lass ihn dir folgen sein ganzes Leben lang.

Danke für dein Wort, Vater. 1. Petrus 2,4-6: Vergib mir, wenn ich mein Leben nicht für dich nutze, wenn ich nur mein Leben liebe und nicht an die Menschen denke und trauere, wenn ich an die Verlorenen denke. Ich hab's nicht verdient, gerettet zu sein – sie haben es nicht »verdient«, verloren zu sein. Auch möchte ich lernen, von dir alles zu erfragen, zu erwarten und beständig zu sein. Du siehst all die Menschen, denen ich begegne – öffne ihre Augen, mach sie sehend für dich.

Herr, so segne diesen Tag, und lass ihn neu ein Abenteuer mit dir sein. Ich möchte dich sehen!

Puschel ist mittlerweile voll im Team von *La Casa* integriert. Immer wieder kommt es dort zu finanziellen Engpässen. Doch die Mitarbeiter schreiben keine Spendenbriefe, sondern reden mit Gott über ihre Nöte. Das tut auch Puschel und es scheint ihr Freude zu machen.

O Vater, wir gelangen immer wieder an Punkte, wo wir wenig Geld haben. Nun haben wir gar nichts mehr. Und doch weiß ich, dass du für die Kinder sorgen wirst. Vater, segne den Mann, der uns vielleicht finanziell helfen kann. Herr, wenn er dir noch nicht gehört, öffne die Augen von seinem Herzen, dass er erkennt, welchen Reichtum er in dir haben kann (Epheser 1,18). Mit den Mädels sind wir zum Amt gefahren. Eine von ihnen wurde früher als Prostituierte benutzt. Vater, heile sie! Lass zwischen den Jungs keine Probleme mehr sein.

Einen Mann an der Seite?

Die Frage von Freundschaft und Liebe, Ehe und Familie beschäftigt auch Puschel immer wieder. Puschel ist kein Mensch, der über so etwas spricht, auch mit ihren engsten Vertrauten nicht – aber sie schreibt darüber in ihrem Tagebuch.

9. Oktober 2006 – ... Und wenn mich eines Tages ein Mann fragt, ob ich seine Frau sein möchte, dann soll es nur ein Mann sein, der dir folgt, der mit vollem Herzen dein Kind ist. Vater, ich möchte hungrig werden, dein Wort zu lesen und zu lernen. Ein großes Beispiel dafür ist mir Brother Yun, »The Heavenly Man«[25]. Ich möchte dich immer mehr lieben.

Danke für Carlos' kleine, fröhliche Persönlichkeit. Lass ihn heranwachsen in der Liebe zu dir und dem Wunsch, für dich zu leben. Danken möchte ich dir auch für T. – Herr, du weißt, wie unsere Freundschaft aussieht (Upsss, war da nicht sein Geburtstag ...:-)). Gib mir bitte ein klares Zeichen, was du von der Freundschaft möchtest. Danke für seine Persönlichkeit. Danke für seine Liebe zu Menschen und zu dir. Danke, dass er so sehr gewachsen ist in der Liebe zu dir. Danke, dass du ihn gerettet hast, für sein Lächeln, den Respekt, den er zeigt, die Abenteuerlust ... ich könnte so weitermachen. Vater, in allem möchte ich dir danken für die Dinge, die er mich gelehrt hat. Ich bitte dich, dass du ihn in seinem neuen Lebensjahr segnest und wachsen lässt – im Vertrauen und in der Liebe zu dir. Er ist dein. Danke! Vater, du bist so genial, wie du Menschen zusammenbringst und dann Freundschaften entstehen lässt. Womit haben wir das verdient? Wie sehr du doch alles bis ins Detail weißt und schon wusstest, bevor ich auf der Welt war! Da kann ich nur staunen über dich! Dies ist ein Tag, den du gemacht hast. Hilf mir, mich zu freuen und fröhlich darin zu sein.

12. November 2006 – Nachdem ich ihm vor einem Monat gratuliert habe, danke ich dir an diesem Tag noch mal neu schriftlich für T. Vater, ich bitte dich, dass er ein Mann wird, dir zur Ehre und zur Freude. Dass er wächst in seinem Glauben und seinem Vertrauen auf dich.

30. Dezember 2006 – Danke, dass ich endlich eine Antwort bekommen habe zu ihm (T.). Du hast noch jemand viel Passenderen für mich, Vater; es soll jemand sein, mit dem ich Freund sein werde für mein ganzes Leben. Mein bester Freund. Du weißt es ... ich möchte neu mein Leben auf dich ausrichten. Möchte Menschen sehen, wie du sie siehst.

---

[25] Deutsch: Der Mann des Himmels. Später empfiehlt Puschel das Buch über sein Leben (»Heavenly Man: Die atemberaubende Geschichte von Bruder Yun«) all ihren Freunden.

Später sagt Puschel einmal, Gott habe gewusst, was kommt, und die Frage der Partnerschaft deswegen so lange offengehalten. Ein letzter Tagebucheintrag zu diesem Thema in ihrem Leben findet sich ein paar Jahre später:

31. August 2009 – Ich werde nur vom Leben enttäuscht sein, wenn ich nicht alles, mein ganzes Sein, auf dich allein, Jesus, setze. Mein Jesus, gib mir immer wieder Kraft und Mut, auf dich zu setzen. Ich bin es leid, enttäuscht zu werden. Jesus, mein Fokus soll auf dich gerichtet sein. Viel zu oft habe ich auf Freunde gehofft und gedacht, sie besser kennenlernen zu können. Und dann sind sie doch wieder aus der Welt. Und wenn es Jungs gibt, die Charakter haben, dann haben sie normal eine Freundin dazu. Na ja, sollte sich ein Junge in mich »vergucken«, dann wäre es eh ein Wunder (gibt es auch heute noch), denn »normal« bin ich nicht. Aber wiederum, was soll ich mit einem, der mich nur mag, wenn ich äußerlich »normal« bin? Die Realität sieht so aus, aber Jesus, ich weiß, dass es erstens bei dir Wunder gibt. Zweitens weiß ich nicht, ob ich noch mehr als ein paar Jahre hier leben werde. Wenn nicht, dann würde ja nur noch jemand trauern. Und überhaupt, ob es dein Wille ist, das weiß ich auch nicht. Jesus, hilf mir einfach, mich an den Dingen zu freuen, die ich habe, und nicht Dingen hinterherzutrauern oder mir zu wünschen, die ich nicht habe. Ich möchte Freude in meinem Herzen haben, allein weil du DU bist. Und mein innigster Wunsch ist es, dass dich die Menschen um mich herum durch mein Leben sehen. Möge mein Leben ein lebendiger Gottesdienst sein.

Es braut sich was zusammen …

Nach und nach aber kommt etwas auf sie zu, von dem wir nichts mitbekommen. Ganz im Verborgenen braut sich über ihr – und damit auch über uns – etwas zusammen: In Puschels rechtem Becken wächst ein Tumor.

In Puschels Becken wächst ein Tumor.

Wir haben zu Hause kaum den Eindruck, dass sie müde geworden ist. Doch dann erzählt sie nebenbei in einem Skype-Telefonat, dass sie Schmerzen im Hüftbereich und im ganzen rechten Bein hat. Sie erzählt nicht, dass sie deswegen nachts immer schlechter schlafen und tagsüber immer schlechter sitzen kann.

Whitney kämpft ums Überleben

Währenddessen aber rückt in der Weihnachtszeit ein anderes schwerwiegendes Ereignis in den Mittelpunkt. Whitney, die Älteste der Mädchen der Familie Powell, hat direkt vor der Haustür von ihrem Zuhause einen schweren Verkehrsunfall. Sie läuft zu hastig über die Straße und wird von einem Auto überrollt. Dabei trägt sie so schwere Verletzungen davon, dass längere Zeit nicht klar ist, ob sie überleben wird.

Sofort läuft Puschel als Krankenschwester, Freundin und Vizeschwester zur Höchstform auf. Sie meldet nach Hause, dass wir für Whitney beten und diese Nachricht auf der Internetseite veröffentlichen sollen. Gleichzeitig wacht sie Tag und Nacht bei Whitney am Krankenbett.

> *23. Dezember 2006 – Whitney hatte den schweren Unfall vor drei Tagen. Es ist immer noch sehr verwirrend. Vater, ich danke dir so sehr, dass sie es überlebt hat. Nun ist sie im Krankenhaus, und einige Komplikationen kommen auf. Vater, sie ist in deiner Hand. Ich weiß nicht viel dazu zu sagen. Gib ihr schnelle Heilung und den Ärzten und Verantwortlichen Weisheit, das Richtige zu tun. Lass uns auf dich konzentriert sein, während wir durch diese Tage gehen und nicht wissen, was der nächste Tag bringen mag. Gib uns Ruhe in dir und lass uns immer bewusst sein, dass du Gott bist. Segne Sharon und Gary und gib ihnen Frieden.*

Über ihre eigenen Schmerzen, die von diesem heimlichen, bösen Feind in ihrem Körper herrühren, redet sie kaum. Als sie stärker werden, lässt sie sich zwar in San Salvador untersuchen, aber die Ärzte tippen auf einen Bandscheibenvorfall. Für Puschel also kein Grund zur Sorge ... Und außerdem geht es in dieser Weihnachtszeit nur um Whitney. Immer wieder meldet Puschel nach Hause: Bitte betet für »Whit«, denn sie braucht es dringend. Klar, dass wir das tun.

Whitney selbst schreibt über diese Zeit:

Puschels Freundin zu sein hieß, dass sie immer für einen da war. Als ich im Krankenhaus war, und sogar während meiner Genesung zu Hause, wich mir Puschel nicht von der Seite. Sie verbrachte viele Nächte bei mir im Krankenhaus und half mir bei allem, was ich nicht alleine tun konnte. Puschel war immer da, um mich zu ermuntern und mir immer wieder zu sagen, dass ich schnell gesund werden sollte. Ich werde nie vergessen, was sie für mich und für so viele hier getan hat.

14. Januar 2007 – Die Zeit geht vorbei ... danke, dass es Whitney schon so viel besser geht. Sie läuft nun schon ein paar Schritte. Wir dürfen Verbandswechsel zu Hause machen. Hilf uns, alles richtig zu machen.

Vater, mein ganzes Leben lang möchte ich im Dank leben. Ich danke dir, dass du mich errettet und mir einen Freischein fürs ewige Leben gegeben hast. Ich möchte noch vielen Menschen von dem Freischein erzählen und noch viel mehr möchte ich, dass sie mit auf die Reise kommen. Und dann lass uns auf unserer Reise deine Freude haben :-)

Nun aber kommen immer mehr Tage und vor allem Nächte, in denen Puschel nicht mehr sitzen, oft nicht mehr schlafen und am Ende auch nachts fast nur noch umhergehen kann, damit die Schmerzen in ihrer rechten Hüfte erträglich bleiben. Am 8. Februar vertraut sie zum ersten Mal ihrem Tagebuch ihre Schmerzen an. Gewiss hat sie es Gott schon längst vorher gesagt. Ansonsten aber lässt sie sich trösten und aufmuntern von geistlichen Liedern und dem Zuspruch aus der Bibel. Oft läuft sie die halbe Nacht mit Ohrhörern im Ohr und dem iPod in der Tasche durchs Haus. Uns gegenüber erwähnt sie das mit keinem Wort, weil sie uns nicht beunruhigen möchte.

Puschel kann nicht mehr sitzen.

Die Holmers in El Salvador

In dieser Zeit gehen wir zu Hause den nächsten Wochen voller Freude entgegen. Denn wir wollen Puschel zu dritt (Puschels jüngster Bruder Silas, Eva-Maria und ich) auf diesem anderen Kontinent besuchen.

Wir bewegen uns ja schon seit einiger Zeit auf Puschels Spuren: Seit sie in Aidlingen war, fährt die Jugend unserer Gemeinde zum Pfingstjugendtreffen nach Aidlingen. Natürlich besuchten wir Puschel dann später in Schweden – mit der Folge, dass wir nun auch regelmäßig mit den Jugendlichen an Freizeiten in Schweden teilnehmen und dort viele Freundschaften entstehen. Daraus entwickelt sich sogar eine freundschaftliche Verbindung zum Fackelträgerzentrum Bodenseehof in Friedrichshafen. Und Puschels jüngere Schwester Esther bekam dort die Chance einer Ausbildung. Nun arbeitet sie schon seit einigen Jahren dort.

Am Anfang des Jahres 2007 sind wir im Begriff, unserer Puschel nun sogar nach Übersee zu folgen und ihren Spuren in den USA nachzuspüren.

Über New York geht's also zunächst zu Liesl mit Familie. Wir lernen weitere Freunde von Puschel kennen und wundern uns, wie kontaktfreudig unsere Tochter, die graue Maus der Schulzeit, doch geworden ist.

Aber in all dem Schönen in den USA freuen wir uns vor allem auf den Besuch bei *La Casa de mi Padre* in San Salvador. Als wir in unserer Idaho-Winterkleidung auf dem Flughafen landen und ins Freie treten, schlägt uns die Hitze entgegen. Aus dem Winter des Nordens in die Hitze Mittelamerikas!

In San Salvador können wir eine Woche lang die Arbeit, ja die Leidenschaft von Puschel kennenlernen. Dabei spüren wir, wie sehr sie sich in diese Arbeit hineingefunden hat und mittlerweile ein wichtiger Teil des Mitarbeiterteams geworden ist. Wir verbringen wunderbare Stunden mit Puschel, »ihren Kindern« und ihrer Vizefamilie, der Familie Powell.

Sie wohnen in einem dort typischen Haus, allerdings wohl etwas besser situiert als viele einfache Leute. Es gibt im Hause Powell mehrere Angestellte, die froh sind, Arbeit zu haben. Puschel erzählt uns, dass es ihr zunächst schwerfiel, sich von vorn bis hinten bedienen zu lassen. Doch die Arbeit in *La Casa* nimmt sie mittlerweile so in Anspruch, dass sie es nun hinnehmen kann, zu Hause bedient zu werden. Puschel bedankt sich jedes Mal freundlich, wenn die Angestellten ihr die Wäsche bringen oder den Teller reichen. Die Angestellten scheinen das zu schätzen.

Gary Powell mit zweien seiner Schützlinge

Wir können unserer Großen nun bei allem ein wenig zuschauen, wir kommunizieren mit Händen und Füßen mit den Kindern, lachen und spielen mit ihnen. Währenddessen erledigt Puschel ihre Arbeit: Sie ist dabei, die im Haus vorhandenen Medikamente zu ordnen und im Giftschrank so zu verstauen, dass später möglichst alle Verantwortlichen damit umgehen können. Gleichzeitig erklärt sie den Kindern geduldig, dass es wichtig ist, beim Wassertrinken einen eigenen Becher zu benutzen. Man hat dort wegen der Hitze immer Wasserbehälter stehen, aus denen jeder trinken kann. Bisher teilten sich die Kinder meist alle denselben Becher. Dabei verbreiten sich Keime und Infektionen natürlich ungehindert.

So ist diese Woche viel zu schnell vorbei. Eigentlich wollen wir noch mit Puschel und den Powells ans Meer im Westen fahren. Doch das muss gestrichen werden, weil Puschel nicht so lange sitzen kann. Sie hat zu starke Schmerzen im rechten Bein.

Wir merken, dass es Puschel nicht ganz gleichgültig ist, als sie uns dann nach Hause verabschieden muss. Dass dies möglicherweise auch an ihren immer schlimmer werdenden Schmerzen im Bein liegt, wird uns erst später bewusst. Denn wir gehen zunächst davon aus, dass das wieder in Ordnung kommt.

Nach unserer Abreise kümmert Puschel sich mit aller zur Verfügung stehenden Kraft um ihre Arbeit in *La Casa*. Sie kann nur noch langsam gehen, kann meist nicht mehr voll konzentriert arbeiten, weil sie nächtelang nicht schlafen kann. Einige Mitarbeiter denken, sie würde Schmerzen vortäuschen, und lassen sie das auch spüren. Doch Puschel liegt nichts ferner, als zu simulieren.

25. Februar 2007 – Oh, mein Vater, wie sehr danke ich dir für die letzte Woche. Sie war nicht einfach, und ich habe oft die Welt nicht verstanden, aber ich danke dir für die Zeit mit dir. Und ich weiß, das ist nur ein Anfang. Gestern Abend, als du mich bei dem Lied »Gott zeigt mir den Weg« aufgeweckt hast, nachdem ich 18 andere Lieder im Halbschlaf angehört habe (nebenbei habe ich das Lied vor einer Woche vergebens gesucht), na als du es mir zeigtest, da wusste ich, dass wir eine neue Wanderung anfangen werden. Vater, und ich weiß, ich sag so viel und tue so wenig. Hilf mir, zu meinen Worten zu stehen. Ich möchte nur deinen Willen tun, auf dich hören, dich suchen – du sollst alles in meinem Leben sein. Nichts und niemand soll jemals wichtiger sein. Du weißt um mein Bein, Herr. Es ist dein. Wenn ich noch einige Wochen hier liegen soll – Herr, ich bin dein. Arbeite an mir. Du sollst deinen Nutzen von mir haben.

26. Februar 2007 – Psalm 23: Diesen Psalm habe ich vor Jahren einmal für Papa zu Weihnachten auswendig gelernt. Schon damals hat er mich beeindruckt und geprägt, mehr als jeder andere Teil in der Bibel zu der Zeit. Heute hast du ihn wieder neu auferweckt. Jesus, du weißt genau, was mein Herz braucht.

Wenn ich nach dir frage und dich suche, dann gibst du mir, was ich brauche, denn dann ist mein Herz offen, damit du es füllen kannst. Ich möchte nie von dir loslassen – nie! Du hast mich schon damals am Kreuz rein gemacht und meine Last auf dich genommen. Was ist das für eine Liebe! Ich stelle mir gerade das Bild vor. Ein weißes Schaf auf einer saftig grünen Wiese, die Sonne scheint und bringt alles zu einer Sauberkeit und Wärme und Frieden. Das bin ich, wenn ich mich in dir ausruhe. Ich möchte, dass du mich für immer leitest, denn dann werde ich wissen, was richtig ist, was du von Herzen möchtest. Und wenn ich dann angegriffen werde, Herr, dann habe ich keinen Grund, mich zu fürchten. ... Denn du bist da und hast schon längst gewonnen. Ich kann mich hinter dir verstecken, so wie Fridolin[26] sich hinter mir versteckt hat, wenn er Gefahren sah. Ich kann und möchte mit der Gewissheit leben, dass du mich unendlich lieb hast und immer das Beste für mich möchtest. Die Gewissheit, dass ich dein kleines Lämmi bin, das du mit Freuden anschaust.

Heute habe ich verstanden, warum es mir bisher in deiner Gegenwart, wenn ich nicht abgelenkt war, an nichts gefehlt hat. Ich meine, du hast mich immer gesegnet. Auch wenn ich harte Zeiten im Leben hatte (wobei es Millionen von Menschen mit härteren gibt ...) – du hast sie zum Segen werden lassen. I want to dwell in the house of the Lord forever![27] Amen.

Mein Leben ist in deinen Händen!

Es ist Ende Februar 2007. Wir sind wieder zu Hause. Zwar haben wir erlebt, dass Puschel starke Probleme mit den Schmerzen hat, wir haben ihr dort sogar selbst eine Schmerzspritze gegeben. Doch was wirklich dahintersteht, weiß zu dem Zeitpunkt niemand.

---

26 Puschels kleines Lamm, das sie mit der Flasche großgezogen hat

27 Deutsch: Ich möchte für immer im Haus des Herrn sein (vgl. Psalm 27,4).

27. Februar 2007 – In the darkest valley you are with us.[28] *Mein Vater, wenn ich durchs dunkle Tal gehe, dann bist du noch näher bei mir, um mich zu halten. Du hast diese Plätze schon besiegt. Du kennst sie. Du warst da. My life is in your hands.*[29] *Und ich vertraue dir, dass du mich in den dunkelsten Zeiten nicht hängen lässt. Du hast deine Gründe, warum du mich nicht drum herum führst, sondern hindurch. Deine Pläne sind perfekt. Du bist der Herr der Zeit und Ewigkeit. Eines Tages darf ich mit dir in der Ewigkeit sein. Was für ein Wissen! Selbst hier auf Erden gibst du mir einen Sinn von dem, was kommen wird. Danke für deine Liebe zu mir persönlich.*

Puschel lässt sich in El Salvador, einem der ärmsten Länder Amerikas, medizinisch behandeln. Sie wird untersucht, sogar mithilfe des einzigen MRT-Gerätes im Land. Das Problem dabei ist jedoch, dass offensichtlich niemand so recht in der Lage ist, die Aufnahmen auszuwerten. »Bandscheibenvorfall« ist die Diagnose der Ärzte. Man empfiehlt eine Operation, die allerdings in diesem Land nicht möglich ist, sondern allenfalls in Buenos Aires, Argentinien, oder in Santiago de Chile. Wegen der Kosten scheidet eine Klinik in den USA aus.

»Bandscheibenvorfall« ist die Diagnose der Ärzte.

Puschel wendet sich per E-Mail an Ärzte in Amerika, die mit *La Casa* freundschaftlich verbunden sind, und schickt die MRT-Aufnahmen auch an ihren Onkel »Lumpi«, meinen jüngeren Bruder Traugott, der in Zürich als Neurologe arbeitet. Sowohl er als auch die amerikanischen Kollegen kommen zu der Überzeugung, dass nicht operiert werden muss und es ziemlich sicher auch kein Bandscheibenvorfall ist.

Während Puschel in den nächsten Wochen versucht, normal weiterzuarbeiten, obwohl jede Bewegung schmerzt, verhandeln wir in Deutschland mit den Krankenkassen und telefonieren mit Ärzten.

---

[28] Deutsch: Im dunkelsten Tal bist du bei uns (vgl. Psalm 23,4).
[29] Deutsch: Mein Leben ist in deinen Händen.

3. März 2007 – Mein Vater, danke für deine Umarmung heute Morgen. Heute ist Samstag, ich habe Ärzte getroffen, die mir helfen wollen, meinen Rücken zu lockern, damit die Schmerzen endlich besser werden. Segne die Zeit, die ich mit Kevin haben werde, der mir helfen soll.

Vater, danke für die Erinnerung, dass du mich unendlich liebst und dass ich auf dieser Erde geliebt bin. Bei dir zu sein, ist der beste Platz auf dieser Erde. Ich habe es nicht verdient, aber du hast mich gereinigt, mich neu gekleidet, sodass ich vor deinem Angesicht sein kann – allein, weil du mich lieb hast. Was soll ich mehr sein wollen als deine Tochter, die unendlich geliebt ist. Tochter des Königs, des Schöpfers von Himmel und Erde. Es ist unbegreiflich. Du bist die Liebe! Ich habe sie geerbt. Ich möchte sie weitergeben, das Erbe weitertragen.

22. März 2007 – Vater, danke für den Engel, der uns das Geld für die Gehälter gegeben hat! Danke für die Führung für den heutigen Tag. Vater, du führst uns sichtbar. Danke, dass du mir die Augen heute dafür geöffnet hast. Danke für diesen Tag.

Ich befehle dir meine Freunde/Familie hier an und bitte dich, dass nur du hier Regie führst. Dir sei Lob und Ehre bis in Ewigkeit.

31. März 2007 – Let us fix our eyes on Jesus, the author and perfector[30] ... Hebräer 12,2 –. Was für einen Vater ich doch habe! Herr, lass mich das nicht vergessen. Ich möchte aufrecht durch diese dunkle Welt gehen, damit ich dein Licht noch weiter scheinen lassen kann.

Es kann sein, dass ich dieses Land nächste Woche verlasse. Herr, verhindere es, wenn es nicht in deinem Willen ist. Hast du jedoch einen Plan in Deutschland geschrieben, dann möchte ich ihm mit Freude folgen. An deiner Hand ... Das ist das Beste.

---

30 Deutsch: Lasst uns aufsehen zu Jesus, dem Schöpfer und Vollender ... (vgl. Hebräer 12,2).

Rückflug erster Klasse

Für uns stellt sich immer mehr die Frage, ob und wie wir Puschel helfen können; ob wir sie gar nach Deutschland holen sollen, um hier eine gesichertere Diagnose zu bekommen. Schließlich bietet die Krankenkasse an: Wir holen sie zurück.

Es fliegt eigens ein Arzt nach San Salvador, um den reibungslosen Rücktransport abzusichern und die Patientin zu begleiten. Als Puschel das erfährt, ist ihr Gebet:

Herr, lass diesen Mann durch diese Aktion gesegnet werden.

Der Arzt lernt nach seiner Ankunft die Arbeit von *La Casa* kennen und ist so sehr beeindruckt, dass er drauf und dran ist, einen Jungen aus dem Kinderheim zu adoptieren.

Dem Arzt ist klar: Es war höchste Zeit.

Ihr ursprüngliches Rückflugticket hat Puschel damals verfallen lassen, weil sie weiterhin in El Salvador bleiben wollte. Nun fliegt sie kostenlos in der ersten Klasse. Sie hätte wohl gern auf diesen großen Luxus verzichtet – nun aber ist genau der bitter nötig, denn sie kann nicht lange sitzen. Obwohl sie einen bequemen Liegesitz mit viel Platz und allem Komfort hat, muss sie im Flieger etliche Runden zu Fuß drehen, weil sie es in einer Position nicht lange aushält. Für den Arzt ist unterwegs schon völlig klar, dass es höchste Zeit für Puschels Rückkehr ist.

Zurück in Deutschland verliert sich für sie die Spur des Arztes – sie betet jedoch noch oft für ihn.

Puschel weiß nicht, ob sie eines Tages wieder nach El Salvador zurückkehren kann. Sie weiß aber im Nachhinein, dass es kein Fehler war, damals so unvorbereitet aufzubrechen. Hätte sie vor ihrer Abreise nach El Salvador eine ausführliche kulturelle und theologische Vorbereitung absolviert und sich über eine Missionsgesellschaft aussenden lassen, hätte das ihre Abreise um Monate verzögert. Ihre Schmerzen wären noch während der Vorbereitungszeit aufgetreten. Keine Gesellschaft hätte sie unter diesen Umständen ausgesandt – sie wäre nie nach El Salvador gekommen. So ist ihre scheinbar unbedarfte und fast leichtsinnige Unbekümmertheit, ohne Vor- und Sprachkenntnisse dorthin zu gehen, für sie im Nachhinein genau der richtige Schritt gewesen.

Zurück in Deutschland

Die Diagnose

Direkt nach der Ankunft in Deutschland wird Puschel in ein spezialisiertes Krankenhaus in Plau am See (Mecklenburg) gebracht, etwa 50 Kilometer von Bülow entfernt. Dort soll sie genau untersucht werden.

Puschel wird stationär aufgenommen, wir besuchen sie am ersten Abend. Gemäß der Diagnose in El Salvador werden zunächst die Bandscheiben gescannt. Doch man merkt sofort, dass die nicht das Problem sind. In der neuen Woche soll als Nächstes das Becken untersucht werden, bis dahin wird Puschel übers Wochenende nach Hause entlassen. Wir freuen uns, sie für zwei Tage zu Hause zu haben – immerhin ist sie ja ein Jahr lang am anderen Ende der Welt gewesen.

Am Montag muss sie also wieder nach Plau. Bereits am Montagnachmittag bekommen wir einen Anruf aus der Klinik. Wir werden gebeten, zu einem Gespräch mit dem Oberarzt nach Plau zu kommen. Das aber kann nichts Gutes bedeuten.

So setzen wir Eltern uns an den Küchentisch, falten die Hände und befehlen die nächsten Stunden in Gottes Hände. Wir wissen, dass wir, und vor allem Puschel selbst, in seinen Händen sind und nichts geschehen kann, was er nicht will. Weil schon feststeht, dass wir Puschel nach dem Gespräch mit nach Hause nehmen können, bleibt Eva-Maria da, um alles für Puschel vorzubereiten, und ich fahre los.

Er vermeidet die Wörter Krebs und Tumor.

Als ich im Auto sitze, kreisen meine Gedanken um alle Eventualitäten. Aber es hat keinen Sinn zu grübeln.

Dann sitze ich im Sprechzimmer des Oberarztes – Puschel soll in ihrem Zimmer warten. Der Oberarzt sitzt mir an seinem Schreibtisch gegenüber, stützt die Ellbogen auf den Tisch, faltet die Hände und sagt: »Herr Holmer, es ist ziemlich eindeutig, was wir im Becken ihrer Tochter gefunden haben. Dort wächst etwas, das dort nicht hingehört …« Ich verstehe. Meine Gedanken beginnen zu rotieren.

Der Arzt vermeidet die Wörter Krebs und Tumor, doch sie wirbeln in meinen Gedanken umher.

Er will mir deutlich machen, dass ich meiner Tochter doch lieber erst einmal nichts vom ganzen Ernst der Lage sagen soll. Wir müssten ihr schonend beibringen, dass schwere Zeiten auf sie zukommen werden. Er würde versuchen, uns mit einem der spezialisierten Tumorzentren in Verbindung zu bringen.

Meine Gedanken kreisen immer noch. Ich weiß nicht, woher und wohin sie sich drehen. Aber meine Antwort bringt ihn etwas aus der Fassung: »Herr Doktor, ich werde meiner Tochter auf jeden Fall sagen, was los ist. Denn sie ist ein Mensch, der ganz und gar mit Gott rechnet. Sie weiß, dass alles in ihrem Leben in Gottes Hand ist.«

Er weiß nicht recht, was er dazu sagen soll. Schließlich lehnt er sich zurück und sagt: »Sie sind der Vater.«

Ich bedanke mich, trete aus dem Zimmer und schließe die Tür hinter mir. Meine Schritte hallen im Krankenhausflur. Ich versuche, meine Gedanken zu sortieren. Als ich Puschels Zimmer betrete und in ihre Augen sehe, wird mir klar, dass sie nicht so ahnungslos ist, wie der Oberarzt glaubt. Schließlich hat sie als Krankenschwester in einer der größten Kinder-Krebs-Kliniken Deutschlands gelernt und gearbeitet.

»Papa, du musst nichts sagen ...«, sagt sie. Sie will einfach nur nach Hause.

Wir haben kaum alles zusammengepackt, als eine Schwester kommt und uns noch einmal zum Oberarzt bittet. Er hat inzwischen mit der Spezialklinik telefoniert und bereits einen ersten Termin für übermorgen vereinbart. Puschel verabschiedet sich: »Herr Doktor, ich weiß, dass es ernst ist. Aber ich weiß auch, dass Gott es immer gut mit uns meint.« Ich sehe, wie der Arzt um seine Fassung ringt und sich schnell verabschiedet. Wir dürfen uns jederzeit bei ihm melden, wenn es irgendwie und irgendwo Probleme gibt. Kurze Zeit später sitzen wir im Auto.

Ihr Opa lässt sie nicht ohne ein Gebet ziehen.

Ich fahre los, schalte wie betäubt in den nächsten Gang, setze den Blinker, lenke. Auf dem Weg kaufen wir noch irgendetwas ein. Ich weiß nicht mehr, was. Es ist alles verschwommen, unwichtig.

Puschel möchte gerne einen kleinen Abstecher zu ihrem Opa machen, um ihn wenigstens kurz zu besuchen. Sie weiß, dass dieser sie nicht ohne ein gemeinsames Gebet, ohne einen Segenszuspruch ziehen lässt. Meine Erinnerungen an diesen Besuch sind verblasst. Ich weiß nur noch, dass ich irgendwann mit Eva-Maria telefoniere und ihr erzähle, was der Arzt gesagt hat. Sie hat es geahnt.

Das Nächste, was ich noch heute vor mir sehe, ist eine Szene, die sich wohl zwei Stunden später abspielt: Puschel und ich stehen in meinem Arbeitszimmer am Fenster. Vor uns die wunderschöne Mecklenburgische Schweiz, unser großes Pfarrgrundstück, das sich bis zum Ufer des Malchiner Sees erstreckt. Ich stehe neben meiner Tochter und kämpfe mit einem entsetzlichen Kloß im Hals, meine Augen brennen. Auch Puschels Augen sind feucht geworden. Doch dann spricht sie mit etwas zitternder Stimme die Worte, die sie später auch in ihr Tagebuch schreibt:

> *»Papa, ich habe einen tiefen Frieden in meinem Herzen, denn ich weiß, dass nichts geschieht, was Gott nicht will. Ich weiß, dass sein Plan perfekt ist. Ich bin völlig sicher, dass ER es gut meint und dass ER es gut macht. Und mir hat Jesus einen ganz tiefen Frieden ins Herz gegeben. Was auch immer kommt: Er ist da! Meine größte Traurigkeit wäre, wenn ihr daran innerlich kaputtgehen würdet. Eure Traurigkeit und Verzweiflung würde mir am meisten zu schaffen machen. Ich wünsche mir so sehr, dass ihr den Frieden, den ich habe, auch habt und nie verliert.«*

Nun bin ich derjenige, der nicht weiß, was er sagen soll. In meinem Kopf wirbeln die Gedanken umher: »O Gott, wie kann es nur sein? Hilf du uns doch, dir zu vertrauen und in dir geborgen zu sein!« Es ist eine Sache, an Gott zu glauben, aber es ist etwas ganz anderes, ihm völlig zu vertrauen.

Vertrauen beginnt dort, wo das Verstehen oder das Wissen aufhört. Dann nämlich zeigt sich, was das Vertrauen auf Gottes Wege wert ist und ob es trägt. Puschel trägt es von Anfang an. Wir sind dabei, es zu lernen.

Vertrauen beginnt dort, wo das Verstehen oder das Wissen aufhört.

Sie steht felsenfest in der Gewissheit, dass Gottes Plan perfekt ist, dass nichts sie trennen kann von der Liebe Gottes, die in Jesus zu finden ist (siehe Römer 8,39).

Ihr Vertrauen macht es uns leichter, sie zu begleiten.

Es beginnt für uns eine Zeit, die unser Leben so sehr prägt, dass wir sie am Ende nicht mehr missen möchten. Niemand wird sich je solch eine Situation und Zeit wünschen. Aber für uns wird es die intensivste Zeit, die wir bisher erlebt haben.

Gottes große Familie

Theoretisch war uns immer klar, was es bedeutet, ein Kind Gottes zu sein und zu einer großen Familie in dieser Welt zu gehören. Aber es hatte nie eine so tiefe Bedeutung für unser Leben. Das ändert sich nun schlagartig. Die Technik unserer modernen Welt bekommt plötzlich eine sehr persönliche und fast existenzielle Bedeutung für uns: Puschels Internetseite wird zu einem Umschlagplatz für alle Informationen, die mit ihrer Krankheit zusammenhängen. Unsere Verwandtschaft ist groß. Und natürlich wollen alle wissen, wie es Puschel geht. Sie können sich nun auf der Internetseite auf dem Laufenden halten und wir müssen nicht alles jedes Mal am Telefon erklären, zumal uns in den Gesprächen oft auch ein Kloß im Hals steckt. Denn von Anfang an geht es für Puschel richtig zur Sache. Am 22. April 2007 schreibt sie ihren ersten Internetbrief nach ihrer Rückkehr nach Deutschland:

> *Meine lieben Freunde, ... Ich kann euch nicht wirklich beschreiben, welcher Friede, welche Kraft und welche Hoffnung mich erfüllen. Menschlich und rein gesundheitlich sieht es im Moment ziemlich düster aus! Aber es ist nicht nur schlecht. Ich kann sehen, wie Gott gerade jetzt manche Herzen näher zu sich hinzieht. Ich weiß, dass SEIN Plan perfekt ist (auch wenn wir manchmal das Ganze nicht verstehen können – Jeremia 29,11). Ich bin physisch oft müde, ich kann nicht viel tun. Immerhin kann ich jetzt verstehen, weswegen ich in den vergangenen Monaten oft so müde war. Mein Bein ist immer schlimmer dran, aber ich bekomme sehr gute Medizin.*
>
> *Danke allen für alle Gebete und alle Unterstützung. Gott segne euch. Ich halte euch auf dem Laufenden.*
>
> *Puschel*

Ein schwerer Weg

Gebet für Puschel

In den Tagen danach finden wir uns oft im Gebet wieder. In einem der Dörfer unserer Gemeinde führen gerade Mitarbeiter von »Wort des Lebens« (das ist eine gute Jugend-Missions-Organisation, die ursprünglich aus Amerika kommt) eine Kurzbibelschule durch. Am 27. April steht ein Abend am Lagerfeuer auf dem Programm. Die Teilnehmer des Kurses, die Mitarbeiter von WDL und etliche aus unserer Gemeinde sitzen nachdenklich um das knisternde Feuer herum. Es ist eine eigenartige, recht ruhige Stimmung. Denn Puschel ist auch da, das Damoklesschwert der Diagnose schwebt über ihr und uns allen. Wir beginnen zu beten, einer nach dem anderen, mit und für Puschel.

Am nächsten Tag kommt Opa Holmer aus Serrahn mit meinem Bruder Markus und dessen Frau Elke und einigen Ältesten aus unserer Gemeinde zu uns nach Hause. Wir wollen Puschel mit Öl salben und mit ihr beten, wie das in Jakobus 5,13-18 empfohlen wird. Unser Gebet soll unserem Herrn zeigen, dass wir es ernst meinen mit dem Vertrauen auf ihn und sein Wort.

Als wir auseinandergehen, wissen wir, dass vor allem Puschel, aber auch wir selbst in eine Zukunft gehen, in der wir nur noch auf Gottes Verheißung bauen können. Gott hat zugesagt, immer bei uns zu sein. Daran klammert sich am meisten Puschel selbst. Dieses Vertrauen lässt sie nie mehr los.

Auf unbekanntem Terrain

Am Montag, dem 30. April 2007, sind Puschel, Eva-Maria und ich auf dem Weg in die Spezialklinik. Wir reden nicht viel. Zu unbekannt ist die Welt, in die wir nun eintreten. Hier kommt es Puschel und mir sehr zugute, dass wir vom Wesen her die Dinge zunächst einmal so nehmen können, wie sie sind, und sie dann Schritt für Schritt angehen. Eva-Maria hat es da schwerer. Sie macht sich Gedanken: Was könnte sein, was könnte kommen?

Doch hätten wir gewusst, was auf uns zukommt, wären wohl auch wir an diesem Tag gar nicht erst losgefahren ...

Wir sind in der Spezialklinik zwar angemeldet und haben einen Termin. Dennoch nimmt niemand Notiz von uns, als wir dort ankommen. Es ist ein alter Klinikbau aus dem Beginn des 20. Jahrhunderts, der sowohl den Zweiten Weltkrieg als auch die DDR-Zeit überlebt hat. In der DDR galt diese Klinik als eine der renommiertesten Krebs- und Spezialkliniken überhaupt. Doch jetzt ist hier nichts mehr wirklich zeitgemäß, am allerwenigsten die Strukturen.

Ein wenig verloren, wie bestellt und nicht abgeholt, stehen wir auf den Fluren herum. Lustlos schlurfen Patienten an uns vorbei, zwei Schwestern schieben ein leeres Bett durch den Flur. Einen Ansprechpartner finden wir nicht.

Puschel stehen Tränen in den Augen, als sie sagt: »Papa, hier bleiben wir nicht ... Wir sollten uns eine andere Klinik suchen.« Eva-Maria schlägt vor: »Kommt, lasst uns in den Park gehen, in Ruhe mit Gott reden und dann den Oberarzt in Plau am See anrufen. Er hat uns angemeldet, und er hat gesagt, dass wir uns jederzeit melden können.«

So laufen wir durch den Park, bleiben dann plötzlich neben einer Bank im Dreieck stehen und beten: »Herr, du hast uns hierher gebracht – bitte, nun sorge auch für uns, wir sind auf dich angewiesen, bitte!« Jemand geht an uns vorbei und schaut verständnislos zu uns herüber. Aber wir wissen, dass Gott uns hört.

Dann rufen wir den Oberarzt in Plau an. Niemand von uns war jemals ernsthaft krank, deshalb sind wir unerfahren. Wir wissen nicht viel – und ebenso wenig, was Gott im Hintergrund arrangiert.

Endlich Rat

Als wir noch einmal in die Klinik gehen, treffen wir einen freundlichen Mann, der uns direkt anspricht und fragt: »Kann ich etwas für Sie tun?«

»Wir überlegen gerade, uns eine andere Klinik zu suchen. Wir haben den Eindruck, dass hier nichts zusammenläuft«, antworten wir. Er hört uns zu und bittet uns, in einer Sitzecke auf dem Flur Platz zu nehmen und einen Augenblick zu warten, er werde gleich wiederkommen und versuchen, uns zu helfen.

Es dauert und dauert, wir denken schon: wieder mal dasselbe. Doch dann kommt er wie versprochen, setzt sich zu uns, entschuldigt sich, weil wir warten mussten, und erklärt: »Ich habe mir erst einmal die Untersuchungsergebnisse von Plau angeschaut, das dauerte doch etwas länger.« Er entschuldigt sich, dass er auf dem Flur mit uns reden muss: »Wir haben hier nicht einmal ein freies Arztzimmer, um in Ruhe ein Patientengespräch zu führen.« Dann stellt er sich vor: »Ich bin Oberarzt Dr. T. Ich kann Sie gut verstehen. Wenn Sie wirklich in eine andere Klinik wollen, dann werde ich Ihnen, so gut ich kann, dabei helfen. Denn ich kenne die entscheidenden Leute in den anderen Tumorzentren sehr gut. Ich werde aber versuchen, alle Ihre Fragen zu klären.«

Mit viel Geduld und großem Einfühlungsvermögen zeigt er uns auf, wie es um Puschel steht. Was er erklärt, hört sich konkret und bedrohlich an: Es gebe keinen Zweifel. Es sei definitiv ein Tumor in der rechten Beckenschaufel, der sich immer weiter in den Knochen hineinfresse. Optionen? Dr. T. sieht als einzige Möglichkeit eine Operation. Bei dieser muss, soweit es geht, der komplette Tumor im gesunden Gewebe ausgeräumt werden. Dies müsse mit Chemotherapie vorbereitet werden, um zu versuchen, den Tumor etwas zu verkleinern und ihn gegenüber dem umliegenden Gewebe abzukapseln.

Es ist definitiv ein Tumor.

Es ist ein sehr langes Gespräch. Das allerdings zeigt uns, dass hier wenigstens ein Mann ist, der zu wissen scheint, was er tut und vorschlägt. Und so steht bald unser Entschluss fest: Wir bleiben hier. Später stellt sich auch manches andere etwas freundlicher dar, als es uns bei diesem ersten Besuch erschien.

In ein paar Tagen schon soll die Chemo beginnen. Wir haben keine Alternative. So fahren wir nun einigermaßen versöhnt mit der Situation, aber mit schlechten Aussichten wieder in den Norden. Zwei Tage später kommt Puschels Onkel »Lumpi« – er arbeitet als Neurologe in einer Schweizer Klinik – zu Besuch. Er möchte sich Zeit nehmen, um Puschel die offenen Fragen zu beantworten, um ihr

Zuspruch zu geben, sie zu ermutigen. Gemeinsam unternehmen die beiden Spaziergänge über mecklenburgische Wiesen und Felder, auf denen der Raps und die Frühlingsblumen blühen.

Als er wieder zurück muss und sich verabschiedet, sagt er: »Nehmt euch nicht zu viel vor, es wird ein langer, schwerer Weg. Irgendwann wird die Kraft zu Ende sein, darum teilt sie euch ein. Am Anfang ist alles neu. Aber irgendwann wirst du, Puschel, der Chef im Ring sein. Du wirst wissen, was richtig für dich ist, besser als jeder Arzt ...«

Wir müssen danach oft an seine Worte denken. Es stimmt, dass sich Puschel bald sehr gut mit ihrer Krankheit auskennt. Aber in einem Punkt hatte er unrecht: Ihre Kraft verliert sie nicht. Sie erlebt, dass Gottes Kraft »in den Schwachen mächtig« ist (2. Korinther 12,9) – und dass viele Freunde intensiv für sie beten.

Unter einem »schlechten Stern«?

Die Voraussetzungen für die kommende Zeit sind, menschlich gesehen, denkbar schlecht. Die Meldung im Internettagebuch für Beter und Freunde liest sich so:

> *Unsere lieben Freunde, nun ist das Ergebnis der Gewebeanalyse da. Doch es ist alles schlimmer als erwartet und befürchtet. Puschel hat ein Chondrosarkom im 3. Stadium, was bedeutet, dass es das Schlechteste ist, was kommen konnte. Der Beckenknochen ist von Tumorgewebe durchsetzt. Es wird eine extrem schwierige Operation auf sie zukommen. Davor aber soll eine Chemotherapie (bei diesem Krebs schlägt dies statistisch nur zu höchstens 30 Prozent an) helfen und möglichst bewirken, dass nicht doch irgendwo anders Krebszellen wachsen können. Heute und morgen ist sie zu Hause, Donnerstag früh muss sie wieder in die Klinik. Wenn ihr noch könnt und wollt, dann betet bitte, dass sie die zwei Tage hier genießen und dann auf die Chemo und ihre Folgeerscheinungen mit möglichst viel von Gott geschenkter Ruhe zugehen kann. Und da wir unseren Herrn kennen, wissen*

Es ist alles schlimmer als erwartet und befürchtet.

wir auch, dass ER sie heilen kann. Bitte betet dafür, dass ER sich verherrlicht an ihr! Danke!

In diesen Tagen hat Puschel noch die Kraft, im Internet selbst an ihre Freunde zu schreiben.

2. Mai 2007 – O Leute, wie habt ihr mich in den letzten zwei Wochen erfreut und ermutigt! Danke für all eure Gebete, euer Flehen zu Gott, und einige haben sogar gefastet!! Danke für alle eure E-Mails. Danke für eure Zeit und euer Denken an mich! SEIN Friede ist in mir, möge er so auch mit euch sein! Die nächste Zeit wird für mich nicht leicht sein. Aber ER ist bei mir. Und auch ihr seid mit mir auf dem Weg. Danke, dass ihr mit mir kämpft! (Lest einfach mal 2. Korinther 1,3-11.) Ich habe die Ärzte gebeten, mir zwei Tage Pause zu Hause zu geben, bevor die Chemotherapie losgeht. Über die letzte Woche könnte ich euch eine Menge erzählen. Aber dazu fehlt mir im Moment die Kraft. Ich kann nur sagen, dass Gott mich einfach festhält und trägt. Allerdings werde ich für ihn in der nächsten Zeit ein wenig schwerer werden ... (nicht wirklich, denn ER ist ja Gott!) Doch ich weiß: ER kann mich halten. Und ER wird es tun!

Ganz besonders gefreut hat mich, dass mein Onkel »Lumpi« aus der Schweiz gekommen ist. Er ist Arzt und für drei Tage in die Klinik gekommen und hat mich dann auch nach Bülow begleitet. Er konnte viele der medizinischen Fragestellungen erklären und beantworten. Das hat sehr gut getan. Auch meine Schmerzen sind sehr viel besser unter Kontrolle, besser als in den drei Monaten vorher.

Ich weiß: Gott wird mich halten.

Lasst mich kurz ausführen, wie der Plan der Ärzte für die nächste Zeit ist (Dabei bin ich sicher, dass Gottes Plan etwas anders aussehen wird. ER geht gern andere Wege. Es sind die besten, auch wenn wir sie manchmal nicht verstehen!):

Am Freitag soll eine kleine Operation sein, durch die ich einen sogenannten »Port« bekomme, der unterhalb der Schulter unter die Haut »gepflanzt« wird mit einer Leitung durch die Venen in den Blutkreislauf, damit ich fortan durch diesen

Port die Chemo kriege. Dies erleichtert vieles gegenüber den Zugängen am Arm, die sehr hinderlich sind und immer neu gelegt werden müssten. Auch die Infektionsgefahr ist geringer. Am Samstag soll dann die Chemo beginnen. Drei bis fünf Tage, abhängig von der Art der Medizin. Wenn ich mich dann gut genug fühle und stabil bin, werde ich für eine Woche nach Hause können. Das wird für zehn Wochen immer wieder geschehen müssen mit verschiedenen Präparaten und den Pausen dazwischen. Danach ist eine sehr große Operation geplant. Wenn die gelaufen ist und ich wieder stabil genug bin, geht es mit der Chemo weiter, insgesamt etwa zehn Monate. Das ist der Plan der Ärzte, wie gesagt der Ärzte. Was Gott tut, steht nicht auf diesem Plan … Jetzt habe ich noch einen Vers, über den nachzudenken sich lohnt: Jesaja 41,10 [LUT]: »Fürchte dich nicht, ich bin mit dir; weiche nicht, denn ich bin dein Gott. Ich stärke dich, ich helfe dir auch, ich halte dich durch die rechte Hand meiner Gerechtigkeit.« Eine Freude, die ich heute hatte, zuletzt: Mein Bruder Silas und meine Mutter haben vier Lämmer geholt, die jetzt in unserem Gelände laufen. Denn wir hatten zum ersten Mal, seit ich denken kann, im Winter keine Schafe …

Es geht ans Eingemachte

Die erste kleine Operation verläuft reibungslos. Puschel bekommt einen Port. Gleichzeitig wird sie besser auf Schmerzmittel eingestellt, die wie erwartet Übelkeit erzeugen, bis sich der Körper an die »Drogen« gewöhnt. Zu Beginn bekommt sie auch ein Schmerzpflaster. Nach ein paar Stunden muss sie sich übergeben – das Schmerzpflaster war zu hoch dosiert.

Nun ist alles vorbereitet. Am Morgen des 4. Mai bekommt Puschel die erste Chemo. Sie wird in der alten Klinik in ein großes Vierbettzimmer mit drei älteren Frauen gelegt. Das aber erweist sich als wirklich problematisch. Denn Puschel reagiert auf die beginnende Chemo extrem sensibel. Sie entwickelt eine so starke Geräusch- und auch Lichtempfindlichkeit, wie sie selbst die erfahrenen alten Schwestern, die schon in der DDR-Zeit hier gearbeitet haben, nicht kennen. Das bedeutet für die Schwestern jedoch nicht, dass sie irgendetwas ändern würden. Puschel liegt weiter in diesem Zimmer, in dem eine ältere, schwerhörige Frau permanent telefoniert und dabei so laut spricht, dass wir Puschel die Ohren zustopfen müssen. Puschel legt sich zusätzlich ein Kissen auf die Ohren, weil sie jedes Geräusch offenbar hundertfach verstärkt wahrnimmt. Wegen der gleichzeitigen Licht-Hypersensibilität legen wir ihr einen Waschlappen auf geschlossene Augen und auf die Stirn, der ihr gleichzeitig ein wenig Feuchtigkeit und Frische gibt.

Puschel muss sich übergeben. Immer wieder. Wir merken, dass sie nicht mehr ganz da ist, fast scheint sie komatös zu sein. Ich laufe gerade über den Flur, um eine Flasche Wasser für uns zu holen, als ich unfreiwillig aus einem Schwesternzimmer höre, wie sich das Personal über Puschel unterhält. »Lydia ist ein wehleidiges Sensibelchen, das nach Mama und Papa weint.« Dieses Etikett haftet ihr seitdem an.

Die erste Chemo soll eine Woche dauern. In dieser Zeit dürfen wir bei Freunden ganz in der Nähe wohnen. Nach drei Tagen muss Eva-Maria den Platz bei Puschel übernehmen. Ich muss erst einmal wieder nach Hause, um meinen Pflichten als Pastor nachzukommen.

Aber schon jetzt sind wir an unseren Grenzen angelangt – zumindest denken wir das. Puschel bekommt nicht mehr viel mit. Später erzählt sie, dass sie fast keine Erinnerungen an diese Chemo hat – so sehr versenkt die Chemo sie in eine Art Geistesabwesenheit.

Am Abend des 9. Mai sitze ich zu Hause an der Vorbereitung des nächsten Gottesdienstes und habe Mühe, mich zu konzentrieren. Immer wieder steigt mir ein Kloß in den Hals, wenn ich an meine Tochter in der Klinik und an Eva-Maria denke. Das führt mich ein ums andere Mal ins Gebet. Um 21 Uhr verabschiedet sich Eva-Maria in die Nachtruhe bei den Freunden. Ich arbeite weiter. Plötzlich, es ist schon weit nach Mitternacht, klingelt das Mobiltelefon. Am anderen Ende ist ein Arzt aus der Klinik: »Herr Holmer, ich wollte eigentlich Ihre Frau erreichen. Sie war doch gestern hier.«

Ich sage: »Sie ist im Moment nicht zu erreichen – sie schläft hoffentlich längst.«

»Dann müssen wir miteinander reden. Wir sollten uns für Ihre Tochter etwas überlegen. Sie braucht unbedingt einen Psychotherapeuten als Hilfe. Sie ist kaum noch ansprechbar.«

In mir steigt ein wenig die Wut hoch. Wir haben ja bereits gehört, dass man sie für sehr wehleidig hält und nun offensichtlich sogar für psychisch labil. Doch wir wissen, dass Puschel alles andere als ein hyperreagierendes Sensibelchen ist. Ich sage zu dem Arzt: »Wissen Sie, was meine Tochter braucht? Nichts anderes als ihr Zuhause, die gewohnte Umgebung und einfach Ruhe. Ja, sie reagiert momentan hypersensibel auf Geräusche und Licht. Doch das tut sie nicht, weil sie Spaß daran hat oder wehleidig ist, sondern weil ihr das Ganze offensichtlich rein körperlich zu schaffen macht. Psychisch ist sie – da bin ich hundertprozentig sicher – völlig intakt. Ich bitte Sie, alles dafür zu tun, dass Lydia möglichst schnell nach Hause kann. Sie ist ja ohnehin nur noch zur Beobachtung in der Klinik.«

»Meine Tochter braucht ihr Zuhause!«

Das etwas andere Geburtstagsgeschenk

Dass gerade mein 50. Geburtstag anbricht, gerät unter diesen Umständen fast in Vergessenheit. Doch ich bekomme heute ein Geburtstagsgeschenk der ganz besonderen Art: In der Nacht hat der Arzt gesagt, dass Lydia noch mindestens bis elf Uhr unter Beobachtung bleiben müsse. Doch am nächsten Morgen geht alles sehr schnell.

Als Eva-Maria kommt, sagen ihr die Schwestern, dass Lydia sofort nach Hause könne. Während Eva-Maria alle Sachen packt, wird Puschel auf den Flur geschoben. Dort soll sie auf den Arztbericht und den Transport warten. Eva-Maria bekommt mit, dass der Platz, an dem Puschels Bett stand, eine halbe Stunde später bereits wieder belegt ist. Ihr Platz wurde also gebraucht. Es dauert trotzdem noch Stunden, bis die beiden zum Krankentransport abgeholt werden. Nachmittags wird das »Geburtstagsgeschenk« nach Bülow geliefert. Wir sind extrem dankbar und freuen uns an einer Geburtstagsfeier der etwas anderen Art.

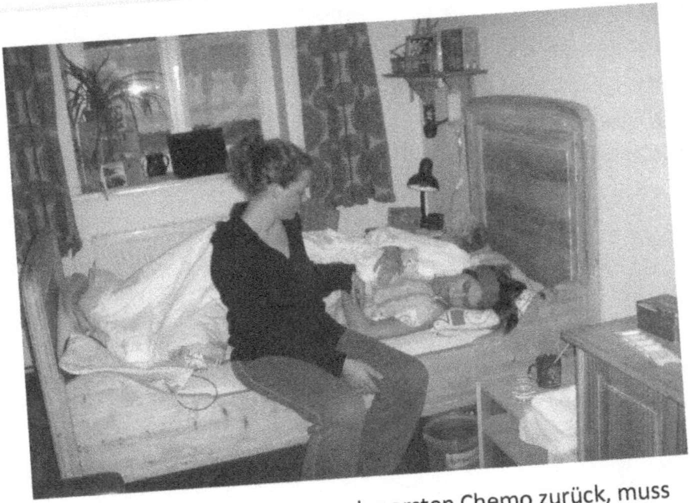

10. Mai 2007 – Puschel ist von der ersten Chemo zurück, muss noch in der Nacht erneut ins Krankenhaus. Hier sitzt ihre Freundin Lucia bei ihr am Bett.

Eine ganz andere Behandlung

Nun liegt Puschel in ihrem eigenen Bett, nach wie vor kaum ansprechbar. Wir kümmern uns, so gut wir können. Doch plötzlich bekommt sie Fieber – Fieber, das immer weiter steigt. Schließlich wissen wir keine andere Möglichkeit mehr, als das zwölf Kilometer entfernte Krankenhaus in Teterow anzurufen. Von dort schickt man schnell einen Notarzt. Puschel kommt sofort wieder ins Krankenhaus, diesmal in ein kleines, das für solche Fälle in keiner Weise vorbereitet ist. Dennoch kümmert man sich gut um sie: Sie bekommt allein ein Doppelzimmer, sodass immer jemand von uns bei ihr sein kann. Es wird absolute Ruhe im Umgang mit ihr verordnet und ein entsprechendes Schild an die Tür geheftet. Die Oberärztin ist keine Fachärztin für Onkologie, stellt aber fest, dass Puschel völlig dehydriert ist. Puschel ist zum Trinken nicht in der Lage, hat jedoch einen Port, an den sofort ein Tropf angeschlossen wird. Wir sind froh, dass Puschel nun gut versorgt wird. Am nächsten Tag kommt ihre Freundin Myriam aus dem Süden, um ein paar Tage bei ihr zu sein. Dadurch sind wir etwas entlastet.

Nach einigen Tagen kommt Puschel langsam wieder zu sich und merkt, dass sie von den Ereignissen fast nichts mitbekommen hat.

Das Lachen ist wieder da.

Das Lachen war für kurze Zeit aus ihrem Gesicht gewichen. Doch dann ist es wieder da. Es dauert noch einmal einige Tage, bis sie wieder nach Hause kann. So wird aus meinem 50. Geburtstag, wenn auch verspätet, doch noch ein Feiertag. Zumindest werde ich ihn sicher nicht vergessen.

Als Puschel dann wieder zu Hause ist, weiß sie, dass es auch Krankenhäuser gibt, in denen man richtig freundlich behandelt wird.

Puschel schreibt im Internet an ihre Freunde:

Meine lieben Freunde,
ich weiß, dass ich viel ruhen muss, aber ich kann nicht länger an mich halten ... Ich will wenigstens eine kleine Nachricht für euch hinterlassen. In den vergangenen zwei Wochen hatte ich eine Menge Tränen in den Augen, weil ich so berührt bin von der Tatsache, dass ich solch eine große »himmlische« Familie habe. Ich bin soooo dankbar für eure Gebete. Danke für alle E-Mails und Postbriefe. Ich habe hier in meinem Zimmer eine Karte, auf der ich alle Länder sehen kann, in denen ich Freunde habe, die für mich beten (El Salvador, Nicaragua, Argentinien, USA, Kanada, Neuseeland, Australien, China, Lettland, Schweden, Holland, Belgien, Österreich, Schweiz, Polen, Deutschland).Es ist viel passiert in den letzten zwei Wochen. Aber ehrlich gesagt – ich kann mich an vieles nicht erinnern. Gerade habe ich gelesen, was mein Vater über diese Zeit in seinen Tagesberichten geschrieben hat. Ich kann euch nur sagen: Gott hat mich hindurchgetragen durch diese Zeit. Ich erinnere mich, dass ich in Teterow lag. Mein Körper war so schwach, dass ich nicht einmal Kraft hatte, selbst zu trinken. Ich war oft nicht einmal in der Lage, über meine Situation nachzudenken. Ich habe in irgendeinem Moment aber eines gedacht: Das könnte es gewesen sein mit meinem Leben hier auf der Erde. Zu Gott habe ich da gesagt, dass ich gern noch ein bisschen länger

leben würde. Doch wenn sein Wille ein anderer ist, dann ist das okay. Denn mein Leben soll nicht mir gehören, sondern IHM. Für einige Tage hatte ich den Eindruck, dass nur noch Jesus da war – und ich (nicht mein Körper). Und alles, was mein Leben ausmachte, war ER. Es ist echt schwer zu erklären. Aber es war einfach so.

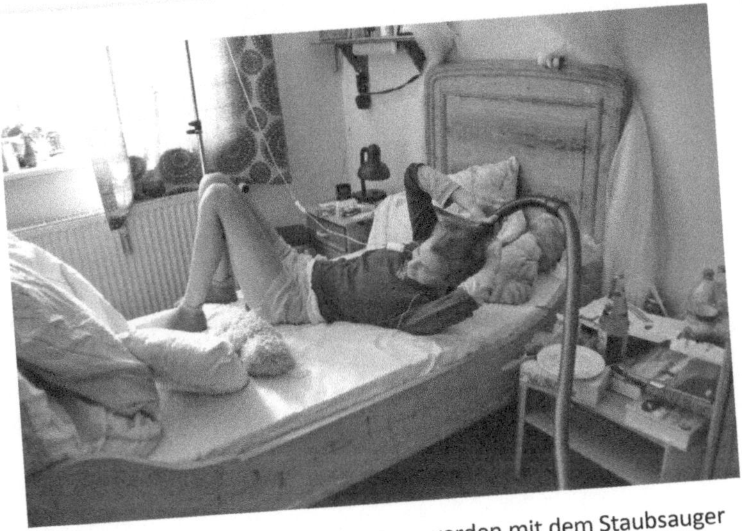

Puschel nimmt's mit Humor. Die Haare werden mit dem Staubsauger entfernt.

Ich weiß besser als je zuvor: Wenn ich gehen muss, dann darf ich an einen noch viel besseren Ort gehen. Denkt jetzt aber bitte nicht, dass ich vom Leben müde wäre. Ich wollte euch nur etwas von dem Frieden mitteilen, den ich habe und dass sich nichts zwischen meinen Herrn und mich stellen kann, es sei denn meine eigene Entscheidung. Doch eine solche Entscheidung gegen Gott wäre das Dümmste, was ich tun könnte. Denn ich bin nichts ohne IHN – ER ist alles für mich. Alles, meine Freunde, alles, was wir brauchen, ist Jesus! Ich weiß, dass es viele Probleme im Leben geben kann, aber ich möchte euch ermutigen, allezeit auf IHN zu sehen. »Wer zum Herrn aufschaut, der strahlt vor Freude, und sein Vertrauen wird nie enttäuscht« – Psalm 34,6 [HFA]. Lasst uns mutig vorangehen und seine Versprechen »einsammeln« und IHN beim Wort nehmen. Lasst Gott wirklich Gott sein! ER ist der Schöpfer. Wen kennst du, der größer wäre als ER und der dich doch dein Leben lang begleiten möchte? Freu dich an IHM! Lass IHN dein Lehrer sein und dich formen! Er will dich an seine starke Hand nehmen!

Mein Vater hat in seinem letzten Bericht mit den Haaren recht. Ich kann ziehen und sie büschelweise meinen Besuchern schenken. Aber das ist okay, ich werde für eine Weile wohl im Blick auf die Schönheit anderen Mädchen den Vorrang lassen ... (Mein Papa findet mich aber auch ohne Haare schön – hat er gesagt ...!) Wartet nur, bis ich meine ersten »Puschel-Löckchen« wiederbekomme ...

Puschel nimmt dies mit dem ihr eigenen Humor. Sie hat kein Problem, sich auch dabei fotografieren zu lassen, als sie ihre Haare mit dem Staubsauger vom Kopf holt. Sie verliert ihre Haare, aber ihre Schönheit verliert sie nicht. Man kann es an vielen Fotos auf ihrer Internetseite sehen: Ihre Fröhlichkeit, ihre Dankbarkeit und ihre Ausstrahlung bleiben.

Eine Kirchenglocke für San Salvador

Puschel telefoniert oft mit Gary Powell in El Salvador. Er, seine Familie und viele Mitarbeiter wollen natürlich wissen, wie es Puschel geht. Gary ermutigt sie und erzählt, dass ihre Freunde in El Salvador sich regelmäßig zum Bibellesen treffen und gemeinsam für sie beten. Das bedeutet Puschel viel. Gary berichtet ihr auch von den Fortschritten im Kinderheim. Er plant gerade, auf einer Farm, die bereits im Besitz von *La Casa* ist, Häuser für die Kinder zu errichten. Als Erstes möchte er dort eine Kapelle bauen, die Pläne sind gerade fertig. Gary fragt Puschel, ob sie noch eine Idee habe, was in dieser Kapelle auf keinen Fall fehlen dürfe. Puschel überlegt nicht lange und sagt: »Die Kapelle braucht unbedingt eine Glocke!«

»Eine Glocke?«

Puschel weiß, dass es in Mittelamerika nur wenige Kirchen mit richtigen Kirchenglocken gibt. Die meisten Kirchen sind nur mit kleinen »Bimmeln« ausgestattet. Puschel aber schwebt eine richtige, schwere Glocke vor. Erst als das Telefonat zu Ende ist, wird Puschel bewusst, was sie ihm da vorgeschlagen hat. »Papa, was meinst du, wie könnte man dafür eine Glocke beschaffen?«

Uns kommt die Idee, alle Freunde zu fragen, ob sie das Projekt »Glocke für *La Casa*« unterstützen würden. Als Puschel das Projekt auf ihrer Internetseite vorstellt, kommen spontan viele zustimmende E-Mails.

Ihr habt von der Glocke für La Casa de mi Padre gehört. Danke sehr für alle Antworten. Mein Vater wird euch sagen, wie ihr helfen könnt, wenn ihr dies möchtet.

In kurzer Zeit legen Puschels Freunde so viel Geld zusammen, dass bald darauf der Guss einer kleineren neuen Glocke in Auftrag gegeben werden kann. Drei Monate später holen wir die fertige Glocke in Bayern ab.

Puschel kann leider nicht mitfahren, sie bekommt wieder Chemotherapie und muss sich zwischendurch dringend erholen. Während wir in Bülow die Versandkiste bauen, hängt Puschels kleiner Bruder Silas die Glocke in die Unterkonstruktion eines Daches, das wir gerade auf dem Pfarrgelände errichten. So kann Puschel als Erste die Glocke ziehen und erleben, wie der Schall sich über die Wiesen bis zum Dorf ausbreitet.

Den Weitertransport zum Hamburger Hafen kann sie nur durch Bilder mitverfolgen. Als die Glocke nach El Salvador verschifft und in der Kapelle in *La Casa* aufgehängt worden ist und nun zum ersten Mal ertönt, nimmt Gary Powell den Ton auf. Dieser Glockenton ist seitdem jedes Mal zu hören, wenn man auf Puschels Internetseite die Unterseite *La Casa* anklickt. Es ist für Puschel eine riesige Freude, dass sie dies nun all ihren Freunden präsentieren und ihnen für ihre Liebe und alle Spenden danken kann.

Doch darüber hinaus ist die Arbeit von *La Casa* mit der dahinterstehenden Vision für sie noch viel wichtiger. Die Glocke selbst ist ein kleiner zusätzlicher »Ruf des Evangeliums« in die Umgebung hinein.

Was ich mir wünschen würde, ist, dass ihr mal auf die neue Homepage von MFH www.mfh-elsalvador.org schaut. Dort könnt ihr etwas lesen über die Vision und alle Dinge im Blick auf die Kinder. Dies ist das, wofür mein Herz schlägt – Kinder ohne Eltern. Ich möchte so sehr, dass sie etwas erfahren über den Vater im Himmel und seine Familie hier auf der Erde. Das ganze Projekt ist noch im Anfangsstadium. Es ist ein Projekt, das nicht nur mit den Kids arbeitet, sondern auch mit Verwandten.

Eine verzwickte Situation

Für Puschel kommt es nun vor allem darauf an, dass sie vorbereitet wird auf die große Operation, die im August ansteht. Ein Teil der Vorbereitung sind die vielen Chemotherapien, die den Tumor verkleinern und abkapseln sollen, sodass man ihn besser herausschneiden kann. Doch die Chemotherapien schwächen Puschels Körperkräfte, das Immunsystem und die Organfunktionen – dadurch werden die Voraussetzungen für einen solch tiefen chirurgischen Eingriff nicht wirklich besser. Es ist eine verzwickte Situation. Doch wir haben keine Wahl.

Am 17. Juni schreibt Puschel:

Meine lieben Freunde,
vielen Dank für alle eure E-Mails, Briefe und alle eure Gebete. Danke für eure ermutigenden Worte, Bibelverse und Lieder. Einige schrieben mir: »Das Einzige, was ich für dich tun kann, ist beten …« Ich kann euch nur sagen: Dies ist das Beste, was ihr für mich tun könnt! Was könnte besser sein, als seine Lieben in die Hände unseres Schöpfers zu legen?! Eine seiner großen Verheißungen ist die, dass ER uns hören wird!

Was ich jetzt immer wieder neu lernen »darf«, ist, dass ich mich an jedem neuen Tag mit IHM freuen kann.

Die Aufforderung, sich keine Sorgen zu machen (Matthäus 6,34), ist eher ein Befehl von ihm und nicht nur ein Tipp. Wenn wir uns Sorgen machen, dann lassen wir die Probleme größer werden als Gott selbst. Lasst mich euch von meiner letzten Chemo sagen: Gott hat mir »erlaubt«, am Ende die Klinik mit mehr

Energie zu verlassen, als ich zu Beginn hatte. Vielen Dank für eure Gebete! Oh, und gestern nach zwei Tagen Pause zu Hause bin ich mit Papa und Eva, meiner Freundin, wieder zurück ins Krankenhaus gegangen. Nachdem wir allen Papierkram, Blutabnahmen und was bei einer Aufnahme anfällt, erledigt hatten, wurde uns erlaubt, noch mal einen kleinen Ausgang zu genießen. Ich habe Jesus gefragt, ob er uns nicht eine gute Pizzeria zeigen könnte, damit wir uns an einem herzhaften Mahl erfreuen könnten. Wisst ihr, ich glaube, an dem Abend aß ich die beste Pizza in meinem Leben! Gott kümmert sich um die kleinsten Sachen!

Sich keine Sorgen zu machen, ist ein Befehl.

Während ich diese Zeilen für euch schreibe, tropft die Chemo ein, die ich das erste Mal ganz und gar nicht gut vertragen habe. Doch jetzt ist es anders. Ich bin für meinen jetzigen Zustand sehr dankbar. Heute Morgen vor der Chemo habe ich mich noch über mein letztes Stück Pizza gefreut, und gerade esse ich ein Stück Wassermelone.

Meine Schmerzen wurden selbst in den letzten zwei Wochen weniger! Es ist kein Vergleich zu den Schmerzen, die ich davor in den letzten fünf Monaten hatte. Ich weiß aber auch, dass, wenn es mir in den nächsten Tagen wieder schlecht gehen sollte, Gott mich dann durchtragen wird, wie er es immer getan hat. Wie gut zu wissen, dass meine Zukunft in seiner Hand liegt!

Während ich dies schreibe, habe ich den ersten Tag der harten und letzten Chemo in diesem Zyklus schon hinter mir. Ich bin sehr dankbar, dass es mir nach wie vor gut geht. Auch mit meinen Schmerzen ist es besser geworden. Es ist ziemlich anders als in den letzten zwei Wochen. Wie gut ist es zu wissen, dass mein Vater im Himmel meine Zukunft in seiner Hand hat! Okay, jetzt ist es Zeit für mich für ein kleines Schläfchen ...

Immer mehr Menschen nutzen jetzt die Internetseite, um Neues über Puschels Krankheit und ihren Zustand zu erfahren. Oft schauen mehrere Hundert Leute am Tag auf die Seite. Die meisten beten für sie. Viele schreiben ihr auch. Das ist für Puschel eine große Ermutigung. Denn menschlich und emotional nimmt sie das alles natürlich mehr mit, als man es nach außen bei ihr spürt. Ihre größte Freude ist, dass sich so viele Menschen täglich an Jesus wenden und mit ihm reden.

In den folgenden Wochen bekommt Puschel durch die Chemo rissige Haut. Ein paar solcher Risse an den Füßen, die während der Chemo nicht so recht zuheilen wollen, werden nun zu einem Risiko, das wir noch nicht kennen.

Am 15. Juli will sie unbedingt nach Hause, weil in diesen Tagen in Bülow ein Jugend-Musik-Festival, das »Pommfest«, stattfindet. Puschel ist nichts wichtiger, als dass Jugendliche erfahren, wer Jesus ist. Sie betet im Krankenhaus in Berlin für diese Tage. Aber sie möchte so gern auch daran teilnehmen. Tatsächlich darf sie an diesem Tag nach einem wiederum harten Chemodurchgang nach Hause. Doch dann kommt alles ganz anders. Tags darauf lesen Puschels Freunde:

> *Gestern Abend bekam Puschel plötzlich Fieber, starkes, zu starkes Fieber. Am Ende waren es 40,2° C. Das war zu viel und ging sehr schnell. Und so haben wir Puschel noch in der Nacht wieder ins Krankenhaus in Teterow bringen müssen. Dort waren alle soooo nett zu uns und zu ihr ... Aber wir konnten grad drei Stunden schlafen, als es hieß: Sie muss nach Berlin verlegt werden. So musste schnell für Berlin gepackt werden, obwohl Puschel sich so auf zu Hause gefreut hatte ... So hoffen und beten wir, dass die Ärzte diese Infektion, oder was immer es ist, in den Griff bekommen und sie doch sehr schnell wieder nach Hause kommen kann. Und wir sind unserem Gott soooo dankbar, dass wir in unserem Land so gute medizinische Möglichkeiten haben. Dennoch sind diesen Möglichkeiten auch schnell Grenzen gesetzt. Und so wollen wir am Beten und Flehen bleiben. Und wenn ihr mit dranbleiben wollt, sind wir nicht nur Gott, sondern auch euch sehr dankbar.*

Puschel hat eine starke Blutvergiftung, die nur mit intensivmedizinischen Maßnahmen bekämpft werden kann, während ihr Körper völlig geschwächt ist von den Chemotherapien.

Natürlich unterhalten wir uns oft über die richtigen Maßnahmen. Wir fragen uns, ob das so alles gut ist. Doch keiner kann wirklich sagen, was richtig ist. Wir sind auf den Rat und das Wissen der Ärzte angewiesen. Für uns bleibt die Gewissheit: Letztlich liegt alles in Gottes Hand. Und so ist auch Puschel bereit, diesem ärztlichen Rat zu folgen.

Wunder, die man sehen kann

Inzwischen nehmen die Dinge in Bülow, in unserer Kirchengemeinde und auch in unserer Familie ihren (fast) normalen Lauf. Immer wieder erleben Puschel und wir Erstaunliches. Es sind Signale, von denen man meinen kann, sie kämen direkt aus dem Himmel.

Eines Sonntags möchten einige aus der Gemeinde im Gottesdienst für Puschel beten. Ich selbst bin zurückhaltend, weil es sich ja um unsere eigene Tochter handelt. So übernimmt dies der Vorsitzende des Kirchengemeinderates. Doch zunächst halte ich die Predigt. Während ich predige – die Kirchentür steht wegen des schönen Sonnenscheins offen – schaut plötzlich ein Tourist herein, um einen Blick in die fast 800 Jahre alte Kirche zu werfen. Ich sehe ihn und sage, er dürfe sich gern einfach zu uns setzen. Er könne dann, wenn er keine Zeit mehr habe, gern auch weiterziehen. So setzt er sich hin – und bleibt. Während des Abschlussgebetes bekommt er mit, was da über Puschel gesagt und gebetet wird. Wir wechseln am Ausgang noch einige Worte, dann geht er. Ein paar Tage später bekommt Puschel eine E-Mail von eben diesem Touristen. Er erzählt, dass er im Gottesdienst gewesen sei und erlebt habe, wie die Gemeinde Anteil nimmt und für Lydia betet. Er habe daraufhin im Internet ihre Seite gefunden und sei nun sicher, dass sie die Lydia sei, die er gut drei Monate zuvor in Plau am See im MRT untersucht habe – er sei Arzt in der Plauer Radiologie. Es habe ihm schon damals leidgetan, eine solche Diagnose stellen zu müssen, und er sei beeindruckt, wie sie damit umgegangen sei. Er wolle nun auch für sie beten, wie das offensichtlich viele tun. Er sei zwar nicht gläubig und wisse nicht, ob Gott solch ein Gebet akzeptiere, aber er wolle es versuchen. Puschel ist sehr gerührt. In der Antwort signalisiert sie ihm: Ja, Gott hört Gebet, auch dann, wenn wir nicht sicher sind. Sie lädt ihn ein, wiederzukommen,

Der Arzt will für sie beten.

falls er dazu eine Gelegenheit habe. Heute ist dieser junge Arzt in unserer Gemeinde zu Hause. Er ist Christ geworden, seit drei Jahren getauft und wohnt jetzt sogar in einem unserer Dörfer.

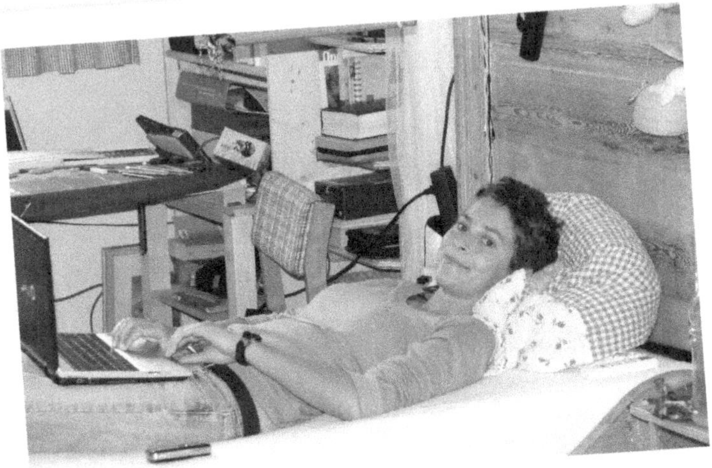

Puschel genießt es, mit ihren Freunden in Kontakt zu stehen. Sie hat viele Freuden in allen Leiden.

Puschel kann immer sicherer bezeugen: »Ich weiß, dass Gottes Plan perfekt ist.« So soll auch die Überschrift des Artikels lauten, den das Evangelische Nachrichtenmagazin *ideaSpektrum* über sie bringen will. Als der Journalist Matthias Pankau um ein Interview bittet und uns dann besucht, stellt sich die Frage: Kann man solch eine Story noch vor der Operation bringen? Oder wäre es nicht besser, erst einmal abzuwarten, wie das Ganze ausgeht? Puschel sagt: »Wenn mein Vertrauen auf Gottes gute Pläne nur bis dahin reichen würde, dass ich sehe, ob es auch gut ausgeht, dann wäre es kein Vertrauen. Denn wenn Gott mich durch die Operation zu sich holt oder etwas anderes passiert, ist auch das sein guter Plan.« So erscheint diese Geschichte mitten in den Zeiten der Chemo, die Puschel immer wieder neu körperlich in die Knie zwingt.

Lydia mit knapp
drei Jahren

Lydia mit ihrem coolen Bruder Titus

Familie Holmer wohnt seit zwei Jahren in Bülow. (1986)

Der liebevolle Bruder Titus –
den könnte man glatt heiraten ...

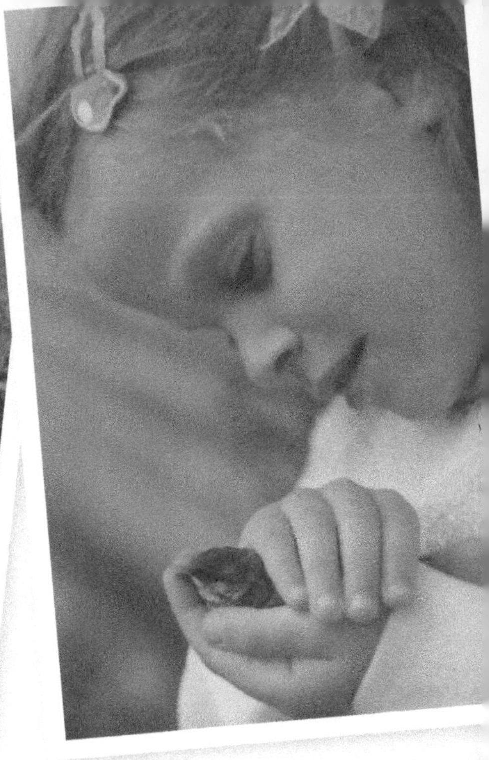

Tiere sind ihre große Leidenschaft.

Puschel liebt die Tiere – hier schließt sie Freundschaft mit einem Straßenhund in Italien. (2001)

Puschel liebt das Leben – das macht sie allen deutlich.
(2004 in Schweden)

Puschel liebt die Natur mit ihren Jahreszeiten.
Herbst in Schweden ist etwas ganz Besonderes. (2004)

Familie Holmer – hier schon mit Schwiegertochter
Gesine und den Enkeln Salome und Hellena

Puschel vor der malerischen Kulisse der mecklenburgischen Rapsfelder – ein paar Tage nach der Krebsdiagnose im Mai 2007 …

… und hier drei Jahre später – im Mai 2010.

Puschel mit einigen kleineren Kindern von »La Casa de mi Padre« – kurz vor der Rückreise nach Deutschland im April 2007

Puschel hat viel Freude an den Kindern, und die fühlen sich sichtlich wohl bei ihr.

Puschel mit Erika – es ist das Mädchen, das ihr »ins Auge fällt«, als sie in Schweden von »La Casa« liest und die Entscheidung trifft, dorthin zu gehen.

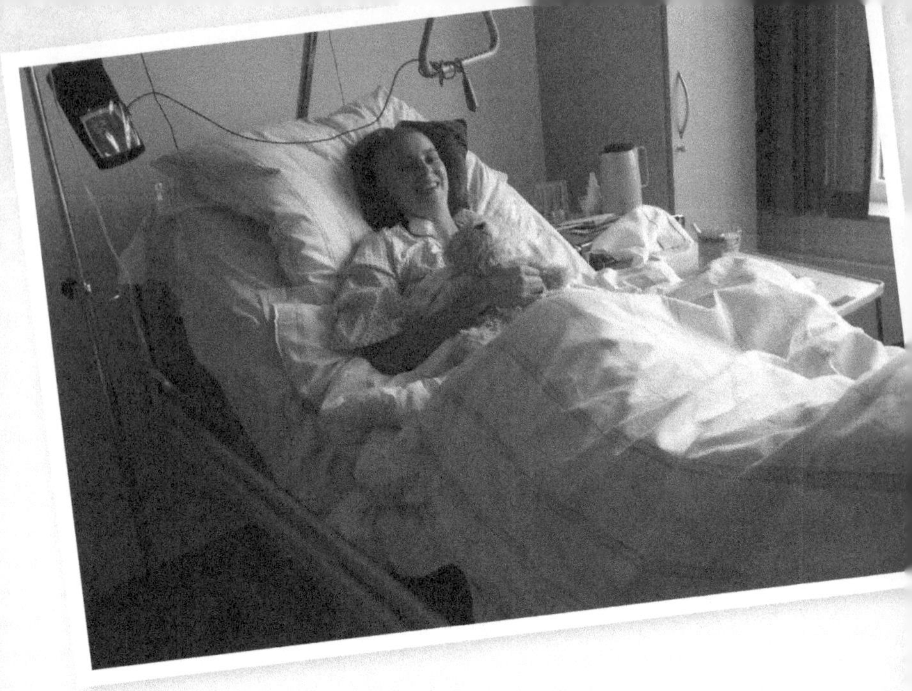

In allem Leid hat Puschel immer auch viel Freude.

Puschel nimmt Gottes Zusage für sich ganz persönlich:
»Ich werde für dich sorgen, ich stehe an deiner Seite.« (Oktober 2009)

Puschel genießt ihre Bewegungsfreiheit,
die sie mit dem Quad neu gewinnt.

Puschel mit Opa Uwe Holmer (Januar 201

Puschel und ihre Mutter Eva-Maria

Puschel mit ihrem Papa Johannes – immer ein gutes Team

Puschel hat stets viel Freude mit ihren Geschwistern.
Hier haben wir sie in Holsby, Schweden, besucht.
Wir sind im »Ropes Course«, dem Kletterwald.

Im Oktober 2010 – die große Reise nach Amerika, um den Herbst in Colorado zu erleben. Hier im Colorado National Park.

… im wunderschönen Teton Nationalpark,
Wyoming. (Oktober 2010)

Puschel liebt die Herausforderungen in der Natur.
Hier auf einem See bei ihrer Freundin Liesel und deren Familie in Idaho.
(Oktober 2010)

Puschel nutzt die »freien Zeiten« ihrer Krankheit gern mit Sinnvollem. Dabei bekommt sie immer mehr Freude am Malen.

Eines der Gemälde, die in dieser Zeit entstehen, ist diese Sonnenblume vor der Kulisse ihrer Mecklenburgischen Heimat.

Endlich zu Hause und wieder »bei Sinnen« –
bereit für einen Spaziergang nach der Rückkehr nach Hause im November 2011.

Puschel saugt jeden Sonnenstrahl auf wie ein trockener Schwamm das Wasser – sie ist extrem dankbar nach der »Odyssee« des Oktober. Obwohl fast alle Ärzte ihr nur noch zwei Tage geben, hat sie immerhin noch drei Monate.

Lasst uns Aufsehen zu Jesus (Hebr 12,2) –
das ist der Grund der Hoffnung in ihrem Herzen.

Das Bett ist leer – Gracy wartet, aber »Frauchen« ist nicht mehr hier,
sie ist in der Ewigkeit!

Tag X

Vor der großen OP

Noch liegt Puschel in Berlin, um sich von der Blutvergiftung zu erholen. Sie fiebert der Heimreise entgegen. Nur keinen Tag länger im Krankenhaus bleiben! Noch vor der OP beginnt in Bülow das Enkelkinder-Camp der Holmers, von dem Puschel doch so gern noch etwas mitbekommen möchte ... Es kommen etwa 35 von Opa Holmers Enkeln. Am selben Mittag wird Puschel stolze und dankbare Tante, denn ihr ältester Bruder Titus ist Papa geworden!

Für sie aber geht es hin und her mit Chemos, Blutvergiftung und Pausen in Bülow. Medizinisch gesehen ist sie nun bestens aufgehoben in der Klinik in Berlin. Es ist inzwischen ein neu gebautes, hochmodernes Krankenhaus. Wir sind Gott dankbar dafür.

Puschel in der Familienrunde

Doch der Tag X, der Tag der Operation, rückt immer näher. Wie die Operation ausgehen wird, ist ungewiss. Der große Tumor in Puschels Becken, der auf den Ischiasnerv drückt und so die Schmerzen verursacht, soll möglichst vollständig beseitigt werden. Außerdem soll Puschel das rechte Wadenbein entfernt und als Stütze in das Becken eingesetzt werden, dort, wo jetzt die Beckenschaufel ist. Wir wissen, dass das nicht unproblematisch ist. Aber wir wissen auch, dass die Ärzte ihr Bestes geben und Gott alles in der Hand hält.

Im Internet veröffentlicht Puschel am 15. August noch einen Brief an ihre Freunde. Es ist für die nächsten Wochen das Letzte, was sie selbst schreiben kann:

Noch einmal möchte ich mich bei denen bedanken, die für meine Familie und mich beten. Ich wünschte, dass es mir möglich wäre, mich bei allen persönlich zu bedanken.

Ich bin sehr froh und dankbar, dass es mir möglich war, die letzten zwei Wochen zu Hause zu verbringen. An jedem Morgen ist es ein Kampf, aufzustehen – wegen der Schwäche durch die Chemo. Jedoch wenn ich abends völlig erledigt wieder ins Bett falle, dann bin ich Gott einfach nur dankbar für die Dinge, an denen ich mich an diesem Tag freuen konnte. In den letzten Wochen haben mich verschiedene Leute gefragt, wie es mir hinsichtlich der OP geht und ob ich Angst habe. Ich muss sagen, dass mich sein Friede nicht verlassen hat. Und ehrlich gesagt, habe ich bisher auch keine Angst. Ein bisschen nervös bin ich schon, aber nicht besorgt. Und wisst ihr, Leute, wenn ich Angst habe, dann fange ich an, auf die Probleme zu schauen. So wie es Petrus getan hat (Matthäus 14,22-36).

Wisst ihr, mein Doktor hat mir erzählt, dass mein Bein sich nach der Operation nie völlig erholen wird. Das war erst mal ein Schock für mich. Doch nachdem ich darüber nachgedacht und gebetet habe, ist mir klar geworden, dass auch das in seiner Hand ist (Schnellmerker, haha) und auch, dass Gott mehr kann, als wir uns vorstellen können (Epheser 3,20). Und wenn es so kommt, wie die Ärzte sagen, dann weiß ich noch nicht weshalb, aber Jesus weiß es.

Ein Begrüßungsgeschenk

Als wir Puschel an diesem 15. August 2007 zur OP in die onkologische Chirurgie der Klinik in Berlin bringen, macht Gott ihr ein Begrüßungsgeschenk: Auf der Station begrüßt uns ein Krankenpfleger, der sich als Jürgen vorstellt. Er erzählt uns, dass er einst an der Bibelschule studierte, die Opa Holmer viele Jahre lang als Direktor geleitet hat. Er wollte dann jedoch nicht Prediger werden, sondern hat noch die Krankenpflege erlernt. Er hat sich bewusst auf einer Krebsstation einsetzen lassen, um den Menschen in solchen besonders schwierigen Phasen beistehen zu können. Nun ist er hier sogar Stationsleiter und tut alles, um für ein angenehmes Klima zu sorgen. Wir merken dies auf Schritt und Tritt. Für Puschel ist es ein wahres Gottesgeschenk.

Eva-Maria und ich haben Puschel schon am Anfang versprochen, dass wir sie, soweit es in unserer Macht steht, nie mehr in den Kliniken allein lassen würden. Die Arbeitsteilung sieht folgendermaßen aus: Ich gehe mit Puschel in die Kliniken und bin so auch bei allen Arztgesprächen und wichtigen Entscheidungen dabei. Eva-Maria bereitet stets alles für die Rückkehr nach Hause vor und wacht dort über die Pflege. Ich kann es mir meist gut einteilen, ein paar Tage frei oder Urlaub zu nehmen. Des Öfteren muss ich zwischendurch auch mal kurz nach Hause, wenn ich eine Beerdigung, einen Gottesdienst oder eine Hochzeit halten muss.

Puschels Freundin Myri hält es zu Hause im Süden nicht mehr aus und kommt kurzerhand nach Berlin. Sie mietet sich in einer Pension ein, um in den zwei Tagen vor und während der OP dabei zu sein. Ich selbst bekomme immer, wenn ich mit Puschel in Berlin bin, bei der jungen Familie Dehn in Lobetal ein wunderbares Quartier. Wir kannten sie schon als Mitarbeiter meines Vaters, als meine Eltern in Lobetal arbeiteten und später dort im Pfarrhaus Erich Honecker mit seiner Frau aufnahmen. Bei Dehns habe ich ein richtiges Bett – und das, sooft ich es brauche. So kann ich morgens zu Puschel ins Krankenhaus fahren und abends manchmal bis spät in die Nacht bleiben.

Heute stehen nun etliche Untersuchungen an, bevor wir zum abschließenden Arztgespräch gebeten werden. Für Puschel ist es wichtig, dass einer von uns Eltern in solchen Phasen bei ihr ist. Der

Arzt (es ist derselbe, der uns ganz am Anfang alles so geduldig erklärt und uns mit der schwierigen Situation in der alten Klinik versöhnt hat), der die Operation durchführen wird, hat uns bereits vorher genaue Aufnahmen gezeigt. Er hat ein originalgetreues 3D-Modell von Puschels Becken angefertigt, das er mithilfe der MRT- und CT-Aufnahmen durch Computer hat berechnen lassen. Ein wenig Hoffnung lässt er uns, dass der Ischias erhalten werden kann. Zum Abschied sagen wir ihm: »Herr Doktor, wir werden für Sie beten. Wir wissen, dass Gott die Dinge lenken und leiten kann.«

Er schaut uns einen Moment lang überrascht an und sagt dann: »Es gibt manchmal Situationen in unserem Leben, da kommen wir mit unseren Möglichkeiten wirklich an unsere Grenzen. In einer solchen Situation sind wir jetzt wohl. Es kann also sicher nicht schaden.«

Die Freunde beten rund um die Uhr.

An diesem Abend beten wir zusammen und verabschieden uns in einer sehr eigenartigen Stimmung von Puschel. Ich glaube, dass auch Puschel der Abschied extrem schwerfällt. Wir wissen, dass heute sehr viele Freunde von Puschel überall in der Welt für sie beten. In Schweden haben die Fackelträger sogar einen Raum reserviert, der an diesen zwei Tagen für das Gebet für Puschel offensteht. Morgen, am Tag der Operation, wollen sie sogar rund um die Uhr beten. Und doch fällt es uns schwer, Gottes Gegenwart zu fühlen.

Acht Stunden Geduld

Am nächsten Tag können wir uns Zeit lassen mit einem Besuch bei Puschel. Irgendwann am frühen Nachmittag treffen Myriam und ich uns in der Cafeteria des Krankenhauses auf einen Kaffee und zum Beten. Jeden Moment kann die Nachricht vom Doktor kommen, wie es gelaufen ist. Er hat zugesagt, mich auf dem Handy anzurufen. Es dauert tatsächlich geschlagene acht Stunden, bis die Nachricht endlich kommt: »Es ist alles gut verlaufen. Die Operation konnte wie geplant durchgeführt werden. Allerdings: Der Ischiasnerv war vom Tumor umschlossen. Er musste gekappt und mit dem Tumor zusammen entfernt werden.«

Puschels rechtes Bein wird also nie mehr richtig funktionieren. Myriam sitzt am anderen Ende des Tisches und beobachtet mich aufmerksam, während ich am Handy dem Arzt zuhöre. Nach dem Gespräch erzähle ich ihr, was der Arzt gesagt hat. Ich möchte Gott für die Operation danken, aber es fällt mir nicht leicht – obwohl alles gut gelaufen ist. Es wird auch nicht leichter, als ich gleich danach Eva-Maria anrufe. Sie aber sagt ruhig: »Mein Hannes, dann lass uns nun nach vorn schauen.« Ja, sie schaut immer tatkräftig nach vorn, tut, was getan werden muss. Ich bin sehr dankbar, dass sie so stark ist und wie wir Gott vertraut.

Als wir Puschel endlich auf der Intensivstation besuchen dürfen, freut sie sich sehr, als wir an ihr Bett treten. Aber sie will für mein Gefühl viel zu schnell wissen, was wir über den Operationsverlauf erfahren konnten. Nun stehen mir Tränen in den Augen. Ich brauche etwas Zeit, um den Kloß hinunterzuschlucken. Denn jetzt muss ich unserer Tochter sagen, dass sie so schnell nicht wieder wird laufen können. Sie wird immer behindert bleiben.

Puschel wird behindert bleiben.

Puschel, die immer ein Sportlerherz hatte, die gern und viel gelaufen ist, fragt unter Tränen: »Ich werde nie wieder laufen können?« Etwas hilflos versuche ich es abzuschwächen: »Jetzt lass uns erst mal schauen, dass du wieder zu Kräften und dann wieder auf die Beine kommst.« Ein bisschen Hoffnung kann ich ihr dann doch machen. Es hätten noch mehr Nerven betroffen sein können, auch diejenigen, die die Kontinenz steuern. Sie sind vielleicht unversehrt. Ganz genau kann der Doktor das noch nicht sagen.

In die Dankbarkeit über die geglückte Operation mischt sich die leise Enttäuschung darüber, dass Gott doch kein »richtiges« Wunder getan hat ...

Eigentlich bin ich ja dazu da, meine Tochter zu ermutigen. Doch jetzt kann auch ich meine Enttäuschung kaum verbergen.

Trotzdem beten wir zusammen und danken Gott. Wir haben genügend Grund dazu. Aber wir bitten ihn gleichzeitig, Puschel jetzt weiterzuhelfen. Denn immerhin ist Puschel ja sein Kind und nicht nur unseres.

Und Puschel hört nicht auf, ihm zu vertrauen. Sie hat harte Wochen vor sich. Aber sie schaut nach vorn, Schritt für Schritt.

Nach der Operation

Entführung im Rollstuhl

Puschel erholt sich erstaunlich gut von allem, was die Operation an Spuren in ihrem Körper hinterlassen hat. Sie lebt weiter nach dem Vers in Matthäus 6,34: »Deshalb sorgt euch nicht um morgen, denn jeder Tag bringt seine eigenen Belastungen. Die Sorgen von heute sind für heute genug.«

Es geht auf und ab. Die Schmerzmittel müssen neu eingestellt werden und in 14 Tagen soll die Chemo wieder beginnen.

Nach zehn Tagen schon soll sie versuchen, mit einem Hilfsgestell zu laufen.

In diesen Wochen muss ich mich nun doch mit Eva-Maria im Krankenhaus abwechseln. Wir versuchen, den Pflegekräften unter die Arme zu greifen. Und Puschel ist dankbar, dass wir sie nicht mehr allein lassen. Auch Myri und Eva sind zwischendurch abwechselnd einige Tage in Berlin.

Anfang September ist Eva-Maria wieder dort. Sie hat immer besondere Mühe, wenn Puschel so leidet. So sehnen die beiden den Tag herbei, an dem Puschel endlich nach Hause kann. Mittlerweile ist sie nun schon mehr als vier Wochen in Berlin – länger als je zuvor.

Allerdings hat Puschel auch jetzt den Schalk im Nacken nicht verloren. Zur vorletzten Visite kommt ein Assistenzarzt mit, den Puschel schon etwas kennt. Vor allen anwesenden Ärzten bittet sie ihn, eine Spinne mit Spinnweben an ihrem Fenster wegzunehmen. Der ist auch noch so nett und macht das, merkt aber zu spät, dass Spinne und Netz nicht von innen, sondern von außen am Fenster hängen. Er stößt voll mit der Hand gegen die Scheibe – und Puschel amüsiert sich köstlich …

Am nächsten Tag, dem 15. September, ist die letzte Visite geplant. Eva-Maria steht wie immer an Puschels Bett, als der Arzt mit Puschel redet. Er versucht ihr klarzumachen, dass es in seinen Augen jetzt noch zu früh für sie sei, das Krankenhaus zu verlassen. Aber es würde nun nicht mehr lange dauern, bis sie nach Hause könne. Er hält inne und blickt in zwei feuchte Augen – Puschel hat keine Kraft mehr, kann nur noch mit Tränen reagieren. Zu oft und zu lange haben die ständigen Krankenhausaufenthalte an ihren Kräften gezehrt. Puschel erinnert sich an einen Satz, den ihr kleiner Bruder schon ganz am Anfang, in Plau am See, einmal im Spaß zu ihr gesagt hat: »Ich hol dich da wieder raus – sag nur Bescheid!« Jetzt ist es für sie kein Spaß mehr. Sie sagt dem Arzt, dass ihre Familie bereits eine Wechseldruckmatratze besorgt habe, mit deren Hilfe sie im Auto sehr schonend nach Hause transportiert werden könne. Freunde, die ein Medizintechnik-Unternehmen in unserer Nähe besäßen, hätten ihr am Samstag auf die Schnelle eine solche Matratze zur Verfügung gestellt. Der Arzt müsse also nicht einmal einen Krankentransport bestellen.

Der Arzt blickt in zwei feuchte Augen.

Dieser blickt sie eine Weile schweigend an. Dann seufzt er und sagt: »Also gut. Ich werde die Entlassung vorbereiten.«

Eva-Maria sieht die stille Freude in Puschels Augen. Und sie weiß: Jetzt dürfen wir sie nicht mehr enttäuschen. Also ruft sie zu Hause an, und wir machen uns auf den Weg nach Berlin.

So gibt es an diesem Tag den folgenden kurzen Eintrag auf ihrer Homepage:

> *Liebe Freunde, Puschel darf heute noch nach Hause. Ich fahre jetzt mit ihrem jüngsten Bruder Silas gemeinsam los, um sie von Berlin abzuholen. Wir sind dankbar, dass es überhaupt möglich ist, und bitten Gott um einen guten und behüteten Transport.*

Wir treffen uns in Berlin mit meinem Vater und seiner Frau Christine und fahren gemeinsam in die Klinik. Als wir ankommen, spielen sich in Puschels Krankenzimmer dramatische Szenen ab: Eva-Maria hat schon gestern probeweise versucht, Puschel an der Bettkante aufzusetzen. Doch das ist gründlich schiefgegangen. Nun steht Puschels neuer Rollstuhl vor ihrem Bett. Gerade werden die Entlassungspapiere mit dem Arztbericht hereingereicht. Puschel sitzt schon auf der Bettkante, um von uns in den Rollstuhl gesetzt zu werden. Da verdrehen sich plötzlich ihre Augen. Sie wird kreidebleich, fällt – für Sekunden ohnmächtig – in die Kissen zurück. Schnell legt Eva-Maria die Hand auf Puschels Stirn – sie ist kalt und nass. Ich bin schon auf dem Weg zur Tür, um einen Arzt zu rufen, als Puschel die Augen wieder aufschlägt. »Was ist los?«, fragt sie benommen.

»Puschel, wir sollten vielleicht lieber noch einmal einen Arzt holen ...«, sage ich. Doch während sie kraftlos auf dem Bett liegt, antwortet sie dennoch ganz energisch: »Auf gar keinen Fall, wir versuchen es wieder.« Tante Christine holt einen Traubenzucker aus der Tasche, der den Kreislauf wieder ein wenig in Gang bringen soll. Bisher war Traubenzucker für Puschel eher ein Brechmittel. Doch das ist ihr jetzt egal. Im Liegen greift sie danach, steckt ihn sich in den Mund, kaut und schluckt. Der Traubenzucker will tatsächlich wieder hochkommen. Doch Puschel schluckt alles entschlossen wieder herunter. Auf ihrer Stirn stehen die Worte: »Ich will um jeden Preis nach Hause!«

Wir versuchen es mit dem Aufsetzen erneut, dieses Mal noch etwas langsamer. Puschel ist zwar bleich, kann sich aber halten. Wir heben sie in den Rollstuhl.

»Okay, und jetzt ganz schnell raus hier«, sagt sie.

Niemand soll sehen, wie grau Puschels Gesicht ist. Leise sage ich zu Silas: »Hol schnell den Fahrstuhl auf dem Flur, damit die Tür offen steht, wenn wir kommen.« Ich kippe den Rollstuhl an, um Puschel in eine Liegeposition zu bringen. Ihren Kopf kann sie auf meine Arme legen. Alle anderen packen die Sachen zusammen, und wir steuern so schnell und unauffällig wie möglich auf den Fahrstuhl zu. Unterwegs will eine Mitpatientin, die gern mal lange redet, Puschel in ein Gespräch verwickeln. Eva-Maria erklärt, dass sie jetzt leider keine Zeit hat. Als wir am Auto angelangt sind und Puschel auf der Wechseldruckmatratze liegt, geht ein Strahlen über ihr Gesicht. Es geht nach Hause.

Am Abend ist im Internet zu lesen:

Vielen Dank für euer Gebet. Ja, wir haben einmal mehr unseren treuen Herrn erlebt. Der Transport verlief sehr gut. Puschel ist überaus froh, seit längerer Zeit und nun zum ersten Mal nach der OP zu Hause zu sein. Die Knochen in ihrem Becken werden ihre Zeit brauchen, um wirklich zusammenzuwachsen.

Wie soll Puschel wieder auf die Beine kommen?

Das ist nun die Frage. Sie muss vor allem erst einmal stabil werden und die Schmerzen in den Griff bekommen. Es steht schon wieder die nächste Chemo an. Wie kann ein Körper gleichzeitig eine OP und so viele Chemotherapien verkraften?

Doch es gibt keine Alternative.

Die nächsten Monate sind geprägt von dem Kampf gegen die Folgen der Operation und der wieder anlaufenden Chemotherapie. Trotz der ständig neuen Schläge aufs Immunsystem rappelt Puschel sich nach und nach wieder auf. Es gibt in dieser Zeit keine Einträge in ihr persönliches Tagebuch, keine E-Mails oder Briefe an ihre Freunde. Zu schwach ist ihr Körper, zu schwach ihr Geist. Ein wenig leidet sie selbst darunter, dass sie zum Schreiben nicht in der Lage ist. Es ist nicht allein die Schönheit, die sie den jungen Frauen in ihrem Alter für eine gewisse Zeit abtreten muss, wie sie sagt, sondern auch die Kraft und die Lebendigkeit. Die grundsätzliche Lebensfreude schwindet allerdings auch jetzt nicht aus ihrem Leben.

Ende des Jahres kann Puschel ihr rechtes Bein wieder bewegen – die Restmuskeln scheinen einen Teil der Funktion der fehlenden Muskeln zu übernehmen.

Puschel schreibt wieder

Lieblingsvers

Während der Weihnachtszeit und zum Jahreswechsel kann Puschel zu Hause sein. Am 10. Januar veröffentlicht sie zum ersten Mal nach der OP wieder einen Brief an ihre Freunde.

> *Jetzt möchte ich euch einfach ein paar Gedanken über einen meiner Lieblingsverse aus dem Alten Testament weitergeben. Mein Vater hat diese Gedanken aufgeschrieben, als wir darüber gesprochen haben, ich aber selbst nichts schreiben konnte. Und so kann ich sie euch hier wiedergeben.*
>
> *Es ist Jesaja 41,10: »Fürchte dich nicht, denn ich bin bei dir. Sieh dich nicht ängstlich nach Hilfe um, denn ich bin dein Gott: Meine Entscheidung für dich steht fest, ich helfe dir. Ich unterstütze dich, indem ich mit meiner siegreichen Hand Gerechtigkeit übe.«*
>
> *Fürchte dich nicht – das ist ein Auftrag; mehr ein Befehl als eine einfache Aussage oder auch Zusage. Es ist das, was Gott von uns will. Es ist, wenn man so will, ein Gebot. Denn wenn du dich fürchtest, machst du mich, den ewigen Gott, kleiner. Darum sollst du dich nicht fürchten. Der Grund für das »Fürchte dich nicht« liegt in Gott und seiner Gegenwart: »Denn ich bin bei dir« – es kommt also nicht auf die Situation an, wie schlimm die ist; es kommt auf IHN an! »Gott ist da, er ist uns unbegreiflich nah«, heißt es in einem Lied.*

Gott ist bei mir – das ist keine Zusage, sondern eine Tatsache.

> *Dass Gott bei mir ist, ist nicht einmal eine Zusage, sondern die Feststellung einer Tatsache. Die aber ist nicht abhängig davon, ob wir sie akzeptieren oder nicht. Wir können sie ignorieren oder wegwischen. Aber wir können sie auch als Geschenk sehen. Gott ist bei mir. Er drängt sich nicht auf. Aber wenn ich will, dann habe ich das größte Potenzial zur Verfügung, das es gibt – den ewigen großen Schöpfergott.*

Es geht um die Blickrichtung meines Lebens. Ich denke dabei auch an Petrus, der vor Jesus auf dem Wasser steht, zu ihm hin will, aber Angst vor den Wellen bekommt. Doch Jesus ist da, wenn alles drunter und drüber geht. Und ER weiß, was hinter der nächsten Kurve kommt!!

»Weiche nicht« – Er will, dass ich hier stehe als sein Kind, das Zeugnis von SEINER Größe gibt: Schaut her, welch großen Vater ich habe! Ich habe gerade geduldig zu sein, »darunter zu bleiben«, nicht zu weichen, sondern »auf IHN« zu schauen. Und es ist wunderbar, dass ihr mir mit euren Gebeten dabei helft.

So verliert eine tödliche Bedrohung, auch eine so schwere Krebskrankheit, mit einem Mal ihren tödlichen Schrecken. Denn ich bin ja in seiner Hand. Und wenn ER will, dann heilt ER mich. Und wenn ER das nicht will, dann bin ich bei IHM in der Ewigkeit.

Das ist meine eigentliche Kraft in diesen Monaten. Und ihr helft mir so sehr, dass diese Kraft immer wieder in meinem Leben, in meinem Körper, in meinem Gemüt (und dann auch manchmal auf den Fotos ...) sichtbar und wirksam wird. Dafür danke ich Gott. Und dafür danke ich euch allen! Ich wünsche euch und uns allen ein von IHM erfülltes und wirklich gesegnetes Jahr 2008.

Immer mehr Leute, die Puschel persönlich gar nicht kennen und die Puschel ihrerseits nicht kennt, lesen nun ihre Briefe. Puschel sieht das als Möglichkeit, ihre innersten Gedanken mit all diesen Menschen zu teilen.

Vielleicht wundert ihr euch manchmal über die vielen fröhlichen und manchmal auch verrückten Bilder auf der Homepage. In der Tat geht es bei uns oft sehr fröhlich zu. Das ist ein großes Geschenk und ich sehe das als Antwort auf eure vielen Gebete. Mir ist klar, dass es auch jetzt noch schwere Zeiten geben kann und wird. Doch was immer auch geschieht, ich habe nach wie vor großen Frieden über allem, was Gott tut. Es gibt auch jetzt Tage, an denen ich nicht so fröhlich dreinschaue. Da fühlt sich dann mein Vater meist nicht so gedrängt, Fotos von mir zu machen ... (Wen wundert's? Und wer von euch wollte schon unbedingt eine Puschel sehen, die grad von Schmerz oder Übelkeit geplagt wird ... ?) Also, es ist nicht immer so. Dennoch bin ich dankbar und froh über jeden Tag, den Gott schenkt. Und ich freue mich über jeden, der für mich betet. Allerdings solltet ihr alle, die ihr für mich betet, auch glauben, dass Gott eure Gebete erhört. Unser himmlischer Vater ist allezeit bei mir, auch wenn ich Chemo kriege und körperlich völlig am Ende bin.

Als wenn mein Leben neu beginnt

Als Puschels Kräfte zunehmen, kann sie bald das rechte Bein probeweise belasten. Doch Puschel zieht sich wieder Entzündungen zu, unter anderem an den Füßen – die Chemo muss unterbrochen werden.

Eine neue Selbstständigkeit – Puschel kann sich so richtig freuen, mit dem »Grizzly« stundenlang durch die Natur zu fahren, Fotos zu machen und Gottes Schöpfung zu genießen.

In ihr Tagebuch schreibt sie am Sonntag, 24. Februar 2008:

Viele Tage sind vergangen, und viele Dinge sind passiert. Diese Woche soll die letzte geplante Chemo starten. Es ist für mich unglaublich. Vater, es ist, als wenn mein »Leben« wieder neu beginnt. Ich kann es trotz allem nicht fassen. Das vergangene Jahr war voller kleiner und riesengroßer Ereignisse. Wir haben viel gemeinsam gelacht und viel geweint und noch mehr gebetet. Vater, du hast uns viel gelehrt. Danke für die Zeit und für die Kraft, die von dir allein kam. Die OP verlief sehr gut. Gott hat meine Nerven für die Kontinenz bewahrt. Und ER hat mir geholfen, den durchtrennten Ischias zu akzeptieren und die Muskeln/Nerven, die noch leben, zu trainieren – trotz Chemotherapien. Anfangs dachte ich, wie es wohl ist, keine Schmerzen zu haben und wieder Kraft zu besitzen. Nach und nach haben die Schmerzen wirklich nachgelassen und die Kraft zugenommen.

Die ganze Zeit hindurch hat mir Gott Menschen an die Seite gestellt, die mich ermutigten. Immer wieder durfte ich hören, wie meine Krankheit anderen zum Segen geworden ist und wird. Wie kann ich Gott wegen irgendetwas anklagen? Mein lieber Vater, danken möchte ich dir auch für die sauberen MRTs. Möge es weiterhin so sein. Aber, dein Wille soll geschehen.

Vater, segne bitte die Bibellese-Zeiten, die ich mit Judith und Maria angefangen habe. Du möchtest alles von uns hören und mit uns reden. »Da kann man nur staunen über Gott ... wie viel schöne Stunden hat mir Gott bisher geschenkt ...«

Als die letzte vorgesehene Chemo vorbei ist, kann Puschel zu Ostern sogar am Gottesdienst unserer Gemeinde teilnehmen – ein Meilenstein in all dem Hin und Her. Mit den jungen Mädels aus unserer Gemeinde verabredet sie sich nun auch immer wieder zum gemeinsamen Bibellesen. Es geht aufwärts ...

21. April 2008 – Ihr meine lieben Freunde,
ein Jahr ist vergangen, seit ich das kleine tropische Land El Salvador in Zentralamerika verlassen habe und nach Deutschland

zurückkehren musste. Ich nenne es den Übergang in meinen zweiten Lebensabschnitt. Noch nie war ich so offensichtlich an der Grenze zwischen Leben und Tod. Ja, wir können jederzeit aus so vielen verschiedenen Gründen sterben. Aber selten bekommen wir es vorher gezeigt oder gesagt. »Danke, Herr, dass ich leben darf! Dir gebührt Lob und Ehre!« Manches Mal habe ich IHN gebeten, die Schmerzen von mir zu nehmen, IHM aber immer gesagt: Dein Wille geschehe. Als ich nicht mehr so recht allein beten konnte, da habt ihr mitgeholfen. Auch das ist für mich eine große Gnade. Ihr habt mich so mit euren Gebeten begleitet, dass der Friede, den ER gibt, nie von mir gewichen ist, auch dann nicht, als ich vor der kleinen und großen OP stand, oder in den Zeiten, in denen ich weit weg von der Realität im »Nirwana der Chemo« war … So habe ich SEINE große Familie erlebt! Heute ist vieles anders als vor einem Jahr. Und ich danke Gott für alles, was ER mir geschenkt hat, auch durch euch alle.

In meiner Familie hat sich auch manches verändert. Wir alle haben Gott so sehr erlebt! Wir hätten es uns so nie ausgesucht. Aber wir haben gesehen, dass SEINE Wege gut sind. Und ich wünsche nichts mehr, als dass wir alle, auch ihr alle, neu entdecken, dass ER treu zu uns steht und einfach nur auf unser Vertrauen wartet. Danke für alles! Danke für eure Liebe, für euer Beten, für euer Tragen mit mir, mit uns. ER ist da! IHN will ich loben mein Leben lang!

Ich liebe das Leben

Aufschwung

7. Mai 2008 – Mein Lebensteil Nummer 2 beginnt!

Thank you, father, for these days. Every day I get stronger and you let me see the beauty of your world ...[31] *Hilf mir, Herr, mich an all dem zu erfreuen. In allem will ich dir die Ehre geben. Ich will geduldig sein und Schritt für Schritt weitergehen.*

Wirst du mir ermöglichen, ein Pferd zu haben?

Gib mir immer den einen Wunsch: Ganz nah bei dir zu sein!

Zurzeit sind Eva und Julia hier. Lass sie DICH sehen in allem, was wir gemeinsam tun. Danke für Inges und auch Myris Besuch über Ostern. Ob es möglich wird, über Pfingsten nach Aidlingen zu gehen?? Wenn nicht, dann will ich Geduld haben.

In diesem Mai geht es für Puschel deutlich aufwärts. Ob sie das jährlich stattfindende Pfingstjugendtreffen in Aidlingen besuchen kann, ist für sie angesichts der Schwankungen in den Blutwerten fraglich. Aber es klappt doch. Sie übersteht die mehr als achtstündige Fahrt sehr gut und genießt das Wiedersehen mit den vielen Freunden im Süden Deutschlands.

Puschel trifft ihre Freunde in Aidlingen.

27. Mai 2008 – Nun bin ich 25 Jahre und ... Danke, Vater, für all meine lieben Freunde, jeden Einzelnen, durch den du deine Liebe weitergibst. Herr, ich bin nichts, und trotzdem bin ich wertvoll vor dir. Wie kommt das? Ich möchte am liebsten mein ganzes Leben damit verbringen, über dich nachzudenken bzw. darüber, wer du bist. Und gleichzeitig möchte ich vieles machen. Ich liebe das Leben, das du mir gegeben hast. Hilf mir, das Richtige zu tun, den Weg zu gehen, den du für mich vorgesehen hast. Erst einmal Danke für diesen Tag! Ich habe ihn mit ein

---

31 Deutsch: Danke, Vater, für diese Zeit. Ich werde Tag für Tag kräftiger. Und du lässt mich die Schönheit deiner Welt sehen ...

paar neuen T-Shirts und einem neuen Handy anfangen können. Und dann ... – na? – bin ich mit Cia[32] *geritten. Und ich bin alleine galoppiert! Dann habe ich Tortilla gegessen, bin zu Plassis gefahren und habe Bilder von früher angesehen. Nach der Physio kam Judith, irgendwann Bobbel, dann Titus mit Familie. Kai war eh bei Silas. Maria ist dann auch gekommen, als alle anderen wieder weggefahren sind. Daniel hat mich mit einem Anruf beglückt und daraufhin auch Myri. Der Gebetskreis hat mir auch noch ein Lied gesungen mit der ganzen Familie Zinser. Nach einem Telefonat mit Eva habe ich ein Video mit Cia und Tanze*[33] *geschaut. Ich habe E-Mails gecheckt und die Homepage übersetzt ... Das war's mit den vielen lieben Freunden. Danke!*

Für Puschel ist es eine enorme Ermutigung, viele ihrer Freunde beim Pfingstjugendtreffen in Aidlingen wiederzutreffen. Sie hat die meisten jahrelang nicht gesehen.

---

[32] Lucia, Puschels Kindheitsfreundin aus dem Dorf

[33] Konstanze, Lucias Schwester

Ein gebrochenes Wadenbein im Becken

Fast ein Jahr nach der großen Operation bekommt Puschel plötzlich unerklärliche Schmerzen. Schnell finden die Ärzte heraus: Das Wadenbein, das im Becken eingesetzt wurde, ist durchgebrochen. Die Ärzte sprechen von einem Ermüdungsbruch infolge der Chemo, da diese die Neubildung von Zellen verhindert hat. Das ist für Puschel bei dem schönen Sommerwetter sehr schwer, aber auch jetzt büßt sie ihre Fröhlichkeit nicht ein. Wer kann schon von sich sagen, dass sein Wadenbein im Becken gebrochen ist?

In ihrem persönlichen Tagebuch spielt dieses Ereignis keine Rolle. Jedoch hat sie mit vielen Schwächephasen zu kämpfen, die es ihr schwer machen, jeden Tag etwas für ihr Tagebuch zu schreiben. Als dann neue Untersuchungen anstehen, schreibt sie aber doch:

18. Juni 2008 – Gestern waren wieder Untersuchungen. Wieder sind drei Monate vergangen. Herr, lass die Ergebnisse positiv ausfallen! Aber dein Wille geschehe! Vater, wenn ich höre, wo Menschen hingehen, um dich in der Mission zu verkündigen, da krabbelt es in meinem Bauch, und am liebsten würde ich noch heute in ein Flugzeug steigen, um ein neues Land kennenzulernen.

Wundersame Begegnung mit Lara

Zu meinem Geburtstag habe ich einen Brief von einer Lara bekommen, einer Enkelin eines Freundes von Opa, der Pastor in Güstrow war. Sie ist per »Zufall« auf meiner Internetseite gelandet. Nach Pfingsten hat Myri eine E-Mail von einer Anna (16) bekommen, deren älteste Schwester Karin unheilbar Krebs hat. Der Anna, die wie ihre Eltern kein Christ ist, wollte Myri ein Buch zukommen lassen, das eine Freundin von Karin abholen sollte. Als die beiden sich trafen, stellte sich heraus, dass es dieselbe Lara war, die mir den Brief geschrieben hatte. Verwirrend, oder? Das war Gottes Verbindung. Er hat Humor. Er liebt es, uns ins Staunen zu bringen.

Es entwickelt sich eine Freundschaft zwischen Lara und Puschel, die bis an Puschels Lebensende Bestand hat. Lara, die selbst sehr krank ist, ist für Puschel ein »wandelndes Wunder«. Puschel freut sich über die Maßen, als sie Monate später erfährt, dass Lara trotz ihrer dauerhaften Krankheit einen jungen Mann namens Joe getroffen und dann geheiratet hat. Noch glücklicher ist sie, als sie von Lara die Nachricht bekommt, dass sich sogar Nachwuchs angemeldet hat.

Video-Interview mit Puschel

Puschel bekommt Stück für Stück Kraft für neue Aufgaben:

> *Daniel hat mich gefragt, ob ich die Bühne fürs Teens Camp [in Gärtringen] gestalten und ein Interview auf Video aufnehmen kann. Herr, ich brauche dich! Du hast uns aufgetragen, von dem zu berichten, was du in unserem Leben tust. Dann hilf mir bitte bei der Ausführung!*

Die Videos für das »Teens Camp« in Gärtringen werden tatsächlich gedreht. Ein Freund, Dominique Pfeiffer, der bei einem Musik-Camp in Bülow die geistliche Leitung hat, interviewt Puschel in sechs Teilen. (Auf *YouTube* unter dem Stichwort »Lydia Holmer« oder »Puschel Holmer« zu finden.) Und die Kulissen und Bühnendekorationen gibt es heute noch. Immer ist es Puschels großes Anliegen, so vielen jungen Menschen wie möglich etwas von ihrer Freude mit Gott, von ihrem Vertrauen und ihrer Liebe zu ihm mitzuteilen. Dafür ist dies eine gute Gelegenheit. Die Ewigkeit ist für sie real. Es ist die Dimension, die ihr Leben bestimmt, und zwar in allen Bereichen.

> *24. Juni 2008 – Vater, heute kam der Bescheid, dass die Untersuchungen so weit gut verlaufen sind. Oh, ich weiß nicht, wie ich dir danken soll oder kann. Da kommt einem schon mal die »Was-wäre-wenn«-Frage in den Sinn. Doch genau das darf ich bei dir abgeben. Jesus, du weißt, wie es mir geht. Hilf mir bitte, mehr Konzentration am Tag zu haben, damit ... ach, ich möchte bewusst mit deiner Gegenwart leben, dir zeigen, wie lieb ich*

dich habe, wie dankbar ich für deine Gnade bin. Wie soll ich es der Jugend zeigen? Ich möchte, dass sie dich – Jesus – Vater – Heiliger Geist – am Freitag, wenn Maria und ich Jugendstunde halten, sehen!«

Die meisten in der Jugend unserer Gemeinde lieben es, mit Puschel gemeinsam über Gott nachzudenken. Es gibt eine große Offenheit, wenn sie zum Bibellesen einlädt. Eine ganze Generation dieser jungen Leute wird davon nachhaltig geprägt. Puschels einziger Wunsch ist, dass sie Jesus sehen und Gottes Herrlichkeit erleben, wenn sie mit ihr zusammen sind.

Dazu schreibt Maria, eine Jugendliche, die eine gute Freundin wird (und heute die Verlobte von Puschels kleinem Bruder ist …):

Im Jahr 2008 hat Puschel einen Mädchenhauskreis ins Leben gerufen. Damals wusste ich noch gar nicht, was ein Hauskreis ist, deswegen hieß es einfach »Bibel lesen«. Ich bin nicht sicher, ob es von Puschel beabsichtigt war oder ob es sich einfach so ergeben hat, dass wir eine reine Mädchenrunde waren. Sie hat das Ganze auch immer vorbereitet, und oft gab es auch zwei, drei Fragen zum Nachdenken als Hausaufgabe mit. Einmal sagte ich Puschel am Sonntag, dass ich am Dienstag nicht kommen würde, weil ich am Mittwoch Biologie hätte und dafür noch so viele Hausaufgaben erledigen und lernen müsste. Sie antwortete mir nur: »Maria, die Zeit, die du für Gott einsetzt und mit ihm verbringst, wird er dir wiedergeben, oft sogar noch mehr.« Was sollte ich auf diesen weisen Satz schon antworten?! Montags in der Schule hieß es: die Biologielehrerin ist krank, und der Unterricht am Mittwoch fällt aus … Gott hatte mir also die Zeit schon im Voraus zurückgegeben. Dieses »Zeitmanagement« hat mich seitdem begleitet, auch wenn ich es mir in Studienzeiten immer wieder neu bewusst machen musste. Dennoch habe ich diesen guten Satz von Puschel schon an viele Leute in einer ähnlichen Situation weitergegeben. Zeit mit Gott ist am wichtigsten!

17. August 2008 – Mein Füller war in der Zwischenzeit weg, aber dieses Buch hat ihn nicht vermisst … Wir hatten

Enkelkinderfreizeit, Fritz war hier, Silas war auf Seminar und ist nun abgereist nach Äthiopien und dort gut angekommen. Aber man kann etwas Heimweh [aus seinen E-Mails] herauslesen ... Wir waren noch zusammen in Schweden und haben meine liebe Holsby-Familie wiedergesehen und unter anderem auch JoHo mit seiner Familie wiedergetroffen. Ich hatte ein wenig Zeit, um mich mit JoHo zu unterhalten. Es war sehr schön, und ich hoffe, ihn hier in Deutschland wiederzusehen. Myri ist gerade mit Luis und seiner Schwester und Mama hier. Myri ist mit Daniel seit etwa einer Woche enger befreundet. Lass sie beide glücklich mit DIR werden! Habe lange nicht mit El Salvador telefoniert. Ich hoffe, dass es allen gut geht. Segne die Menschen dort und die Arbeit und vor allem die Kinder.

Fülle jede Ecke meines Herzens, Jesus. Mein Leben gehört nur dir allein.

Annelie

Alle, die Puschel besuchen, um nach ihr zu sehen, sie zu trösten oder aufzumuntern, werden von ihr getröstet, ermutigt, inspiriert. Gern erzählt sie den Sommer-Kinder-Gruppen, die auf unserem Gelände Freizeiten abhalten, aus ihrem Leben.

28. August 2008 – Heute war wieder eine Gruppe von Kindern da. Eine Freizeit von Tante Mary. Ich durfte ihnen von dir erzählen und was du in meinem Leben getan hast. Lass sie dich sehen, wenn sie daran zurückdenken (Matthäus 5,14). Fülle du meine Gedanken jeden Tag neu. Fülle sie mit dir und deiner Liebe, damit meine Mitmenschen gerettet werden.

Annelie arbeitet als jugendliche Betreuerin bei einer dieser Kindergruppen mit. Etwas abseits sitzend hängt sie an Puschels Lippen, als würde sie jedes Wort einzeln aufsaugen. Sie bleibt auch nach Puschels Erzählung noch sitzen und stellt ihr jede Menge Fragen. Puschel freut sich darüber, erzählt gern weiter. Nach den Tagen dieses Camps auf unserem Grundstück kommt Annelie noch einmal zu

Puschel – zu einem langen Gespräch. Zwei Tage später wollen wir mit einigen Jugendlichen nach Schweden fahren. Und plötzlich sagt Puschel: »Sollten wir nicht Annelie mal fragen, ob sie mitkommen möchte?«

»Klar, fragen können wir ...«, sage ich.

Annelie – später wundert sie sich selbst darüber – sagt Ja. Danach ist sie häufig für längere Zeit in Bülow. Später erzählt sie über diese Zeit:

Anfangs dachte ich noch, dass ich Puschel einen Gefallen tun würde, wenn ich so viel Zeit mit dem »armen, kranken Mädchen« verbringen würde. Es kam genau andersherum, denn sie brachte mich nach und nach mit der inzwischen wichtigsten Person in meinem Leben in Verbindung. In dieser Zeit durfte ich sehen, wie Puschel mit Jesus den Alltag meisterte. Ich hatte Teil an Gebeten, dem Bibellesen und den Gesprächen, die eine vertrauensvolle Zuversicht in Jesus widerspiegelten. Trotz meines anfänglichen Zögerns oder sogar Misstrauens habe ich wenige Monate später mein Leben in die Hand dieses Herrn gelegt. Hier gehörten die Worte der Bibel so normal wie das Essen selbst in den Alltag hinein. In dem, was ich da von dem Vater im Himmel hörte und im alltäglichen Leben von Puschel und ihrer Familie sah, entdeckte ich, dass die Bibel lebendig ist.

»Ich wollte ihr einen Gefallen tun, doch es kam andersherum.«

Ich sah, wie Puschel durch ihre Verbundenheit mit Jesus in so vielen schwierigen Situationen die Kraft und den Mut hatte, neue oder ungewöhnliche Wege zu gehen. Am meisten aber beeindruckte mich ihre Dankbarkeit in allen Lebenslagen. Oft fand ich selbst nichts zum Danken – sie schon. Sie erinnert mich heute noch daran, dem Herrn für alles dankbar zu sein (Epheser 5,20). Ich bin es jetzt vor allem dafür, dass ich Gott sehen lernte, der auf seine Weise durch Puschel in meinem Leben gewirkt hat.

Keine Berührungsängste

12. September 2008 – Ich habe meine erste Spiegelreflexkamera (D80 von Nikon) bekommen.

16. September 2008 – Es ist das erste Mal, dass ich während der Krankenhausaufenthalte außerhalb der Klinik [bei Dehns in Lobetal] übernachten darf. MRT- und CT-Ergebnisse sind schon fertig. Vater, ich glaube, in extremen Situationen weiß man Gutes zu schätzen, wenn alles im Leben einmal schlecht verlaufen ist. Und heute ist in mir eine tiefe, sehr tiefe Dankbarkeit. Jesus, wir haben heute so viele nette Menschen getroffen. Viele haben uns freundlich weitergeholfen.

Heute ist mir aufgefallen, dass ich mittlerweile wieder sehr viel Energie besitze. So wie Alex in einer E-Mail schrieb: »... du tust mehr als ich, die ich oft zu träge bin.« Das weiß man manchmal erst zu schätzen, wenn man die Energie einmal nicht mehr hatte. Weshalb fehlt uns oft die tiefe Dankbarkeit für das Leben? Muss es uns erst genommen werden, bevor wir es schätzen? So komme ich bei vielen Lebensfragen wieder zu DIR zurück. Du bist A und O – Alpha und Omega! Lass es auch in meinem Alltag so sein!

Es betrübt Puschel, dass die meisten anderen Patienten, die sie kennenlernt, still vor sich hin leiden und gar nicht wissen, dass sie von Gott geliebt sind und ihr Leid mit Jesus teilen können. Bei jeder Gelegenheit redet sie mit den Mitpatienten über Jesus – dabei hat sie so erstaunlich wenig Berührungsängste, dass ich manchmal befürchte, dass es den anderen Patienten vielleicht zu viel sein könnte. Aber es ist nie zu viel! Die Menschen hören Puschel zu, lachen mit ihr, stellen Fragen und saugen die Liebe Gottes, die ihnen durch diese vom Krebs gezeichnete, aber fröhliche Frau begegnet, wie ein trockener Schwamm auf.

Die Patienten hören Puschel zu.

Im Sommer wird Puschel Patentante. Ihre kleine Nichte Salome ist geboren und wird getauft. Puschel freut sich und betet viel für Salome.

Im Spätsommer 2008 hat sie jedoch einen anderen großen Wunsch: Sie möchte an der Hochzeit ihrer Gärtringer Freundin Steffi teilnehmen. Das aber bedeutet eine extrem lange Fahrt mit dem Auto. Hinzu kommt, dass sie in den Tagen davor wieder einen Untersuchungstermin in Berlin hat. Und da weiß man nie ... Das gebrochene Wadenbein im Becken ist noch nicht verheilt. Doch in

Berlin verläuft die Untersuchung schneller als gedacht. Puschel bekommt grünes Licht für eine stärkere Belastung des rechten Beins.

Wir haben ein großes Auto, in dem sie bequem liegen kann. Und so können wir die Fahrt ins Schwabenland in Angriff nehmen. Doch bei der Hochzeit anwesend zu sein, ist für Puschel nicht genug – sie möchte dem Brautpaar eine besondere Freude machen: Zu Hause und auf der ganzen Fahrt muss ich mit ihr einen Sketch von den ostdeutschen Komikern Herricht und Preil einüben, den wir dann zusammen aufführen ... Das ist Puschel!

22. September 2008 – Nun sind schon wieder zwei Tage nach JoJos und Steffis Hochzeit vergangen ... Heute Abend durfte ich im Mädchenkreis in Gärtringen aus meinem Leben erzählen. Vater, wie so oft war ich mal wieder nicht vorbereitet. Trotzdem hast du mir geholfen. Eigentlich war es wahrscheinlich genau das, was die Mädels hören mussten. Danke, Vater, für deine Hilfe und Treue. Nicht nur dieses Mal, sondern auch die vielen anderen Male, wo ich in Bülow für Kinder erzählen durfte. So langsam darf ich lernen, in der Öffentlichkeit von dir zu reden. Fülle du immer mein Herz mit Liebe – mit deiner Liebe, damit es zu meinen Mitmenschen hinüberscheint. Danke für die Hochzeit! Der Gottesdienst war zu deiner Ehre. Du warst der Mittelpunkt. Das war sehr schön. Gib, dass Papa die Zeit genießt und nicht bereut, dass wir gefahren sind. Setze auch die folgenden Tage bei Eva, Maus und JoHo zum Segen. Dir zur Ehre sollen sie sein! Danke für mein Leben. Danke, dass ich noch leben darf.

Eine Reha im Visier

23. Oktober 2008 – Vater, du weißt, dass ich eine Reha vor mir habe. Es soll eine Reha für meine Beziehung mit dir sein. Ich möchte mich auf die Zeit freuen. In der Zeit, in der ich Ruhe habe, möchte ich Zeit mit dir verbringen. Beten, Bibel lesen, Musik hören, malen, spazieren gehen ... alles mit dir zusammen. Zeige mir, wohin ich gehen soll. Mich verlangt nach dir. Möge es noch viel mehr ein »uns« werden. Darf noch jemand

Platz haben? Das soll deine Entscheidung sein. Öffne Türen und schließe andere. Sprich mit mir ... Nur deinen Weg möchte ich gehen.

Segne auch den Termin beim Arbeitsamt.

Hilf mir, dass das Bild, das ich für Schweden male, deine Herrlichkeit widerspiegelt.

Bitte hilf mir auch, vom Morphin runterzukommen. Danke, dass die Therapie bisher möglich war. Danke, dass die Schmerzen besser werden. Lobe den Herrn meine Seele und was in mir ist ...

Immer öfter kann Puschel nun wieder E-Mails schreiben. Sie will nicht nur daliegen und nichts tun können, sondern sie möchte andere ermutigen.

29. Oktober 2008 – Es ist nur Gnade, dass ich noch lebe. Wenn ich Bilder von 2007 sehe, dann wird mir ganz anders. Vater, du hast mich aus einer Tiefe herausgezogen, die mit Freud und Leid durchtränkt war. Oder wäre es gnädiger, wenn ich gestorben wäre? Diese Frage kann ich nicht beantworten. Herr, ich brauche Weisheit. »Zeige du mir, Herr, den Weg!«

Wir hatten ein gesegnetes Bibellesen. Vater, ich stehe immer in deiner Schuld. Wir haben über Sünde gesprochen. Davon, dass wir alle Sünder sind. Obwohl es dir unsagbar wehtut, die Sünde zu sehen, gibst du dich immer wieder mit uns ab.

Herr, wenn du mir nichts anderes, Besseres über den Weg bringst, dann werde ich mich um eine Reha nach Füssen bewerben und eine Umschulung in Heidelberg als Mediadesignerin machen. Ist das dein Wille?

Es ist (fast nie) Alltag ...

11. Dezember 2008 – Danke, dass ich deine Liebe durch meine Eltern und Geschwister und Freunde sehen kann. Danke für mein Leben hier in Bülow bis nach El Salvador. Danke für meine Kindheit hier auf Erden. Liebe, von der ich lebe, möchte ich liebend auch anderen weitergeben. Donna fragte, ob ich ein Buch über mein Leben schreiben könnte. Möchtest du das? Wenn, dann über dich! Soll es über Dankbarkeit gehen? Etwas, das Leser zum Danken verändert? Wer sollte es schreiben?

Vater, danke für Mutti. Sie arbeitet täglich so hart. Segne sie dafür, zeig mir, wie ich sie entlasten kann, und gib mir dann die Kraft, es zu tun. Ich habe sie lieb, lass sie das sehen.

Lass Rebekka dein Kind werden und alle in der Jugend, die es noch nicht sind. Diejenigen, die sich entschieden haben – mögen sie ein tiefes Verlangen nach dir entwickeln. Ich habe dich lieb, Jesus!

15. Dezember 2008 – Nun sind es schon wieder drei Monate. Wieder Untersuchung. Morgen müssen wir wieder fahren.

Ich wollte es aufschreiben, aber ich habe meinen Füller gesucht. Ich habe dich gefragt und bubs – da war er in meinem Rucksack vom Bett aus zu sehen. Warum komme ich immer so spät zu dir? Warum, wenn alles am Überlaufen ist?

Vater, lass nie mehr Tumorzellen wachsen – wenn es dein Wille ist. Du hast mich geschaffen. Dir gehört mein Leben.

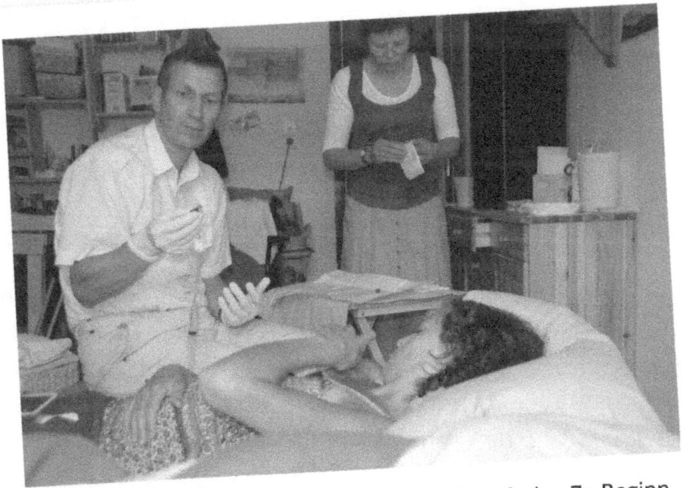

Jedes Portnadel-Legen ist eine Gemeinschaftsaufgabe. Zu Beginn wird immer gebetet. Gott hat stets Gelingen geschenkt.

Mitte Dezember wird Puschel untersucht: Röntgen, CT, MRT, HNO, EKG, Blut. Und alle Ergebnisse sind, laienhaft ausgedrückt, positiv! Medizinisch heißt das »negativ« – man hat nichts (Schlechtes) gefunden. Und das heißt, dass Puschel eine Reha angehen kann. Gestern haben wir den Bescheid von der Krankenkasse bekommen, dass die Reha genehmigt ist, wenn wir die Fahrtkosten zum größten Teil selbst übernehmen. Das werden wir natürlich tun. Die Reha soll in einer auf den Bewegungsapparat spezialisierten Einrichtung in Füssen stattfinden.

31. Dezember 2008 – Nun hast du die Reha zugelassen. Ich wünsche mir, dass es für uns eine wird. Dich mehr kennenlernen. Oh, und was kann ich dir nur zu den Ergebnissen ohne neue Tumorzellen sagen ...? Was für Worte wären da annähernd gut, um dir dafür zu danken. Danke, Vater, dass du meinen Körper schon so bald »geheilt« hast. Ich gebe dir die Problematik mit den Schmerzen – hilf mir! Wenn es dein Wille ist, dann nimm meine Schmerzen oder hilf mir, sie zu ertragen.

Vater, ich danke dir, dass wir durch die Suche nach Küchenstühlen auf meine neue Matratze gestoßen sind. Danke, dass gerade an dem Tag auch das Geld vom Arbeitsamt da war [sodass wir sie kaufen konnten]. Danke, dass ich dadurch nachts weniger Schmerzen habe. Loben und preisen möchte ich dich für mein Leben. Danke, dass ich dir gehören, dich kennen darf. Danke, dass du es liebst, mit mir Zeit zu verbringen. Myri und Daniel haben sich heute verlobt. Segne ihre Ehe. Danke, dass du für Myri einen Mann »gefunden« hast.

Die Freunde und Verwandten, die einen Zugang zum Internet haben, schätzen es, dass sie Puschels aktuellen Gesundheitszustand auf der Homepage verfolgen und alle Briefe, die Puschel schreibt, nachlesen können. Viele bitten später: Lasst doch die Seite dauerhaft bestehen. Das tun wir gern. So kann man alle Einträge und Briefe weiterhin dort nachlesen.

11. Januar 2009 – Ich habe von Myri eine Präsentation bzw. ein Buch bekommen. Es ist ein Ausdruck von den Homepagebildern seit 2007 im April mit den Briefen, die ich für alle geschrieben habe.

Die Zeit scheint auf einer Seite so fern zu sein, aber auf der anderen Seite sehr nah. Wenn ich die Briefe lese, bekomme ich eine Gänsehaut und Tränen bleiben nicht aus. Was für eine tiefe Dankbarkeit steckt in meinem Herzen!

28. Januar 2009 – Schon in der letzten Woche durfte ich zweimal schwimmen gehen. Ohne Krücken (im Wasser) laufen, das ist echt schön. Meinst du, Herr, ich werde eines Tages komplett ohne Krücken laufen können? Vater, darf ich dazu die Reha nutzen? Ich sage nicht oft genug Danke für alles, was du für mich getan hast und tust. Lass mich dich nie aus den Augen verlieren! Du sollst bei Tag und Nacht meine Gedanken füllen. Was kann besser sein, als in deiner Gegenwart und unter deinem Willen zu sein?

Reha in Füssen

Wird die Reha eine Auffrischung für uns zwei sein? Danke für die Zeit, die du schenken wirst. Danke, dass ich aber schon alleine reiten kann. Lass meine Schmerzen doch weggehen, damit ich die Reha noch besser nutzen kann. Sollte es nicht dein Wille sein, dann hilf mir, es zu ertragen.

Auch diesmal gehen die Gebete um Schmerzfreiheit nicht in Erfüllung. Doch Puschel hat auch gebetet: »Sollte es nicht dein Wille sein, dann hilf mir, es zu ertragen.« Das tut Gott. Wir fragen uns allerdings schon manchmal: Warum nimmt er ihr die Schmerzen nicht ganz weg?

5. Februar 2009 – Nun sind wir am Packen. Gestern waren meine Schmerzen noch so, dass ich nicht wusste, was das werden soll. Heute habe ich etwas mehr Ibuprofen genommen, und es ist trotz allem viel besser zu ertragen. Danke, dass du meine Gebete und die von manch anderen erhört hast. Danke für deine Gnade. Segne morgen Opas Geburtstagsfeier. Segne die

Begegnungen. Lass unsere Gespräche dir zur Ehre und den anderen zum Segen werden. Dich möchte ich loben!

Und dann liegt mir der Besuch am Bodensee am Herzen, Vater. Wenn du möchtest, dann werde ich mich hinstellen [und den Studenten einen Vortrag halten] in der Gewissheit, dass du mir zeigst, was ich sagen soll. Und dann mach mich ruhig wie einen Adler in der Luft.

Und die Reha lege ich in deine Hände. Zeige uns, was gepackt werden muss; mach mich ruhig und lass mich frohen Mutes bleiben. Es soll unsere Zeit sein. Ein Urlaub zu zweit. Du und ich!

Es ist der 8. Februar 2009 – Puschel kann noch zur Feier des 80. Geburtstags ihres Opas in Serrahn mitkommen. Vor drei Tagen ist ein Buch von ihm bei SCM Hänssler erschienen: *Uwe Holmer – der Mann, bei dem Honecker wohnte*.
Doch für Puschel steht nun die Reha im Vordergrund.

11. Februar 2009 – Füssen! Danke für die bewahrte Fahrt hierher und für die Gemeinschaft mit Mutti, Papa, Maria und Maus und für den Besuch am Bodensee. Seit ein paar Wochen habe ich verstärkt Schmerzen, und in den letzten Tagen war es noch schlimmer. Heute Nacht bin ich nun schon zum zweiten Mal aufgewacht und musste bis jetzt um vier Uhr schon 60 mg Morphin und 800 mg Ibu[34] *nehmen, was die Schmerzen nur bedingt verändert hat. Vater, hilf mir bitte, diese Wochen hier durchzustehen. Zeige den Ärzten, was Sache ist. Gib ihnen Weisheit, damit die richtige Therapie folgen kann. Und dann gib mir Kraft und Freude und deinen Frieden. Hilf mir auch im Umgang mit meiner Zimmerkollegin. Mögen, wer auch immer hier sein wird, alle dich sehen. Das wäre ein großes Geschenk, wenn sie nicht mich, sondern dich sehen. »Ich schaue hinauf zu den Bergen – woher wird meine Hilfe kommen? Meine Hilfe kommt vom Herrn, der Himmel und Erde gemacht hat.«*[35]

---

[34] Ibuprofen
[35] Psalm 121,1-2

Eine Reha, die keine ist

Ein Fehler mit Folgen

An dieser Stelle wollen wir schon jetzt etwas schildern, damit man die Dramatik, die sich hinter dieser Zeit in Füssen verbirgt, versteht. Wir sind im Vorfeld der Reha in Berlin, um umfassende Untersuchungen (CT, MRT, Röntgen) machen zu lassen. Am Ende dieser Untersuchungen kommen die Berliner Ärzte zu der Einschätzung, dass Puschel eine Reha bedenkenlos in Angriff nehmen kann. Alle Werte sind gut, alles – an den Umständen gemessen – bestens. So beginnt Puschel voller Elan diese Reha, in der Muskeln aufgebaut und Knochen wieder belastet werden sollen. Wir unterstützten sie, so gut wir können. Für einige Tage mieten wir uns in einem Hotel in der Nähe der Rehaklinik ein, um Zeit mit ihr zu verbringen.

Puschel beginnt voller Elan.

Was niemand weiß, ist die Tatsache, dass man in Berlin völlig übersehen hat, dass ihre Beckenknochen an einer Stelle gebrochen und an anderer Stelle angeknackst sind. Unter diesen Umständen hätte eine Reha nie durchgeführt werden dürfen.

Alle wundern sich über Puschels starke Schmerzen. Trotzdem beißt sie sich durch und beginnt mit der Reha.

18. Februar 2009 – Allein deine Gnade genügt ... In den letzten Tagen, nein, Wochen, war ich nur durch den Wind. Wie soll ich das hier schaffen? Ich bin doch krank! Da kann man sich nicht konzentrieren ... Das sind alles zwar Gründe, zu fragen, aber keine Gründe, aufzugeben. Vater, ich möchte neu lernen, wer du bist. Begleite meine Gedanken. Und im Gegenzug bitte ich dich, mir zu helfen, wieder komplett und sauber laufen zu lernen. Leite du die Reha. Von den Schmerzen zum Training bis hin zu Gesprächen mit Patienten über dich. Lass sie in ihrem und meinem Aufenthalt dich sehen. Nun bin ich schon über eine Woche hier. Mir kommt es schon länger vor. Danke für die Freundlichkeit der Mitarbeiter – »mein Jesus liebt mich ganz gewiss ...«.

Der nächste Fehler ist, dass man in Füssen auch nichts von den Brüchen merkt. Dort werden sogar noch einmal Aufnahmen gemacht, weil man den Schmerzen nachgehen will – die Brüche werden übersehen. Puschel weiß nicht, dass sie all ihre Energie umsonst zusammennimmt und einen aussichtslosen Kampf führt – mit einem gebrochenen Becken kann die Reha bei allem Einsatz nicht viel bringen. Aber Puschel will unbedingt vorankommen im Knochen- und Muskelaufbau!

Uns kommen später schon mal Fragen wie »O Herr, warum denn das auch noch?« Wir wissen es bis heute nicht und werden wohl erst in der Ewigkeit erfahren, worin hier die Perfektion in Gottes Plan liegt. Doch Puschel vertraut Gott auch nach der Reha weiterhin. Und wir lernen es immer mehr, mit ihr zusammen.

Die Ärzte kritisieren Puschels Konsum von Schmerzmitteln immer wieder – doch im Nachhinein sind wir froh, dass wir ihre Schmerzen immer ernst genommen und die Schmerzmittel nie infrage gestellt. haben.

21. Februar 2009 – Mein Vater, ich danke dir, dass es mir so gut geht. Danke für deine Liebe und die Liebe von meiner Familie und meinen Freunden. Du hättest Liebe viel mehr verdient als ich.

Was bedeutet es: Jesus in mir? Galater 2,20 – Ich muss nicht mehr fragen, ob er dies oder das tun kann – als wenn er neben mir wäre. Nein, er ist in mir, und ich kann ihn bitten, dass er seinen Willen und seine Arbeit in mir und mit mir und durch mich tut. Mein Körper ist Sein, mein Gedächtnis ist Sein. Ich will ihm die Möglichkeit geben, mit meinem Leben zu tun, was er für richtig hält. Und ich glaube, dass Christus uns freigesprochen hat. Und damit möchte ich mein Leben genießen!! Mit dir in mir, Jesus! Zeige mir, was das bedeutet. Vater, rette du die beiden, die mit an meinem Tisch sitzen.

4. März 2009 – Heute habe ich schon über drei Wochen hinter mir. Nun habe ich erfahren, dass es nur noch drei Tage geht, dann kann Papa mich hoffentlich abholen. Wir werden sehen. Heute habe ich versucht, trotz meines vollen Plans, ausnahmsweise alles in Ruhe anzugehen, und es lief wie von alleine. Ich weiß, da hattest du deine Hände im Spiel. Dein Friede soll in meinem Leben sichtbar werden. Ich weiß doch: Was auch kommt, es läuft nicht ohne dein Einverständnis. Du sollst mein Herz komplett ausfüllen. Ist da ein Bild, was ich malen soll und in dem ich genau das zum Ausdruck bringen kann? Vater, würdest du mir helfen, damit meine Liebe zur Natur sichtbar wird?

Manchmal sitze ich wie auf einem »Gnubbel« links, und meine Haut ist da auch zum Teil taub. Vater, du gibst uns immer wieder den Befehl: »Fear not« – »Fürchte dich nicht«. So gebe ich dir diese Symptome ab. »My life is in your hands.«[36]

Bitte, lass es etwas Harmloses sein. Doch, Vater, wie auch immer – dein Wille geschehe. Jesus, bitte hilf mir, damit ich aus meinem Leben das Optimum herausholen kann und meine Zeit nicht sinnlos vergeude.

Puschel übersteht die Reha und ist voller Frieden und Hoffnung, dass sie bald besser gehen kann und mehr Kraft fürs Leben hat.

Innere Stärke

Während wir dies schreiben, kommt manchmal der Gedanke, wir hätten ihre Tagebücher früher zu lesen kriegen müssen, um ihr noch mehr Mut zuzusprechen. Andererseits lesen wir auch, dass Gott, dem Puschel so vorbehaltlos vertraut, doch alles im Blick hat und ihr durch jeden einzelnen Schritt hindurchhilft und sie vor allem innerlich stärkt.

12. März 2009 – In Ruhe und Frieden leben, liegt wohl nicht im deutschen Blut. Das Leben hier geht so schnell, dass man sich nie atmen hört. Wenn ich abends im Bett liege, vergeht ein Atemzug – und ich schlafe. Jesus, ich bin dir aber so dankbar, dass ich schlafen kann! Vater, ich liebe deine Natur. Ich möchte zurück nach Hause … Spaziergänge mit dir machen – wie in Schweden. Doch ich weiß: »dein Wille geschehe«. Aber Vater, was ist dein Wille? Werde ich noch lange leben und es ist okay?

---

[36] Deutsch: Mein Leben ist in deinen Händen.

Endlich wieder zu Hause

Auf der Rückfahrt machen wir zwei Tage Station bei den Fackelträgern am Bodenseehof in Friedrichshafen. Puschel freut sich, ihre Freunde zu sehen. Sie wird gebeten, den Studenten aus ihrem Leben zu erzählen – natürlich auf Englisch, was ihr besondere Freude bereitet.

12. März 2009 – Danke, dass der Frühling kommt. Danke, dass ich morgen zu Hause sein kann. Ich freue mich sehr, danke! Danke für dein Tragen durch den letzten Monat. Danke für alle Begegnungen und Möglichkeiten, dich zu bezeugen. Danke für deine Hilfe an dem Abend, an dem ich den Studenten vom Bodenseehof von dir erzählen konnte. Du hast die Zeit wirklich gesegnet! (Siehe Psalm 32.)

Puschel müsste eigentlich viel vorsichtiger sein.

Und dann sind wir – endlich – wieder zu Hause. Noch immer weiß niemand, dass Puschels Becken völlig instabil ist und sie eigentlich viel vorsichtiger sein muss. Sie macht sich Gedanken wegen der immer größeren Menge der notwendigen Schmerzmedikamente. Ein paar Tage später erhalten wir schlechte Nachrichten:

23. März 2009 – Fieber zu haben mit Nervenzucken und gleichzeitig am Telefon zu erfahren, dass Verschattungen in der Lunge gesichtet worden sind, war etwas zu viel auf einmal … Aber Vater, ich danke dir, dass das Fieber heute Morgen das letzte Mal aufgetreten ist. Vater, ich habe Knochen im Becken, die Geräusche machen, sobald ich mich bewege. Doch ich möchte es in deine Hände legen und bitte dich, wenn es dein Wille ist – aber nur dann – meinen Körper zu heilen. Du weißt, was richtig ist. Darauf möchte ich vertrauen. Danke! Ich habe es nicht verdient. Stimmt's, du tust es, weil du mein Vater bist?! Danke, Vater!

Eine große Enttäuschung

Die Geräusche im Becken, die Schmerzen – wir möchten der Sache auf den Grund gehen. Wir bitten den Arzt, der auf so abenteuerliche Weise in unsere Gemeinde kam und jetzt Chefarzt in der Radiologie ist, um eine Untersuchung. Es stellt sich heraus, dass die Beckenknochen gebrochen sind. Er sieht die Aufnahmen von vor der Reha durch und stellt fest, dass dies vorher auch schon der Fall war. Die ganze Reha, alle Anstrengungen unter Schmerzen waren eher schädlich! Uns Gesunden reicht ein kleiner Knochenbruch, um uns »aus dem Verkehr« zu ziehen. Puschel aber muss das so nebenbei abmachen und bekommt dann von Ärzten noch gesagt, sie solle doch bitte den Schmerzmittelkonsum reduzieren. Sie wird still, zieht sich in ihr Zimmer zurück, schreibt Tagebuch. Die Enttäuschung belastet sie. Eva-Maria und ich klopfen an, setzen uns zu ihr ins Zimmer, reden eine Weile und beten gemeinsam. Es fällt mir schwer, die richtigen Worte zu finden. Puschel kann ihre Tränen nicht mehr zurückhalten. Wir bringen Gott alle unsere Enttäuschung. Er hätte es verhindern können. Warum hat er es nicht getan? Nach dem Gebet lehnt sich Puschel in ihrem Bett zurück. Ihre Augen sind noch feucht, aber in ihrem Blick liegt eine tiefe Ruhe. Was sie an dem Abend in ihr Tagebuch schreibt, liest sich dann auch nicht wie eine Anklage.

Puschel kann ihre Tränen nicht mehr zurückhalten.

31. März 2009 – Seit heute ist klar, dass ich schon bei den Untersuchungen in Berlin einen Bruch im Becken hatte. Wir wurden nur nicht darüber informiert. So ist der Bruch fataler, als er wäre, wenn man ihn gleich behandelt hätte. Vater, menschlich gesehen ist es mehr als ärgerlich, aber du möchtest, dass wir die Ärzte nicht beschuldigen oder anklagen, oder? Ich bitte dich, zeig uns doch, wie du es tun würdest. Es ist kaum zu glauben, dass so viel in meinem Körper kaputt ist. Ich weiß nicht, was du damit vorhast, aber hilf mir, weiterhin an dir festzuhalten. Du hast versprochen, dass allen, die an dich glauben, alles zum Guten dient. Ich weiß nicht, wohin meine Situation führt, aber du hast damit etwas vor. Danke für die Ruhe, die du mir täglich gibst. Danke für deine Treue. Ich weiß nicht, wie stabil mein Becken je wird, aber ich bitte dich, dass es zum Reiten wieder reicht. Hilf du mir, dass ich mit zum Pfingstjugendtreffen kann. Und wie ist es mit der Freizeit in Schweden im Sommer oder mal wieder zu Alana!? Was denkst du? Ich weiß, da sind noch andere Dinge oder Menschen wichtig, aber ich würde mich darüber freuen.

Lass das Baby von Gesine und Titus gesund zur Welt kommen.

Gerade sitze ich bei Pro Christ[37]*. Öffne die Herzen der Menschen für dich! Zeige ihnen, was sie an dir haben.*

Puschel gibt trotz aller Rückschläge nicht auf, nimmt sogar neue Ziele in den Blick.

2. Mai 2009 – Befreie bitte meinen Körper von Krebszellen, lass mein Becken wieder zusammenwachsen. Darf ich im Mai eine Anbetungszeit in Schweden erleben? Darüber wäre ich sehr glücklich. Ich danke dir schon jetzt.

Heute habe ich stärkere Schmerzen, bitte hilf, dass sie besser werden und nicht noch mehr Komplikationen kommen. Ich würde mich wahnsinnig freuen, zu Pfingsten all die Menschen treffen zu können, die ich liebe. Hilf, dass Johann ein Gotteskind wird. Segne Eva und ihre Familie. Danke für all dein Durchtragen bis hierher. Danke, dass ich dich habe. Was würde ich ohne dich nur tun?

Erkenntnisse und Bekenntnisse

13. Juni 2009 – Vater, gerade sind so viele Gedanken in meinem Kopf ... Hilf mir, sie zu sortieren und nichts zu übersehen. Jesus, ich weiß, du kannst meinen Körper heilen und mich auffahren lassen wie einen jungen Adler. Mmmm ... Eigentlich

[37] Eine Veranstaltung mit Vortrag, Musik und Rahmenprogramm, bei der sich die Teilnehmer mit Glaubensfragen auseinandersetzen können

dumm: Ich warte ständig darauf zu erfahren, ob ich noch weiterleben werde, aber werde ich es je erfahren? Ich sollte aus meinem Leben machen, was geht. Und den Zeitpunkt, wenn es für mich auf dieser Erde zu Ende geht und ich anfangen kann, mich aufs Paradies zu freuen, werde ich wohl erst wissen, wenn Jesus es zeigt.

Jesus, die Schmerzen hindern mich daran, konzentriert zu arbeiten, z. B. Verse zu lernen. Würdest du mir die Schmerzen nehmen? Und wenn nicht, dann hilf mir, das Beste zu geben und trotzdem das Beste herauszuholen.

Ich weiß, mein Todeszeitpunkt steht für dich fest. Dir, Jesus Christus, sei Lob und Ehre bis in Ewigkeit.

Ihre Gedanken sind stets erfüllt von der Sehnsucht, endlich zur Ruhe zu kommen. Gern sitzt Puschel am See, der direkt an unser Grundstück angrenzt. Hier hat sie Ruhe, hier ist sie mit ihrem Gott allein – ein Grund, weswegen sie ihre Heimat so liebt.

Juni 2009 – Es ist windstiller See. Die Enten schnappen, und man hört nur ab und zu das Blubbern dazu von irgendwelchen Fischen. Die Sonne scheint wunderschön über den See. Es ist friedlich. Gerade erhole ich mich von einer Infektion. Am Donnerstag vor nicht mal einer Woche waren wir in Berlin. Was für ein wunderbares Geschenk! Ich könnte heulen vor Freude. Die Flecken in der Lunge sind weg! Danke für deine Gnade, mehr kann ich nicht sagen. Danke!

Immer wieder geht es auf und ab. Fieberanfälle, Chemos, Bluttransfusionen. Zwischen den Tagebucheinträgen liegen viele solcher Aktionen. Doch wir sind froh über jeden kleinen Fortschritt und jeden neu geschenkten Tag. Dann bekommt Puschel wieder hohes Fieber.

13. Juli 2009 – Mein Jesus, hier bin ich nun seit Samstag in Berlin wegen eines Fiebers, das mich schon seit zwei Wochen ärgert. Ich bekam Antibiotika und das Fieber ist gesunken. Nun steht aber die Frage im Raum, was das Fieber ausgelöst hat. Die Lunge? Ein Abszess im Becken, der operativ entfernt werden müsste, oder sogar ein neuer Tumor? Mein Jesus, ich bin es so müde, krank zu sein. Ich bin es müde, im Krankenhaus zu verweilen. Die Schwestern sind sehr freundlich, dafür danke ich dir. Und die Ärzte auch, aber das ändert nichts an dem Ort. Ich möchte nicht mehr das schwer kranke junge Mädchen sein, wie es heute eine sehr nette Schwester sagte …

Hier hatte ich eine Pause, Papa war inzwischen da. Danke, mein Jesus, für die Ermutigung. Danke, dass er mich aufgebaut hat – und dadurch du mich aufgebaut hast! Wir haben gerade gemeinsam »Herr der Ringe« angeschaut. Da wurde etwas Interessantes gesagt: Du kannst dein Schicksal, wofür du bestimmt bist, nicht beeinflussen oder ändern, aber es liegt an dir, was du aus der Zeit machst, die du bekommen hast. Mein Jesus, hilf mir, Kraft zu haben, damit ich die Zeit, die ich von dir hier auf Erden bekommen habe, sinnvoll nutze, damit so viele Menschen wie nur möglich durch diese Zeit deine Kinder werden und darin wachsen. Psalm 34,6: Jesus meine Zuversicht, Jesus, meine Stärke!

»Papa, kommst du mal?«

»… Berlin ist dran.« Puschel hat zwar das Telefon an ihrem Bett – sie hat gerade mit einer ihrer Freundinnen telefoniert –, doch nun sieht sie die allzu bekannte Nummer aus Berlin auf dem Display. Natürlich nehme ich den Anruf für sie entgegen. Es sind wieder einmal keine guten Nachrichten. Im Becken wurden wieder Tumorzellen gefunden – eine Hiobsbotschaft.

Ende Juli 2009 – Mein Jesus, du hast es zugelassen. Viele haben dich um das Gegenteil gebeten. Aber du hast es trotzdem anders kommen lassen. Noch weiß ich nicht, warum, und ich werde es vielleicht nie erfahren. Ich habe auch kein Recht dazu. Trotz der Nachricht gestern von der Klinik, dass wieder Tumorzellen gefunden wurden, bin ich unbeschreiblich ruhig in meinem Herzen. Es ist, als wenn ich bei Sonnenuntergang am See sitze und keine einzige Welle gegen die Boote schlägt. Das ist der Friede, den du mir versprochen hast – einfach als Geschenk, ohne Verdienst – danke!

Und wieder geht's los …

31. Juli 2009 – Noch hat die Chemo nicht angefangen. Ich sitze heute Morgen am Tisch. Ich bin zwar müde, aber insgesamt bin ich kräftig und würde am liebsten mal verreisen.

Danke für die Freundlichkeit der Schwestern auf der Station. Hilf uns, dass wir mit den Ärzten auch klarkommen. Danke, mein Jesus, für deinen Frieden. Lass Freude daraus wachsen. »Be still and know that I am God!«[38] Nun wird aber gleich die Chemo angehängt. Wie schwach ich wohl davon werde? Mein Jesus, du kannst das Wunder tun und mir Kraft für Schweden und die Hochzeit [von Myri] geben. Du kannst auch dafür sorgen, dass ich mit meinen eigenen Haaren zur Hochzeit fahren darf. Aber wenn nicht, dann soll es mir nicht schwerfallen. Danke, Jesus, dass du mich nie alleine lässt.

In Berlin knüpft Puschel wieder Kontakte zu den anderen Patienten und freut sich, wenn sie ihnen etwas von dem Grund ihrer Fröhlichkeit mitgeben kann. »Papa, würdest du mal wieder zu Mac Doof fahren …«, sagt sie jedes Mal mit einem verschmitzten Lächeln, wenn sie Appetit auf die leckeren Pommes oder Chicken Wings hat. Die scheinen bestimmte Geschmacksverstärker zu haben, die auf jeden Fall einen deutlichen Kontrast zum Krankenhausessen bilden. Bevor ich mich aufmache, fragt Puschel schnell noch ihre Zimmernachbarin, ob sie nicht auch etwas haben möchte: »Papa fährt ja sowieso …« Und ich freue mich, wenn ich meiner oft so fröhlichen Tochter etwas Gutes tun kann. Immerhin geht für uns beide die Zeit auf diese Weise viel schneller vorbei. Oft haben wir auch zwischendurch ein paar Stunden Pause, sodass wir in die Stadt fahren können, um Puschels Freunde Markus Spieker (in der ARD) oder

---

38 Deutsch: Seid still und erkennt, dass ich Gott bin (Psalm 46,11; SLT).

Thorsten Alsleben[39] (im ZDF) zu besuchen oder einfach nur einen Einkaufsbummel zu machen. Ich habe nie zuvor im Leben so viele »Klamottenläden«, die natürlich klangvolle Namen haben, besucht. In diesen Tagen kaufen wir gemeinsam einen Laptop, den Puschel danach überallhin mitnimmt. So kann sie fortan Filme anschauen, E-Mails schreiben oder auch die Internetseite, die ich ja Tag für Tag aktualisiere, verfolgen. Viel wichtiger aber sind ihr die Menschen, denen sie begegnet.

> *August 2009 – Jesus, ich hätte nie gedacht, dass ich die Chemo so gut vertragen könnte. Außer ein bisschen Müdigkeit merke ich bisher noch nichts. Morgen ist Nummer drei an der Reihe. Ein tiefer Dank an dich. Du hast mir in den letzten Tagen so viel Freude mit kleinen und großen Dingen gegeben. Vom Hut bis zum MacBook – und Begegnungen, an denen ich deine Handschrift sehen konnte. Geh diesen Menschen nach, bis sie dir gehören. Auch meinen Zimmerkolleginnen, Frau K. und Linda. Du sollst sichtbar und lebendig für sie werden. Erwecke auch mehr und mehr Julias Interesse …*

»Jetzt bekomme ich schwedisches Blut.«

Zwischendurch kann Puschel sogar noch zu einer Jugendfreizeit in Schweden mitfahren. Dort spielen infolge der letzten Chemo die Blutwerte verrückt. Das war zwar nicht auszuschließen, aber so schnell auch nicht zu erwarten. Normalerweise sollten die Blutwerte erst fallen, wenn wir wieder zu Hause sein würden. Puschel lässt sich davon aber nicht beirren. Sie ist froh, in Schweden sein zu können, und betrachtet es als (un-)willkommene Abwechslung, schwedische Krankenhäuser von innen kennenzulernen. Mit einem Augenzwinkern kommentiert sie die notwendige Bluttransfusion: »Jetzt bekomme ich schwedisches Blut.«

Im Herbst kann Puschel sogar mitfahren zur Hochzeit ihrer Freundin Myriam, die Daniel, einen gemeinsamen Freund aus der

[39] Der Autor des Artikels über *La Casa*. Mit ihm hat sich über die Jahre eine Freundschaft entwickelt.

Aidlinger Zeit, heiratet (den Puschel damals sehr gern selbst besser kennengelernt hätte ...).

22. August 2009 – »Be still and know that I am God.«[40] Ja, Jesus, ich möchte still werden vor dir und sehen, wie du bist. Ich mache meine Aufgabe als dein Vertreter auf dieser Erde noch nicht sehr gut. Ich möchte neu lernen, dir zuzuhören.

Heute haben Myri und Daniel geheiratet. Ich freue mich, dass sie sich gefunden haben. Segne ihre Ehe für sie und die Menschen in ihrem Umfeld. Jesus, ob ich jemals dieses Glück erfassen darf und du mir einen Freund und Mann an meine Seite stellst? Jesus, ich möchte glücklich sein, egal, ob mit oder ohne Partner, sondern allein dadurch, dass ich dir gehören darf! Lass diesen Fakt in mein Herz rutschen und fülle mein Herz mit deinem Licht.

Danke für die aufmunternden Gespräche mit Einzelnen hier.

Danke, dass ich den Port bis hierher nutzen konnte. Bitte hilf mir und gib, dass er sich nicht entzündet. Heile du die Stelle. Ich bitte dich um ein Wunder! Bewahre mich bitte vor Fieber ...!

Segne den Schlaf und die Fahrt morgen.

Lass Linda sehen, dass du mir helfen kannst und möchtest.

Bis nichts mehr geht ...

Puschel bekommt weitere Chemos – bis nichts mehr geht. Bis die Chemos nichts mehr bringen. Bis die Berliner Ärzte Puschel aufgeben. Die Ärzte sagen das natürlich nicht. Doch der Körper verträgt keine Chemo mehr. Puschel und ich sind wieder in Berlin und wissen, dass es, medizinisch gesehen, ein aussichtsloser Kampf ist. Eva-Maria wird immer per Telefon informiert. Sie macht uns beiden Optimisten zusätzlich Mut. Wir möchten nicht aufgeben. Wir wissen: Gott kann! Aber will er auch?

---

[40] Deutsch: Seid still und erkennt, dass ich Gott bin (Psalm 46,11; SLT).

Die Onkologen in Berlin schicken uns zu den Radiologen. Uns ist klar, dass es nichts anderes als ein Beruhigungsversuch ist. Sie wissen, dass Bestrahlung nichts hilft. Doch eine Ärztin sagt: »Wir haben etwas von einer neuen Art der Bestrahlung gehört.«

Als wir in die Radiologie kommen, will man Puschel herkömmlich bestrahlen. Doch das kommt für sie nicht infrage. Das wäre ohnehin nur eine Art Placebo (ein Scheinarzneimittel – ohne tatsächliche Wirkung gegen ihren Krebs). Aber wir geben uns noch nicht ganz zufrieden. Als wir das Thema Schwerionen-Bestrahlung ansprechen, muss die Ärztin passen. Aber sie sagt: »Unser Chefarzt, der weiß da Bescheid, denn der hat bis vor ein paar Monaten dieses hypermoderne Bestrahlungszentrum in Heidelberg mit aufgebaut.« Aber was das genau ist, weiß sie nicht.

Wir warten auf den Chefarzt. Er erklärt alles geduldig und verständlich. So wird klar: Wenn überhaupt eine Bestrahlung sinnvoll ist, dann diese: In einem überdimensionierten Teilchenbeschleuniger werden Atomteilchen (Schwerionen) auf die Krebszelle geschossen, um diese zu zerstören. Relativ schwache Strahlen, die Gewebe oder Organe nicht zerstören, werden von mehreren Seiten und Ebenen losgeschickt. Sie schädigen anderes Gewebe wenig, treffen sich dann aber genau an der Krebszelle und entwickeln dort eine phänomenale Wirkung.

Eigentlich hilft Bestrahlung nicht.

Das ist es für uns. Das Problem: Die Anlage arbeitet noch nicht. Sie wird erst im November regulär in Betrieb genommen. Der Chefarzt verspricht uns, die Kollegen in Heidelberg zu konsultieren. Er hat in ein paar Tagen dort einen Kongress. »Ich rufe Sie an«, sagt er, und wir ziehen doch etwas hoffnungsvoller von dannen.

Puschel genießt jeden einzelnen Tag. Sie kann mit den Schmerzmitteln gut umgehen. Die Portnadeln können wir längst selbst wechseln – wir sind ein gut eingespieltes Team.

Puschel versucht weiter, das Beste aus ihrem Leben zu machen.

5. September 2009 – Hier sitze ich am Steg. Mit meinem Handy kann ich nicht einmal den kleinsten Hauch von der Schönheit aufnehmen, die ich hier auf dem Steg sehe. In der Ferne ist der Mond halb zu sehen und daneben weich gezogene Wolken. Vier Gänse sind über mich mit einer Anmut hinweggeflogen, die ich so noch nie gesehen habe. Ein kleiner Augenblick. Kurz darauf ein riesiger Schwarm von kleinen Vögeln, die im Wind in der Gruppe fröhlich vor sich hinflogen. Lauter kleine Punkte am Abendhimmel. Es wird kälter, der Sommer verschwindet, aber es nimmt nicht den Reiz der Schönheit deiner Schöpfung. Danke, dass du mich – mich, Lydia Holmer – so liebst. Möge meine Liebe zu dir und den Menschen um mich herum noch größer werden als je zuvor.

Ich kann wieder laufen – ohne Krücken!

Puschel liebt die Wiesen, das Seeufer, die Weite und die Freiheit. Sie ist ein Kämpfer und will nicht länger von ihren Krücken abhängig sein. So übt sie wochenlang heimlich, ohne Krücken zu laufen. Auch deshalb ist sie ständig am See ... Und dann, eines Tages, humpelt sie mit den Krücken auf uns zu und sagt: »Kommt ihr mal beide mit runter zum Steg? Ich muss euch etwas zeigen ...« Unterwegs wirft sie die Krücken so weit weg, wie sie kann, und läuft einfach weiter. Sie dreht sich um, breitet die Arme aus, strahlt uns an und sagt: »Na, was sagt ihr jetzt?«

14. September 2009 – Jesus, ich kann laufen! Ich kann ohne Krücken laufen! Es mag für Außenstehende etwas komisch aussehen, aber das ist halt so. Jesus, danke für diese Freude. Seit ca. eineinhalb Wochen habe ich geübt, runter zum Steg zu gehen, und gestern habe ich es Mutti und Papa gezeigt. Was für eine Freude. Danke, Jesus!

Der neue Tumor (Rezidiv) in ihrem Becken wächst jedoch immer weiter. Man kann ihn längst von außen fühlen und sehen. Doch wir können im Moment nichts tun als warten. Aber für Puschel ist es wichtig, dass sie sich Punkte und Ereignisse schafft, die sie nach vorn bringen und ihr neue Lebensfreude geben.

Man kann den neuen Tumor von außen fühlen.

18. September 2009 – Mein Jesus, lege deine Hand auf meinen Körper. Herr, jage alle Krebszellen. Ich möchte leben! Hilf mir, mich an jedem Tag zu freuen und nicht auf Ziele zu warten und dabei den heutigen Tag zu verpassen. Hilf mir, jeden Menschen zu lieben, so wie du ihn liebst. Jesus, meinst du, es wäre gut, wenn ich einen kleinen Westi-Hund haben darf? Ich denke, er könnte mir helfen, auch bei schlechtem Wetter rauszugehen. Öffne die Türen ganz deutlich, wenn es dein Wille ist!

Ein kleiner Hund – das wär's

Puschels Wunsch, einen Hund zu haben, entsteht nicht erst jetzt – und er wird uns auch noch eine Zeit lang begleiten. Klar, Puschel liebt Tiere über alles. Sie hat schon Esel, Kaninchen, Chinchillas, Lämmer. Nun soll also noch ein Hund dazukommen ... Aber auch uns erscheint es immer mehr als sinnvoll. Möglich ist jedoch nur ein sehr kleiner Hund. Und so geht Puschel für viele Monate mit sehr viel Geduld auf die Suche nach einem geeigneten, kleinen Hündchen.

Schon am Anfang ihrer Krankheit, nach der OP 2007, haben Silas und ich Puschel ein Quad (eine Art Motorrad mit vier Rädern) besorgt, damit sie – auch ohne die Beine gebrauchen zu können – wieder die Wälder und Felder erobern konnte.

13. Oktober 2009 – Vorgestern bin ich mit dem Quad in Richtung Tessenow gefahren und habe einige Fotos gemacht. Aber vor allem waren so viele Gedanken, Gefühle ... in meinem Kopf, und eigentlich wollte ich mich mit Jesus unterhalten. Ich konnte zuerst kein Gebet formulieren. Ich wusste nicht so recht, was ich sagen wollte. Tief im Inneren habe ich Jesus nach einer Bestätigung für sein Wirken gefragt, obwohl ich wusste, dass er da ist und die Fäden in der Hand hält. Fast wieder in Bülow angelangt, entdeckte ich einen schönen Sonnenuntergang in den Anfängen. Nach ein paar Fotos drehte ich mich und sah extrem dunkle Wolken in der Ferne, und in der Nähe schien die Sonne gelb auf die Felder. Eine seltene und sonderbare Stimmung. Und dann entwickelte sich ein Regenbogen.

Ich rief Papa an, damit auch er Fotos machen konnte. Der Regenbogen wurde immer stärker. Ein unglaublich vollständiger, zeitweise sogar doppelter Bogen! Wenig später war alles weg. Papa sagte später, dass er noch nie solche Farben und einen so kräftigen Regenbogen gesehen hat. Da war deine Treue in vollster Pracht zu sehen! Genau als ich unterwegs war! Nicht davor oder danach. Danke, Jesus, für deine Zusage, für deine Treue! Erinnere mich an diese Farben, wenn ich unsicher werde!

Danke, dass du mir auf deine Art deine Schönheit und Liebe gezeigt hast! Danke für die Freude! Gib mir Weisheit, Dinge zu tun, die mein Herz aufleben lassen. Du möchtest Freude für mein Leben. Zeige sie mir. Gib mir offene Augen und Ohren, damit ich sie nicht verpasse. Lehre mich, mit dir den ganzen Tag über im Gespräch zu bleiben. Wenn ich an die Farbenpracht der Wildgänse von heute denke, kann ich fühlen, dass ich dich liebe. Danke!

Sein Plan ist gut

19. Oktober 2009 – Es wird immer klarer, dass die Ärzte nicht mehr viel für meine Gesundheit tun können. Doch genau hier bekommst du, mein Arzt, freien Raum zum Wirken. Du hast Macht, mich zu heilen. Ich bitte dich, wenn es in deinen Plan hineinpasst: Heile meinen Körper! Lass die Krebszellen verschwinden. Zeige mir, wo ich Prioritäten setzen sollte, damit ich die Zeit, die ich noch habe, richtig nutze – zum Heil derer, die dich noch nicht kennen! Mein Leben soll für dich ein Loblied sein!

Natürlich beten wir jeden Tag auch gemeinsam um Heilung. Ebenso beten Hunderte von Freunden täglich für Puschel. Sie alle wünschen sich wie sie, dass sie körperliche Wiederherstellung erfahren kann. Puschel hört auch von Menschen, die vom Krebs geheilt werden. Zwar hat sie eine der schlechtesten Diagnosen, die es gibt, aber sie hat einen Vater im Himmel, der alle Macht hat! Sie ist sicher, dass

Gott sie gebrauchen will. Und sie will sich gebrauchen lassen. »Egal, was er vorhat – sein Plan ist gut!«, sagt sie immer wieder.

Bevor wir Nachricht vom Radiologen bezüglich der Therapie in Heidelberg bekommen, kann Puschel noch einmal nach Schweden.

29. Oktober 2009 – Danke, Jesus, dass du es mir möglich gemacht hast, wieder nach Holsby zu kommen. Ich weiß nicht, wann bzw. ob ich noch einmal die Möglichkeit bekomme. Doch ich danke dir von Herzen für all die Lieben, die ich hier kenne, die ich sprechen konnte, die für mich beten. Es ist mir eine Ehre, deine Liebe durch sie zu empfangen. Danke für deine Treue, auch die Treue durch meine Brüder und Schwestern. Gestern habe ich das dritte Mal die Möglichkeit bekommen, von meinem Leben mit dir zu berichten. Danke, dass du mir die Gewissheit gibst, dass du das Richtige daraus machen wirst. Hab auch Dank, dass Jeremy dieses Jahr hier ist.[41] *Einen Bruder zu treffen, der Ähnliches durchgemacht hat, ist etwas Besonderes für mich. Es fühlt sich an, als würde ich ihn schon länger kennen. Wirst du die Möglichkeit geben, ihn noch besser kennenzulernen? Ich bin gespannt, was die letzten Tage noch bringen werden. Dir gebührt die Ehre!*

---

[41] Ein junger Mann, der dieselbe Art Krebs hatte, jedoch am Bein, wo man besser operieren kann

Atomteilchen in Heidelberg

Der Chefarzt der Radiologie in Berlin ruft tatsächlich an. Doch seine Stimme lässt schlechte Nachrichten erahnen. »Die Heidelberger wollen es lieber nicht riskieren«, sagt er. »Das Bestrahlungszentrum ist für Kopftumoren konzipiert. Die Art der Bestrahlung, wie es für Lydia nötig wäre, hat es noch nicht einmal in einer Testphase gegeben. Damit haben sie keinerlei Erfahrung.«

Ich merke, dass er das Gespräch beenden will, Puschels Fall ist für ihn erledigt. Doch ich versuche, ihn festzunageln, und frage: »Was, bitte, soll ich nun meiner Tochter erzählen? Dass wir nach Japan oder in die USA fliegen müssen? Dass das Risiko zu hoch sei für eine Patientin, die nichts, absolut nichts zu verlieren hat?«

Puschels Fall ist für ihn erledigt.

Er wird sehr ruhig am anderen Ende und sagt dann: »Okay, ich werde noch einmal nachhaken, ich habe dort in ein paar Tagen noch einmal eine Tagung.«

»Vielen Dank, wenn Sie das tun. Wir wollen nichts unversucht lassen.«

Tatsächlich ruft er mich ein paar Tage später sogar schon von Heidelberg aus an. »Herr Holmer, man ist bereit, es zu versuchen. Doch Sie müssen noch im Dezember zu einem Vorbereitungstermin kommen. Wollen Sie das?«

Und ob wir das wollen.

Für eine Voroperation sind viele Untersuchungen nötig. Jetzt also Heidelberg.

13. November 2009 – Am 10. November musste ich mit Papa nach Wetzlar, weil er Sitzung hatte und wir anschließend nach Heidelberg mussten, um mich dort für eine OP und eine Schwerionentherapie vorzustellen. In Wetzlar habe ich am Abend im Hotel auf Papa gewartet. Als er wiederkam, sind wir runtergegangen, um noch Abendbrot zu essen. Drei Männer von der Sitzung haben sich mit uns an den Tisch gesetzt. Ein alter Herr neben mir hörte ganz am Schluss, was wir morgen vorhaben. Er wollte daraufhin dieses Gespräch mit einem Gebet abschließen. Noch nie habe ich so viel Frieden empfunden wie an diesem Abend. Er betete: »Deine Gedanken sind höher als unsere Gedanken, deine Wege höher als unsere Wege. Denn so viel der Himmel höher ist als die Erde, so viel höher sind deine Gedanken. Und diese Gedanken sind Gedanken des Friedens.«[42] Es gibt, menschlich gesehen, wieder so viele Gefahren bei der nächsten OP. Doch jede Minute, die ich mehr mit dir verbringe, werde ich ruhiger. Mein Jesus, und doch bitte ich dich, dass du meine Nerven bei der OP bewahrst. Leite die Finger, die Augen und den Geist der Ärzte. Und lass sie spüren, dass du mit im Raum bist. Danke, dass du dort sein wirst. Danke, dass du Gedanken des Friedens hast.

Bei dieser Operation sollen bestimmte, besonders empfindliche Organe verlegt werden, um die Risiken weiter zu minimieren. Wir sind zwei Wochen in Heidelberg, dürfen in Mutterstadt bei Freunden wohnen. Ich nehme allen zur Verfügung stehenden Urlaub. Oft gibt es Wartezeiten, in denen wir uns mit Freunden treffen oder sogar an den Bodenseehof fahren können. Wie immer versuchen wir, das Beste aus allem zu machen. Im neuen Jahr sollen wir zur Operation kommen, die Bestrahlung ist für Februar geplant.

Es ist der »präzise Wahnsinn«

Und dann geht es los: Puschel wird mit Schwerionen bestrahlt.

Es ist der »präzise Wahnsinn«, als sie in dieser Anlage liegt und von einem Roboterarm in zwei Metern Höhe auf einer speziell für sie angefertigten Liege durch den Hightechraum bewegt wird. Ich kann dabei sein, als alles vorbereitet wird, kann die Bestrahlung selbst im Überwachungsraum an den Bildschirmen beobachten. Es ist gigantisch.

Die Bestrahlung dauert im Ganzen einige Wochen lang. In der Zwischenzeit muss Eva-Maria nach Heidelberg kommen, um mich abzulösen, schließlich muss zu Hause die Arbeit in der Gemeinde weitergehen.

---

[42] Vgl. Jesaja 55

März 2010 – Jesus, solltest du mir noch Jahre zum Leben geben, so weiß ich, dass mein Leben dir gehört und ich es dir zur Verfügung stelle. Es ist schon Gnade, dass ich heute in dieses Buch schreiben kann. Danke für das Geschenk – diesen Tag in meinem Leben!

Solange wir an Dingen festhalten, die uns so wichtig sind, kann Gott in diesem Bereich nicht wirken. Wie ein Junge, der ein wertvolles Geschenk in einer Flasche entdeckte und seine Hand hineinsteckte und es festhielt. Er konnte nur etwas davon haben, wenn er es losließ. Sonst hätte er seine Hand und das Geschenk nicht mehr gebrauchen können – beides konnte er nicht gleichzeitig herausziehen.

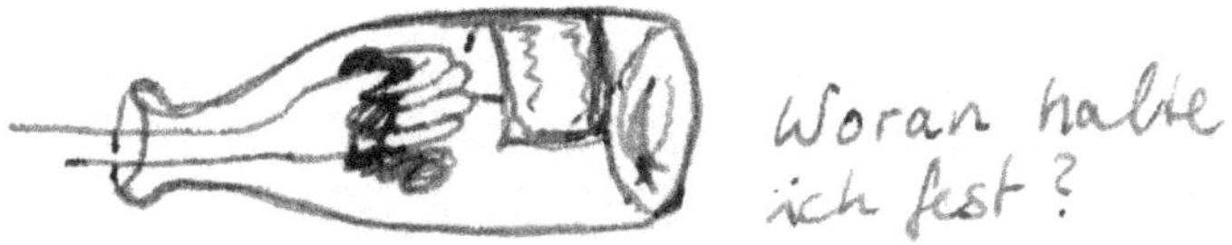

Hier hat Puschel ihren eigenen Tagebucheintrag illustriert – gemalt und gezeichnet hat sie immer und überall.

»Wer sein Leben behalten will, wird es verlieren …«[43] *Mein Vater, mein Leben soll dir gehören! Ich möchte daran nicht festhalten. Ich möchte für alles Schöne, was du mir gibst, dankbar sein. Aber alles weniger Schöne möchte ich mit dem Wissen hinnehmen, dass du mir eines Tages die Ewigkeit öffnen wirst und dass mein Leben hier nichts ist gegen das, was du mir eines schönen Tages einmal geben wirst. Ich habe nichts verdient – es ist Gnade, dass du es mir so gut gehen lässt. Vergib mir, wenn ich meine, dass ich mehr verdient hätte. Es ist Gnade!*

Ich möchte mich bei dir bedanken. Es fällt mir immer wieder auf, dass ich vielleicht im Kopf manchmal lieber gesund sein und einfach »normal« leben möchte, doch im Inneren merke ich

43 Vgl. Matthäus 16,25

immer wieder, wie fröhlich und friedlich ich bin. Mir entgeht die Freude am Leben nicht, obwohl ich todkrank bin. Mein Tumor wächst und wächst, und trotzdem bin ich nicht deprimiert – im Gegenteil. Wenn ich abends im Bett liege, dann platze ich manchmal vor Freude, einfach weil du mein Leben füllst und über allem stehst. Behalte mir diese Freude. Fülle diesen Sonntag und unsere Gespräche.

24. März 2010 – Gestern wurde eine CT gemacht. Heute ist die Ärztin auf uns zugekommen (danke für Mutti, die treu bei mir bleibt). Jedenfalls hat die Ärztin uns erklärt, dass der Tumorbereich sich vergrößert hat und die Konsistenz anders ist – weicher. Ich war nicht darauf vorbereitet. Nachdem ich Bestrahlung hatte und dann noch ein kleines Nickerchen machte, sah die Welt schon anders aus. Doch komischerweise hat die Ärztin uns vor Wochen gesagt, dass wir nicht erschrecken sollen, wenn der Tumor anfänglich größer wird, da er anschwellen könnte. Heute war sie aber die Besorgte … Vorhin habe ich mal wegen der Härte geschaut. Es ist wirklich weicher geworden. Nun, es kann sein, dass alles eigentlich positiv ist und der Tumor am Arbeiten ist und sich letztlich bewegt.

Mein Vater, behalte mir die Ruhe, den Frieden in alledem.

Herr, heile den kleinen Jungen, den wir heute getroffen haben.[44]

28. März 2010 – »Er gibt den Erschöpften neue Kraft …« (Jesaja 40,29). Es ist die Losung für heute – wo ich dich heute Morgen angefleht habe, meine Laufkraft zu erhalten und den Tumor wegzunehmen. Du hast mich mit Jesaja 40,31 getröstet.[45] *Danke, dass du mich nicht alleinlässt in alledem. Danke, dass du immer wieder Kraft gibst. Ohne dich wüsste ich nicht, was ich*

---

[44] Sie spricht hier von »Maxi«, den wir später noch einmal sehen und zu dessen Familie wir nach seinem frühen Tod – mit acht Jahren – eine sehr persönliche Verbindung bekommen.

[45] Jesaja 40,31: »Doch die, die auf den Herrn warten, gewinnen neue Kraft. Sie schwingen sich nach oben wie die Adler. Sie laufen schnell, ohne zu ermüden. Sie werden gehen und werden nicht matt.«

tun sollte. Es ist wichtig, in guten Zeiten zu lernen, nicht alleine zu laufen, damit man in harten Zeiten Übung hat, mit dir zu laufen.

Jesus, hilfst du mir zu lernen, nicht mich sehen zu müssen, sondern die Menschen um mich herum? Vor allem für sie zu beten.

Danke, dass ich bisher hier bei den Lieben in Mutterstadt wohnen konnte. Danke, dass der Port ohne Komplikationen gewechselt werden konnte. Behüte mich vor Infektionen, hilf, dass ich kein MSI mehr brauche bzw. den Port.

4. April 2010 – Nun ist die Zeit der Bestrahlung hier in Heidelberg fast vorbei. Durch die Infektion und allerlei anderes verging die Zeit schneller als befürchtet, aber doch war sie lang genug. Ich freue mich sehr, wieder nach Bülow zu kommen in die Natur. Danke, Vater, dass es Flecken auf dieser Erde gibt, an denen ich deine Größe in besonderer Weise sehen kann. Wenn ich morgens die Vögel höre, denke ich aber auch an meine Zeit in El Salvador zurück. Die Morgenstunden, die wir gemeinsam hatten, die waren speziell.

Mein Tumor ist laut den Ärzten größer geworden. Ob durch Schwellung oder Wachstum, ist nicht klar. Doch, Jesus, du weißt, was los ist. Wenn du mich zu dir nehmen möchtest, dann ist es das Beste. Wenn du mich aber noch gebrauchen möchtest, um andere Menschen in die Ewigkeit mit dir zu rufen, dann möchte ich auch dazu bereit sein. Gib mir Weisheit, um mein Leben so zu nutzen, wie du es dir gedacht hast. Ganz nah bei dir lass mich sein, in kompromisslos enger Beziehung zu dir. Ich möchte zielstrebig sein und immer mit deiner Gegenwart rechnen.

Ein (»sehr moralisches«) Angebot

Die letzten Monate waren eine wichtige Zeit für Puschel: Sie hat die Kraft und die Gesundheit wiederbekommen, die sie nun brauchen wird, um etwas zu erleben, was man als den fröhlichen Höhepunkt ihrer letzten fünf Jahre bezeichnen kann. Am Ende ihres Aufenthaltes in Heidelberg bekommt sie ein tolles Angebot.

Es ist der fröhliche Höhepunkt der letzten Jahre.

10. April 2010 – Jesus, ich weiß nicht, was ich denken soll. Sortiere du meine Gedanken. Wir haben am Mittwoch eine Frau Dörges besucht, die eine Stiftung hat.[46] *Sie hat mir angeboten, mir ein Ticket zu bezahlen, damit ich noch mal nach El Salvador fliegen kann. Aber was möchtest du? Es wäre schön, die Kinder wiederzusehen. Allerdings weiß ich nicht, was du willst. Ich habe keine Ahnung, ob ich noch lange lebe. Jesus, ich möchte meine Zeit hier auf Erden voll genutzt haben. Dazu brauche ich deine Hilfe. Mein Tumor scheint größer zu werden. Jesus, leite meinen Körper (ohne Querschnittslähmung). Ich möchte laufen …! Du kannst es!*

21. April 2010 – Wer hätte gedacht, dass ich so schnell wieder in Schweden sein kann. John hat mich heute Morgen gefragt, wie es meinem Herzen geht. Darüber habe ich in letzter Zeit nicht nachgedacht. Ist das wichtig? Mein Herz schreit danach, Zeit mit dir zu verbringen. Nimm die Müdigkeit, Vater, damit ich mich noch mehr auf dich konzentrieren kann. Hilf mir, meine Schmerzen zu übersehen und mit dem Morphium über den Port aufhören zu können. Hilfst du mir, die Woche dazu zu nutzen? Es war interessant, in der letzten Jugendstunde Georg zuzuhören und darüber zu reden, dass Menschen versuchen, Widersprüche in der Bibel zu finden und sich damit selbst blenden.

Kraft von oben

1. Mai 2010 – Mein Jesus, danke, dass du mir die Gnade erweist und mir in den letzten zwei Wochen Kraft gegeben hast, um Zeit in Schweden zu verbringen und Eva und Judith hier in Bülow zu haben. Es ist nicht selbstverständlich! Danke, dass wir mit Muttchen gestern sogar auf dem Isländerhof ausreiten konnten und wieder sicher zu Hause angekommen sind. Gib mir bitte Weisheit, wenn nächste Woche ein Sattel getestet wird. Lass ihn noch viel besser sein, als ich mir denken kann, damit

[46] www.sabine-doerges-stiftung.de

ich Saba reiten kann. Lass mich auch eine passende Reithose finden. Du weißt um das Angebot, nach El Salvador zu dürfen. Zeig du mir, was du willst. Dir gebührt das Lob!

3. Mai 2010 – Heute hatte ich die Möglichkeit, trotz Regenwetters zum Steg zu laufen, um mit Jesus Qualitätszeit zu haben. Das tat gut! Es machte mir wieder neu deutlich, dass ER in mir lebt. Ich möchte dich lieben, Jesus!

4. Mai 2010 – Ich konnte heute Abend wieder runter zum Steg! Danke! Ich fühle mich jung wie ein Adler. Als wenn ich neu aufgewacht bin. Menschlich gesehen bin ich todkrank, doch ich fühle mich nicht einmal, als wenn ich eine Erkältung oder so was hätte. Ich habe heute Psalm 30 gelesen, in dem David Gott für die Heilung dankt – als wenn ich ihn geschrieben hätte, nachdem mir gesagt wurde, dass ich geheilt bin. Wird es mir eines Tages jemand sagen?

O Jesus, in mir ist eine Lebenslust und Freude! Behalte sie mir bei! Ich liebe dich und weiß, dass du es gut mit mir meinst. Du segnest mich in großem Maß. Nimm nicht meinen Blick davon ab. Nie möchte ich mich beklagen, nein, dir gebührt das Lob bis in alle Ewigkeit! »Ich möchte bleiben im Hause des Herrn.«[47]

In mir ist Lebenslust und Freude!

6. Mai 2010 – Mein Jesus, ich liebe dich noch mehr als vor drei Jahren. Du bist bis hierher eine Reise mit mir gegangen, von der ich nicht im Geringsten ahnen konnte. Du hast mich hindurchgetragen, und ich konnte sicher sein, dass du mich nicht fallen lässt. Was für einen Vater, was für einen Freund ich doch habe! Du bist es, der mir immer wieder aufgeholfen hat und die Kraft gab, wo keine mehr vorhanden war. Du bist der Grund, weshalb ich noch am Leben bin. Denn noch viele Menschen sollen von dir erfahren. Jesus, ich beuge mich vor dir. Ich möchte dir hiermit mein Leben aufs Neue weihen! Du bist es, weshalb es sich zu leben lohnt. Es gibt da so viele Menschen, die ich im Krankenhaus und außerhalb getroffen habe, die mein Leben beobachten. Eins wünsche ich mir: dass sie

---

47 Vgl. Psalm 23

erfahren, dass du der Herr bist, und anfangen, an dich zu glauben. Dir ist nichts unmöglich. Das macht mein Leben zu einem noch größeren Abenteuer. Wenn ich mir einen Schmetterling anschaue, so sehe ich, dass du viel zu tun vermagst. Und wenn ich die Erde anschaue mit allem, was darin ist, so weiß ich, dass du alles zu tun vermagst!

Nicht nur »lieber Vater« – auch grandioser Schöpfer

Noch immer kann sich Puschel an der Natur ihrer Heimat in allen Schattierungen freuen. Das gibt ihr Kraft zum Leben. Jetzt hat die beste Zeit der letzten drei Jahre begonnen.

4. Juni 2010 – Was für ein wunderschöner Morgen! Bin das erste Mal heute Morgen kurz vor sechs aufgewacht. Von meinem Bett aus kann ich zwischen den Bäumen auf unseren See schauen. Als ich meine Augen öffnete, schien die Morgensonne von der Seeseite die Bäume an. Auf der Wiese war das Licht der Sonne nur fleckenweise zu sehen. Und zu meinem Erstaunen stand ein Reh an der Kante vom Abhang – das war ein traumhaftes Bild. Sollte ich es mal malen? Als ich dann kurz vor sieben noch mal wach wurde, hat mich die Sonne nach draußen gezogen. So bin ich nach dem Frühstück an den See gelaufen. Zu meinem Ärgernis lagen dort die Schlangen am Steg und wollten nicht verschwinden. Nun sitze ich auf der Weide, was wohl ein eher schlangenloser Platz ist …

Saba sonnt sich und liegt ganz goldig fünf Meter von mir entfernt. Die Unken machen ihre Geräusche, und die Vögel singen fröhlich vor sich hin. In der Ferne höre ich die Feldarbeiter mit ihren Maschinen, und Nico[48] versucht gerade, mir etwas wegzunehmen … Ich bin froh, dass sie wohlauf sind, nachdem sie zusammen den Stall verwüstet und alle Müsli- und Pellets-Vorräte aufgefressen haben … Gerade habe ich,

[48] Der Esel

so ist mein »Plan«, mir das letzte MSI gespritzt und meinen Port ... jetzt hat Nico doch tatsächlich meinen Rucksack weggezogen ... Jesus, du weißt, ob ich mit dieser Menge MSI aufhören oder noch langsamer ausschleichen muss. Schenk doch, dass es so geht! Danke, dass ich nun jahrelang diese Möglichkeit hatte. Du weißt, es hat mir viel erleichtert.

Mir ist gerade Alana in den Kopf gekommen. Soll ich noch mal versuchen, zu ihr Kontakt aufzunehmen?

Nicht aus dem letzten Loch pfeifen ...

12. Juni 2010 – Mein Vater, ich möchte zurück zur ersten Liebe – The passion is missing![49] Ich kann der Jugend nicht erzählen, dass sie sich für dich interessieren sollten, wenn sie was von ihrem Leben haben wollen, aber selbst auf Sparflamme mit dir leben. Ich möchte nicht aus dem letzten Loch pfeifen, sondern im Vollen, auf höchstem »Niveau« mein Leben deines sein lassen. Voll ausgenutzt – ausgeschöpft leben! »Freut euch nicht am Erfolg eurer Arbeit für mich; das Geheimnis der Freude ist, dass ihr richtig mit mir verbunden seid.« – »Glaubst du, dass ich das tun kann?« (Matthäus 9,28).

Auch dies eine Illustration ihrer Gedanken – diese Zeichnung gehört wiederum direkt zu diesem Tagebucheintrag.

[49] Deutsch: Die Leidenschaft ist verloren gegangen.

Kenne ich meinen auferstandenen Herrn? Kenne ich die Macht seines Geistes in mir? Habe ich die Haltung des grenzenlosen Vertrauens zu Jesus, der die Grenzen der Natur durchbricht?

Jeder Tag ist ein Geschenk

28. Juni 2010 – Wie gut es mir doch geht! Gestern konnte ich mit Saba auf den Treckerspuren durch die Felder reiten und danach auf dem Fußballplatz etwas Dressur im Schritt und Trab reiten. Ich habe gestaunt, wie gut das ging. Jesus, danke für diese Zeit. Es ist, als sei ich der Adler, von dem Jesaja Ende Kapitel 40 spricht. Meine Kraft kommt Stück um Stück wieder. Werde ich diesen »Status« behalten dürfen? Es wäre schön, doch möchte ich immer ein Ja finden zu deinen Wegen, wo auch immer sie hinführen.

Immer wieder gehen meine Gedanken in die Zukunft. Ich möchte sehen, ob du noch andere Pläne hast oder ob du mich den ganzen Sommer und im Winter in Bülow haben möchtest. Die Zeit geht so schnell vorbei. Ich möchte nichts übers Knie brechen, aber auch meine Zeit nicht unnütz leben. Was auch immer ich tue, ich möchte im Bewusstsein deiner Gegenwart leben. Würdest du das für mich tun? Ich kann es nicht allein. Führe mich an deiner Hand. Mein Wille ist da, aber mein Fleisch ist schwach. Nur zu schnell lasse ich mich von unwichtigen Dingen gefangen nehmen und mir die Zeit rauben. Wenn ich in die Bäume schaue ... Vater, du bist so ... Mmm, es ist der Wahnsinn, was das für eine Farbenpracht da ist! Angeleuchtet von der Sonne, die Bienen surren, blauer Himmel ... Dich zu kennen, habe ich nicht verdient!

Beziehungen

1. Juli 2010 – Jesus, ich frage mich, wie es Lucia geht. Ich vermisse sie. So fühlt sich das wohl an, wenn man jemanden vermisst. Wie gern wüsste ich auch, wie es Alana geht. Lass doch wieder Kontakt entstehen. Zeig mir doch auch bitte, was ich Sharon schreiben sollte. Gib mir Worte, die sie aufbauen.

2. Juli 2010 – Danke, Vater, für diesen Tag. Immer mehr Menschen begegnen mir hier im Dorf in Bülow, und mein Gebet ist, dass du diese Menschen von Bülow veränderst. Ihre Herzen brauchen dich. Öffne sie so weit, dass jeder von Herzen gerne zu meiner Hochzeit oder Beerdigung kommen würde. Gib Chancen, segne diese Menschen! Lass sie sehen, was du bewirken kannst. Dich, den Herrn, der für mich gelitten hat – dich bete ich an! Dir gebührt die Ehre.

Lass meine lieben Mädels aus der Jugend nicht los, Lucia genauso wenig.

Vielleicht kann ich heute Nacht auf dem Trampolin schlafen …?

Sehr oft ziehen wir so in die Natur hinaus. Meist hat Puschel ihren Fotoapparat dabei und erfreut sich an der Natur.

Meine Hoffnung ist ...

23. Juli 2010 – Heute geht es mir viel besser als in den letzten Tagen. Danke! Die Nacht war endlich mal erholsam. Und nun sitze ich draußen auf der Bank. Ich höre die Vögel zwitschern. Bienen summen, die Sonne scheint angenehm warm. Gestern war ein besonderer Tag. Die Marienkäfer, Bilder von Sonne und Natur und zum Ende des Tages der Geruch und vor allem das Geräusch vom Sommerregen. Und als ich für den Regen anfing zu danken und klarstellte, dass es für mich ein Zeichen von der Liebe meines Vaters ist, fing es stärker an zu regnen – als wenn Jesus klarstellen wollte, dass er alles in Fülle für mich hat. Danke für den heutigen Tag! Er war ein Geschenk. Ganz nah bei dir möchte ich sein. Ich habe Hunger danach, deine Weisheiten zu erkennen – dich zu erkennen.

Hilf mir! Vater, mein Zustand ist, menschlich gesehen, kritisch. Aber im Blick auf die Ewigkeit absolut nicht! Ich bin schon am Ziel dieser Reise. Nun gilt es, Menschen auf dich hinzuweisen ... (Matthäus 20,28).

Meine Hoffnung ist, zu leben. Meine Hoffnung ist, Freude im Leben zu haben. Meine Hoffnung ist, einen Partner zu bekommen. Meine Hoffnung ist, selbstständig zu werden. Meine Hoffnung ist, in dieser Welt noch viele Menschen zu Jüngern zu machen. Meine Hoffnung ist, auf einer Säuglingsstation in Ecuador zu helfen. Meine Hoffnung ist, Menschen in Ecuador und auf der ganzen Welt deine Liebe zu zeigen. Meine Hoffnung ist, einen wohlerzogenen Westi oder anderen Hund als Freund zu haben. Meine Hoffnung ist, eines Tages in einem Land zu leben, wo Äffchen zu Hause sind und einem Äffchen ein Zuhause zu geben. Meine Hoffnung ist, Menschen mit meinen Gemälden Freude zu geben und zu träumen. Meine Hoffnung ist, am Strand zu leben. Meine Hoffnung ist, in einem Kanu flussabwärts zu fahren und nachts dem Rauschen des Windes zuzuhören.

Meine Hoffnungen sind von dieser Welt. Doch sie sind ohne Sinn, wenn du, mein Jesus, nicht in ihnen bist. Wenn du sie nicht willst und erfüllst, bleiben meine Hoffnungen Träume.

Nur du weißt, ob oder was in Erfüllung gehen wird. Alles hat seine Zeit. Aber ich weiß eines ganz sicher: Du machst jede Begebenheit reich. Den Regen im Sommer, an dem sich Menschen erfreuen können – einfach, weil es schön klingt, wenn er auf trockenen Boden fällt. Du belebst den Schmetterling, weil du mir die Augen zum Staunen öffnest. Ich kann mich über das Lachen eines Kindes freuen, weil es so ist, als wenn du mich anlachst. Jesus, mein Heiland, mein Retter, mein treuer Freund, mein Friedensbringer, mein Freudenbringer, mein Ohren-Augen-Nasen-Öffner für die Wunder dieser Welt, erfülle mein Leben wie das Lachen eines Kindes, das Liebe erhält. Öffne meine Sinne für dein Tun. Dann beginne ich zu lernen, was Leben bedeutet. Ich möchte nicht mehr gefangen sein in den menschlichen Mauern. Befreie mich, damit ich meine Hoffnung auf dich allein setze und nicht auf anderes. NUR DU ALLEIN SOLLST MEINE HOFFNUNG SEIN! Nichts kann wichtig sein, wenn du nicht mein Wichtigstes bist. Erfülle mich neu mit deinem Feuer, lass es niemals verlöschen!

2. August 2010 – »Du hast meine Trauer in einen Tanz voller Freude verwandelt« (Psalm 30,12). Dieser Psalm ist wie für mich oder von mir geschrieben. Mir kommt nur als Haken in den Sinn, dass ich ja nicht weiß, wie lange ich noch leben werde, und, menschlich gesehen, gelte ich noch längst nicht als geheilt. Doch wusste das der Schreiber so genau? Er hat es trotzdem geschrieben. Wie auch immer, ich habe die Diagnose vor drei Jahren erhalten, und trotzdem lebe ich heute noch. Kann ich dir da nicht danken und ein Freudenlied singen? Früher habe ich im »Ropes Course«[50] in Schweden die Seile als Vergleich benutzt und den jungen Menschen erklärt, dass sie erst wissen, dass du hältst, was du versprichst, wenn sie sich reinhängen – fallen lassen. Heute weiß ich – nicht nur im Vergleich und aus der Bibel oder vom Erzählen –, dass du hältst, was du versprichst. Von dir gehalten zu werden, ist kein Gefühl von Unsicherheit – im Gegenteil. Du allein gibst Sicherheit. Was für ein Fundament!

---

[50] Deutsch: Hochseilgarten

Aufgetankt mit Kraft und Freude

11. August 2010 – Seit einigen Tagen kommt es mir so vor, als wenn ich aufgetankt werde mit Kraft und Freude. Ich wache zwar müde auf, aber im Laufe des Tages habe ich einfach Freude. Noch mehr Freude als bisher. Mir ist aufgefallen, dass ich lange nicht mehr gepfiffen und gesungen habe – einfach, während ich durch die Gegend laufe. Heute ja! Was hast du verändert? Wie auch immer – ich danke dir! Mein Wunsch ist, dass ich »bleibe im Hause des Herrn immerdar«[51], also immer im Bewusstsein deiner Gegenwart leben kann. Das ist es, was Leben bedeutet. Ich möchte ausnutzen, was du uns versprochen hast. Gut zu wissen, dass du Wahrheit bist. Danke für meine Gewissheit deiner Liebe!

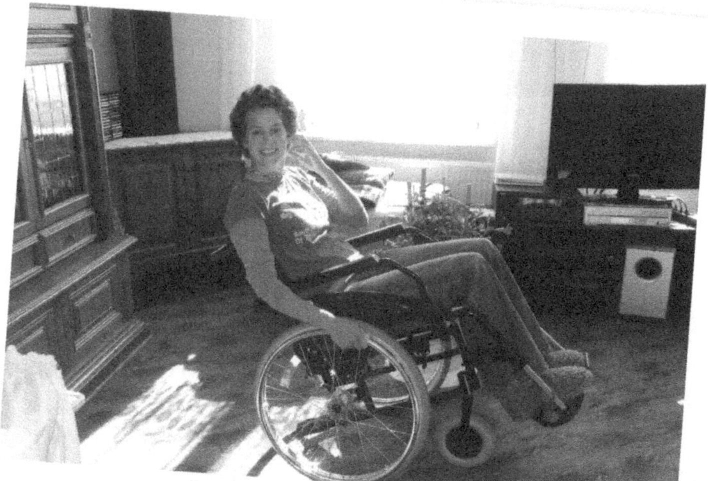

Die Krankheit ist allgegenwärtig – doch das kann Puschels Freude am Leben meist nichts anhaben.

[51] Vgl. Psalm 23

12. August 2010 – Ich danke dir für den Anruf von Frau Dörges. Danke für ihre Bereitschaft, mich finanziell zu unterstützen. Vater, zeige mir, was ich damit machen soll. Gib mir Weisheit! Danke für meinen Zustand. Lass mich immer kräftiger werden. Denkst du, ich kann irgendwann einmal nach Ecuador, um Säuglingen dort zu helfen? Soll ich Frau Dörges fragen, ob sie mir das Spanischlernprogramm bezahlt? Gibst du mir Weisheit, inwieweit ich Titus und Gesine[52] helfen soll im Blick auf Erziehung, Rauchen ... ob ich eine Aufgabe in dieser Richtung habe. Danke für deine Liebe für die vier!

30. August 2010 – Gestern war Helenas[53] Taufe. Mein Herr, segne ihr Leben und die Menschen um sie herum. Sie ist jetzt schon ein kleiner Sonnenschein. Lass es nur mehr werden.

Ich möchte lernen, von dir Wunder zu erwarten. Du weißt, wie nah ich dran bin, einen kleinen Hund zu bekommen. Wenn es dein Wille ist, dann lass es zu, sodass ich weiß: Es kommt von dir!

Frau Dörges möchte mir eine Reise bezahlen. Wo soll ich hin? Wo möchtest du mich haben?

Danke, Herr, dass du vergibst!

4. September 2010 – Gestern habe ich etwas Wichtiges gelernt. Die letzten Jahre habe ich damit verbracht, Menschen zu richten, ohne dass ich es wollte. Doch ich tat es, indem ich ihren Lebensstil angeschaut habe und meinte, sie würden Jesus – dich – nicht in ihr Leben einbeziehen. Ich bete, dass ich nur wenigen damit wehgetan habe. Ich habe mich damit über sie gestellt. Das war falsch. Ich mach es an anderen Stellen oft nicht besser. Vater, in der Losung steht wieder klar, dass du uns vergibst. Ich beuge mich vor dir. Vergib mir meine Sünden! Ich habe damit viel Schuld auf mich genommen. Vater, ich möchte meine Nächsten wirklich so sehen, wie du es tust. Ich möchte

52 Puschels Bruder und Schwägerin, die Eltern von ihrem Patenkind Salome
53 Puschels zweite Nichte

sie lieben, so wie du mich liebst. Ich möchte ihnen vergeben, wie du mir vergibst. Ich schäme mich. Vater, zeige mir – öffne mir die Augen, damit ich sehe, was du mir sagen möchtest. Möchtest du mich heilen?

Zeige du mir, ob es richtig ist, im Herbst nach Colorado zu fliegen – wenn ja, mit wem? Wäre es mit JoHo gut?

9. September 2010 – Vater, es gibt für mich so viele liebe Menschen, denen ich gerne etwas Gutes tue. Hilf mir zu sehen, was in deinen Augen wichtig ist. Sortiere mein Gehirn wieder neu.

Danke für die Zeit mit Linda!

Zeige mir, wie es im Herbst weitergehen soll. Darf ich den Herbst in Colorado erleben? Die Zeit, wenn die Blätter sich verfärben? Gib du mir Weisung!

Es sind so viele Menschen, die noch nichts von dir wissen. Nutze mein Leben zum Segen für all die, die jetzt noch verloren wären. Ich weiß: Auch wenn ich bei dir bin, wirst du weiter von dir erzählen. Du kannst auch dann mein Leben noch nutzen, doch wäre ich froh, wenn du mir noch viele Jahre gibst. Aber trotz allem: Dein Wille soll geschehen – dir gebührt das Lob!

Amerika – ich komme!

Von Colorado nach Texas

22. September 2010 – Wahnsinn, wenn ich den letzten Eintrag lese und sehe, was der heutige Stand ist. Gerade sitze ich im Garten vom Bodenseehof. Drei Eichhörnchen auf einmal habe ich gerade gesehen. Das macht mein Herz schon fröhlich. Wie erholsam, wie gut du mir tust! Meine Diagnose ist für mich sehr weit nach hinten gerückt, weil es mir kräftemäßig so gut geht. In den letzten drei Wochen habe ich viel Energie bekommen. Ich wache morgens auf und bin nicht erschöpft von der Nacht. Danke! Ich kann nur Danke sagen und habe das Gefühl, dass ich dir dafür nichts entgegenbringen kann. So kann ich mich einfach »nur« freuen.

Nun beginnen die schönsten und leichtesten Wochen, die Puschel in den letzten vier Jahren erlebt hat: Sie bekommt tatsächlich eine Reise geschenkt. Frau Dörges, die nach dem Krebstod ihrer Tochter Sabine die *Sabine-Dörges-Stiftung* ins Leben gerufen hat, macht es völlig unkompliziert und überweist Puschel kurzerhand das Geld. Sie sagt am Telefon: »Wenn Sie jetzt in der Lage sind zu fahren, dann fahren Sie! Kein Mensch weiß, was morgen ist und ob es da noch geht.«

Wir sind dabei, einen Flug zu buchen für Papa und mich. Du hast alles so toll zusammengebracht. Es fehlt noch einiges, aber ich vertraue dir. Ich liebe dich, Jesus. Es ist, als wenn du mir neue Flügel gegeben hast. Wie die Morgenröte. Du gibst mir Leben zurück. Ich weiß nicht, für wie lange, aber ich weiß: Es ist ein Geschenk. Ich weiß: Wenn es wieder in eine andere Richtung gehen sollte, dann bin ich auch da in deinem Willen. Es wäre dir ein Leichtes, die Tumorzellen verschwinden zu lassen, doch hast du deine Gründe, gute Gründe. Darin kann ich mich ausruhen, wie stark der Sturm auch tobt.

Zeige dies auch Lara immer wieder neu. Danke, dass es ihr zurzeit, in der Prüfungszeit, so gut geht. Ich kann da nur staunen und dich loben.

Innerhalb einer Woche bereiten wir alles für die Reise vor. Weil Puschels Reisepass nicht mehr gültig ist, müssen wir einen neuen beantragen. Auch das funktioniert – per Expressbestellung: In Mecklenburg bestellt, am Bodensee abgeholt! Und tatsächlich geht es ein paar Tage später los.

Wir fliegen nach Denver in Colorado, können in Colorado Springs ein paar Tage bei Puschels Freundin Kirsten verbringen, fahren in das Fackelträgerzentrum in Estes Park am Rande des Colorado National Parks, treffen dort Mrs. Thomas, die Frau des kürzlich verstorbenen W. Ian Thomas (»Major Thomas«), der dieses Werk einst gegründet hat. Wir besuchen den Nationalpark mit seinen bizarren Berggipfeln, blicken auf grüne Täler und klare Flüsse herab, stehen an stillen Bergseen, in denen sich dunkle Tannen und graue Berge spiegeln. Wir können sogar einen Spaziergang in den Rockys mit Puschels Freundin Lindsay machen, die Puschel vor Jahren in den Wäldern von Schweden getauft hat. Puschel hat nach der Bestrahlung in Heidelberg so viel Kraft, dass sie ohne Krücken in den Rocky Mountains laufen kann. Ab und zu hält sie sich beim Laufen an meiner Schulter fest, um das Gleichgewicht nicht zu verlieren. Nach all dem, was sie hinter sich hat, ist es ein großes Geschenk, dass sie sich auf dieser Reise so gut bewegen kann. Eigentlich könnten wir gut damit leben, dass es so schön weitergeht.

Puschel kann ohne Krücken in den Rocky Mountains spazieren gehen.

Wir mieten ein Auto und fahren damit in Richtung Norden. Das Ziel ist Moyie Springs in Idaho an der kanadischen Grenze. Unterwegs passieren wir in aller Ruhe den Teton und den Yellowstone Nationalpark und fahren anschließend durch Wyoming und Montana bis ganz in den Norden, wo wir Liesl und ihre Familie besuchen. Es ist eine unglaubliche Reise, die zu beschreiben ein eigenes Buch füllen würde. In der letzten Woche geben wir dann das Auto ab und fliegen ganz in den Süden, nach Texas, um dort Annelie aus unserer Gemeinde in der Fackelträger-Bibelschule von Texas zu besuchen. Puschel trifft in dieser Zeit viele ihrer Freunde, die sie in Schweden kennengelernt hat.

Montag, 25. Oktober 2010 – Wow, ich schaue zurück auf drei Wochen in den USA. Du hast die Zeit in hohem Maß gesegnet. Dir gehört das Lob. Danke für jeden einzelnen Tag. Danke für die Kraft. Wie sehr danke ich dir für all die lieben Freunde, die ich wiedersehen durfte. Mehr als ich selbst geplant habe, hast du überschaut. David und Melinda hatten mir mit Bedauern geschrieben, dass sie zwar auf demselben Kontinent sind, aber nicht in der gleichen Stadt – ohne zu wissen, dass sie zur gleichen Zeit wie ich auch nach Idaho fahren wollten!

Als ich Lindsay mit Familie endlich wiedersehen durfte, war ihre Frage, ob ich Daniel in Idaho treffe, da er sicher froh wäre, mich zu sehen ... So kam auch das zustande, dass ich meinen lieben Bruder und Freund nach vielen Jahren wiedersehen konnte und wir die Zeit intensiv erleben durften. Vater, du weißt, wie gerne ich ihn wiedersehe – es ist ganz in deiner Hand. Segne meinen Bruder. Hilf ihm, auf dich zu schauen. Es war großartig zu sehen, dass meine lieben Freunde dich noch mehr lieben und kennen ... Danke, du bist es, der ihr Leben reich macht. Ich könnte noch viel über die drei Wochen schreiben. Ich hoffe die Bilder von deiner Schönheit drucken zu können – deine Schöpfung!

Neu sortiert in die Zukunft

Nun habe ich viele Dinge im Kopf. Menschen, die ich liebe und von denen ich möchte, dass sie dich besser kennenlernen. Aber vor allem möchte ich wieder beginnen, täglich dein Wort zu lesen und einfach Qualitätszeit mit dir zu verbringen. Nun hast du mir wieder Kraft gegeben, dein Wort zu lesen. Rede du, ich möchte hören! Gib mir auch Weisheit, meine Hündin, die ich Ende November voraussichtlich abholen darf, richtig zu erziehen und damit eine Freundin hier in Bülow zu bekommen.

Segne auch die Jugend und zeige mir, was meine Aufgabe ist. Ich könnte springen vor Freude ... Im Herzen tue ich es, weil ich dich habe, und das ist mein größtes Geschenk!

Gib mir auch Weisheit, gesundheitlich die richtigen Entscheidungen zu treffen!

Ich werde nicht am Krebs sterben …

1. November 2010 – »König Jotam wurde so mächtig, weil er darauf achtete, nach dem Willen des Herrn, seines Gottes, zu leben« (2. Chronik 27,6). Friede – ja, das schenkst du denen, die dir vertrauen. Ich war die letzten Tage sehr geschwächt und ich befürchte ein bisschen, am 18. aus Berlin schlechte Nachrichten zu bekommen. Ich habe dich, Vater, gefragt, was du vorhast, mich doch am Osteosarkom sterben zu lassen. Doch am Ende werde ich in Gottes Willen sterben und nicht wegen der Krankheit.

Auch auf Krücken kann man Freiheit genießen – hier an der Ostsee.

Ich habe jetzt in meiner Bibel ein anderes Buch aufgeschlagen, Johannes 11. Ich kam schnell zu dem Vers, der unterstrichen war (Kap. 11,4). Dort steht, dass Lazarus nicht sterben wird, sondern seine Krankheit da ist, um Jesus – und seinem Vater, die Ehre zu geben. Dann sagte ich Jesus, dass ich trotzdem nicht weiß, ob es für mich gilt.

24. November 2010 – Für mich steht fest, dass du mein Herz verändert hast. Vor Wochen und Monaten habe ich mich danach gesehnt, mein Leben mit dir, Jesus, im Täglichen zu teilen. Vor über einem Jahr habe ich gemerkt, dass mir meine Lebensfreude vom Teufel gestohlen wurde. Ich habe dich gebeten, sie mir wiederzugeben. Doch es ist schwer für dich, mir etwas zu geben, wenn ich dir nicht einmal gegenübertrete, um mit dir zu kommunizieren. Wie doof von mir!

Auch Nerviges kommt von ihm

Es geht darum, Jesus zu danken, denn egal, was er zulässt, er lässt es aus bestimmten Gründen zu. Und das sind Gründe des Guten. Es geht darum, Jesus auch für eine verpasste Fähre zu danken, weil er einen guten Grund dafür hat. Seit letztem Mittwoch und die Tage davor hat Jesus mich sensibilisiert. Wenn etwas passiert, das eher nervig, ärgerlich oder sogar ausweglos erscheint, so möchte ER von uns hören, dass wir IHM vertrauen und ihm dafür danken, dass ER uns an diesen Punkt bringt, wo wir ihm vertrauen, ihm unsere Wut, unseren Hass oder Sonstiges anbefehlen. Seitdem bin ich mit ihm im Gespräch. Was hätte es mir gebracht, wieder gesund zu sein im Körper, aber mit einem kranken Geist, weil ich all diese Erfahrungen nicht hätte? Menschlich ist es ganz schräg, aber, Jesus, ich bin dir dankbar, dass du es so weit hast kommen lassen. Mein Herz ist noch nie so zufrieden gewesen, glaube ich.

Vater, und nun bitte ich dich um das Feuer, den Willen, Menschen von dir zu erzählen und mutig zu sein. Gib mir die Geduld, Dinge zu ertragen, die ich nicht ändern kann …

Vor ca. zwei Wochen hatte ich absolut keine Kraft, und ich sagte dir, dass ich gerne nach Schweden möchte, aber Kraft dazu brauche. Seit Mittwoch war ich nicht mehr so müde. Ich habe dich um Kraft für den Nachmittag gebeten. Nun bin ich auf dem Weg nach Schweden, weil du mehr als einen

Nachmittag Kraft gegeben hast. Vater, was auch immer du mit mir auf dieser Reise vorhast – ich danke dir. Mit meinem Leben möchte ich dich loben.

Mit himmlischer Energie nach Schweden

Es ist einerseits himmlische Energie, andererseits Puschels unbändiger Wille, noch einmal – wie oft noch? – nach Schweden zu fahren. Sie möchte dort mit den Freunden das »Thanksgiving«[54] feiern. Ich selbst kann sie diesmal nicht begleiten und Eva-Maria traut sich das nicht zu. Doch da kommt Puschels Beharrlichkeit zum Einsatz. Sie lässt sich von mir an die Fähre in Rostock bringen und bittet eine Freundin in Malmö, sie doch von der Fähre in Trelleborg abzuholen ... Na klar geht das ...! Das ist Puschel.

Puschel lässt sich an der Fähre abholen.

Es wird ihr letzter Besuch dort. Ihre Freundin Rebekka ist einer der Hauptgründe, weshalb sie unbedingt nach Schweden möchte und wofür sie alles einsetzt. Rebekka schreibt über diese Tage:

Im November 2010 bin ich für ein paar Tage nach Holsby gefahren, um in der schönen Umgebung Zeit alleine mit Gott zu haben. Da ich Schnee liebe, habe ich schon vor und während meiner Fahrt nach Schweden Gott gebeten, dass es schneit. Als ich nach meiner ersten Nacht in meinem Gästezimmer aufwachte und aus dem Fenster schaute, konnte ich meinen Augen nicht trauen! Über Nacht hatte es so viel geschneit, dass alles puderweiß bedeckt war!

Elke, die Hausmutter, klopfte an und berichtete mir voller Aufregung: »Du wirst es nicht glauben! Puschel kommt! Ganz alleine!«

Ich hatte Puschel vor meiner Reise Bescheid gegeben, dass ich ein paar Tage nach Holsby fahren würde. Sie hatte mir abgesagt, da sie sich nicht gut fühlte. Dass sie nun doch auf dem

[54] So ähnlich wie bei uns Erntedank

Weg war, freute mich riesig! Sie kam zum ersten Mal ganz alleine, ohne Rollstuhl und ohne Begleitung.

Sie wurde im selben Haus untergebracht wie ich, und deshalb verbrachten wir viel Zeit zusammen. Abends saßen wir oft im kleinen Wohnzimmer und redeten bei einer Tasse Tee. Bei Puschels trockenem Humor und ihrer Art, Geschichten zu erzählen, musste ich oft so lachen, dass mir danach der Bauch wehtat. Bei ihrer fröhlichen und lebensfrohen Art vergaß man für einen Moment, in welcher Verfassung sie sich befand. Für mich fühlte es sich an, als wäre die Zeit stehen geblieben. Draußen der Schnee, der alles bedeckte und die schwedische Landschaft in eine besinnliche Traumlandschaft verwandelte, und drinnen, im schwedischen Holzhaus, der knarzende Dielenboden, der Geruch von Kaminfeuer. Und ich saß eingemummelt auf einem gemütlichen Sessel mit einer warmen Tasse Tee lachend Puschel gegenüber, deren Augen voller Liebe, Hoffnung und Glaube strahlten. Die Frau, die ich sah, war im Frieden mit sich und mit Gott. Sie war voll – in der Fülle. Sie konnte geben, lieben, frei sein, als hätte sie nichts zu verlieren. Sie konnte Wahrheiten so simpel ausdrücken, dass es einen direkt ins Herz traf. Sie wusste, alles war gut, weil ihr Vater im Himmel gut ist. In ihrer Gegenwart fühlte ich mich frei, angenommen und geliebt.

1. Dezember 2010 – Nun ist die Reise schon wieder vorbei. Doch, Vater, du hast jeden Tag so reich gemacht. Es war eine besondere Reise. Die Realität meiner Krankheit war so fern wie lange nicht mehr – zur gleichen Zeit so präsent für alle wie wahrscheinlich selten.

Vater, du hast mich sehr ermutigt durch meine Geschwister. Danke für jede Begegnung. Es ist so ermutigend zu sehen, dass es so viele junge Menschen gibt, die sich von dir leiten lassen möchten. Mache sie zu Missionaren. Gebrauche sie, damit noch viele Menschen von dir erfahren.

In kleinen Dingen danken und wissen, dass du es gut mit deinen Kindern meinst. Du hast mir gezeigt, dass du uns erst, wenn wir dies tun, deine Herrlichkeit zeigen kannst. Dank und Vertrauen öffnet das Fensterchen zu deiner Größe und

Herrlichkeit. Nun wird es viel natürlicher, mich mit dir zu unterhalten. So muss ich mich nicht »anstrengen«, um mit dir in Kontakt zu bleiben. Vater, hilf mir, dein Tun nicht für selbstverständlich zu nehmen. Ich möchte mehr und mehr in die Tiefen deiner Größe eintauchen und die Geduld haben, dir zuzuhören, und lernen, deine Stimme zu hören. Sei mein Hirte!

5. Dezember 2010 – Es war eine sehr gesegnete Zeit, Vater, danke dafür! Rebekka war ein Segen für mich. Wir konnten gemeinsam auf der gleichen Wellenlänge Qualitätszeit mit dir verbringen. Das war etwas Besonderes! Die Studenten wollen von dir lernen, es war ermutigend, das zu sehen. Der Gastlehrer war mit seiner Frau da. Sie sind Missionare in Italien. Auch sie haben die Woche sehr bereichert. Ich konnte zum »Thanksgiving« da sein. Ich habe wieder einmal sehen können, wie sehr und wie besser du planst! Meine Medis haben genau gereicht. Nun bin ich wieder zu Hause.

Ich habe dich lieb und bin dankbar, dich zu haben.

Segne auch Daniel in Seattle! Zeige ihm, wer er durch dich ist. Forme ihn, danke für ihn!

Freude

Ein »Buch zum Segen«

5. Dezember 2010 – Es ist Ende des Jahres, das neue hat noch nicht begonnen. Doch für mich hat, denke ich, ein neuer Abschnitt begonnen. Wow, als ich gerade den unteren Vers las (»I guide you in the way of wisdom and lead you along straight paths«[55] Sprüche 4,11 [NIRV].), habe ich nachgeschaut, was für Verse dieses Wort einbetten. Du führst deine Kinder in kleinen Schritten, nicht »nur« in großen. Ich nehme diese Verse für mich für hier und jetzt. Das ist ein Punkt, der zu meinem neuen Lebensabschnitt gehört. Du lebst in mir und »läutest die Glocke«.

Vater, ich brauche dich gar nicht zu bitten, dieses Tagebuch zum Segen werden zu lassen, du bist schon dabei! Oh, ich lobe dich. Vater, vergib mir, dass ich dich viel zu klein mache in meinem Leben und mich zu wichtig. Was bin ich schon im Gegensatz zu dir? Menschen, die schreiben, dass ihnen mein Glaube ein Vorbild ist, haben keine Ahnung, wie stolz ich bin und wie wenig ich dir immer wieder vertraue. Es kann nicht sein, dass ich mit meinem kleinen Glauben ein Vorbild für Menschen bin – da ist was falsch.

Jesus, es ist mir immer noch ernst. Abrahams Glaube – so möchte ich dir vertrauen lernen. Er hat immer krasse Folgen gehabt. Jesus, ich bin heute viel reicher als vor vier Jahren. Ich weiß nichts, ich kann nichts, wenn du mir nicht die Kraft dazu gibst. Danke, dass ich seit Monaten keinen Druck mehr gefühlt habe. Du hast recht, »My burden is light«[56]. Du trägst mich.

Jesus, ich möchte lernen, von dir die Erfüllung von Versprechen zu erwarten. Nimm mich an die Hand. Ich möchte dir die Ehre geben.

---

[55] Deutsch: Ich will dich den Weg der Weisheit lehren und dir den richtigen Weg zeigen.

[56] Deutsch: Meine Last ist leicht (vgl. Matthäus 11,30).

Freude, die die Welt nicht geben kann

13. Dezember 2010 – »How majestic is your name ...«[57]

Diese Worte waren der Anfang dieses Morgens und sind nun am Ende immer noch präsent. Das ist es, was ich fühle. Wow. Ich bin es nicht wert ... und du machst mich wertvoll. Vater, ich bin dankbarer als ich je war. Fühle mich wie ein Baby, das gerade erst anfängt, seinen Vater unscharf zu sehen. Aber zu wissen: Mein Vater – er sorgt für mich! Er hat für mich gesorgt. Ich komme von ihm. Und ich werde zu ihm gehen.

Vater, ich kann es mir noch nicht vorstellen, aber wie großartig, dass ich laufen kann. Eines Tages werde ich wieder laufen können. Doch mit dem Vers hier an der Seite (vgl. 1. Timotheus 4,8: »Körperliches Training hat einen gewissen Wert, aber geistliches Training ist noch viel wichtiger, denn es verspricht Gewinn in diesem wie auch im zukünftigen Leben.«) ist ganz klar: es ist wichtiger, Menschen zu dir zu führen und meine Augen auf dich zu behalten, als auf meinen Körper und meine Begabungen. Vater, ich lege dir meine Zukunft hin. Nimm sie dir zur Ehre. Du kennst meine Wünsche des Herzens und weißt, was ich eigentlich brauche. Danke für deine kleinen und großen Überraschungen. Wie heute Abend mit der Karte von Donna, die ich schon vergessen hatte zu öffnen ... du sorgst! Mein Jesus sorgt für mich, wen oder was muss ich fürchten?

14. Dezember 2010 – Ich weiß, es ist nur Gnade – grace –, dass ich dir bis hierher vertrauen konnte. Vater, ich flehe dich an: Heute habe ich bemerkt, dass ich nicht mehr auf meinen Zehen stehen kann mit meinem »gesunden Fuß«. Ich brauche deine Hilfe, damit ich nicht aufgebe. Dir gebührt die Ehre. Danke, dass auch mein Fuß mich nicht daran hindern kann, dir, Papa, die Ehre zu geben! Danke für die Zusage, dass du mich trösten und durch dieses Tal geleiten wirst. Was würde ich ohne dich tun? Amazing Grace[58] *– Vater, danke, dass ich dein Tun über den Tag verteilt entdecken darf. Gib mir weiter diesen Blick.*

---

57 Deutsch: Wie majestätisch ist dein Name.

58 Deutsch: Überwältigende Gnade

Es ist das Ende des bisher schönsten Jahres, in dem Puschels Zustand sich nach der Bestrahlung in Heidelberg verbessert hat. Der Tumor hat sich komplett zurückgebildet. Statt einer Beule am Becken ist jetzt eine kleine Vertiefung sichtbar. Doch im Innern hört der Krebs nicht auf, sich immer neu auszubreiten. Außerdem gibt es nach wie vor Stellen in der Lunge, die als Metastasen gewertet werden. Nun bekommt Puschel allmählich wieder Probleme mit den Nerven. Offenbar wird einer dieser Nerven ständig von Flüssigkeit oder von einer Wucherung, die nicht zu sehen ist, »genervt«.

Im Innern hört der Krebs nicht auf.

Sie alle brauchen dich!

Doch Puschel schaut nicht nur auf sich und die Krankheit, sondern versucht, ihre Mitmenschen noch mehr in den Blick zu nehmen, zum Beispiel die älteren Frauen von Bülow.

Sie besucht sie, trinkt mit ihnen Tee, plaudert und lacht. Die Frauen freuen sich immer, wenn Puschel vorbeikommt, und halten Ausschau nach ihr. Im Advent lädt sie sie zum Adventsbasteln ein. Und die Frauen kommen.

16. Dezember 2010 – Vater, ich habe eine halbe Stunde, bis ich anfangen muss, den Raum noch vorzubereiten, bevor die Frauen aus Bülow zum Basteln kommen. Ordne meine Gedanken, Herr, gib mir deinen Frieden. Lass diesen Nachmittag zu einem Lebenssegen für die Lieben sein. Lass sie dich sehen. Wenigstens in Stücken, damit sie anfangen, nach dir zu fragen. Lass sie nicht von dieser Erde gehen, bevor sie dich nicht kennengelernt haben. Ohne dich, mein Herr, brauche ich diesen Abend nicht – Hilfe! Danke, meinen Blick möchte ich auf dich gerichtet haben. Wirke, mein Herr und Vater!

24. Dezember 2010 – Danke für die Zeit mit dir heute Morgen. Abba, zeige mir, wie ich leben soll. Es hat keinen Sinn, wenn deine Kraft im Leben, in meinem Leben, nicht sichtbar wird. Denn es gibt so viele Menschen, die dich sehen müssen, damit sie glauben.

Danke für meine Gewissheit, dass du heute lebst. Danke für deine Freude, die in mir ist. Für Geduld, für Lebensfreude (-Lust). Für die Energie, weiterzuleben.

Danke, dass du gekommen bist, dich extrem winzig gemacht hast. Diese Demut soll in meinem Leben sichtbar sein! Ist sie das?

Gestern habe ich Daniel geschrieben. Ich habe ihm erklärt, was mein Gebet seit Schweden ist, seitdem ich auf dem Felsen saß und die verschiedenen Größen von Bäumen sah ... Jesus, ich möchte ein Baum sein, der so tief verwurzelt ist, dass ich auch in Stürmen stehen bleibe ... Da habe ich gestern erkannt, dass du mein Gebet beantwortet hast – bis jetzt stehe ich. Lass meine Wurzeln weiter wachsen!

Wenn es mein letztes Weihnachten ist

Ich möchte jeden Augenblick bewusst erleben.

30. Dezember 2010 – Dieses Weihnachten war etwas sehr Besonderes. Doch Vater, wenn es mein letztes hier auf Erden ist, dann danke ich dir, dass du es so besonders gemacht hast. Ich bitte dich auch um ein besonderes Jahreswechselfest. Ein Dank an dich, Papa, für das letzte Jahr 2010 und den vertrauensvollen Blick in die Zukunft, in der ich jeden Augenblick bewusst leben möchte. Ich möchte meine Zeit nur mit deinen Gedanken füllen und tun, was dir die Ehre gibt – alles in dem Wissen, dass mir für »Unperfektion« vergeben ist. Das ist Gnade! Was für eine Zukunft!?

Und wenn es das Letzte ist …?

Nein, das letzte Weihnachtsfest ist es für Puschel nicht, das letzte vollständige Jahr aber leitet es dennoch ein. Doch Puschel wird mehr und mehr innerlich von Gott vorbereitet. Wir merken das nicht wirklich, lediglich ihre Tagebücher verraten es uns im Nachhinein. Denn so direkt spricht sie mit uns darüber nicht.

Puschel wird innerlich vorbereitet

Für uns stehen die täglichen Notwendigkeiten und die Behandlungsmöglichkeiten im Vordergrund.

6. Januar 2011 – Jesus, es passiert so viel. Das neue Jahr scheint schon lange begonnen zu haben, aber es sind erst sechs Tage. Hilf mir, meine Gedanken zu ordnen. Gestern hast du mir so viel gezeigt, und ich bin nicht einmal sicher, ob ich alles zusammenbekomme, damit ich daran arbeiten kann.

9. Januar 2011 – Heute ist die kleine Pia Julie um drei Uhr geboren worden. Wie sie wohl aussieht? Was wohl einmal aus ihr wird? O mein Jesus, werde du ihre Nummer eins! Möge sie dir zur Ehre heranwachsen und unzählige Menschen zu dir führen.

15. Januar 2011 – Mein Herz ist schwer, wenn ich fühle, dass mein Fuß immer schwächer wird. Ich weiß: Jedes Mal, wenn ich an solch einem Punkt angekommen bin, hast du mir etwas Wichtiges gezeigt! Danke, dass du mich nicht vergessen hast. Danke! Ich möchte dir weiter vertrauen. Du hast mich durch verschiedene Punkte gewarnt, dass Anfechtungen kommen werden. Fixing my eyes on Jesus! Be thou my vision …![59]

… *und wenn es bedeutet, alles zu verlassen!*

23. Januar 2011 – Mein Füller schreibt wieder. Welch große Freude, Jesus! Hiermit halte ich mein Gebet von heute noch

[59] Deutsch: Meinen Blick auf Jesus richten. Sei du mein Ziel.

mal fest. Dass ich dich kenne, ist doch das Beste und Größte, was je einem Menschen passieren kann! Römer 8,21[60] *ist die Monatslosung vom Februar. O Jesus, ich möchte so leben, wie du es Leben nennst. Was bedeutet das? Lass mich dein Wort lieben lernen. Mit dir reden, das soll mein größter Gewinn sein. Vater, ich möchte nicht mehr beten oder zur Gemeinde gehen oder die Bibel lesen, weil es so sein muss! Ich möchte ein Feuer ins Herz bekommen, das mich dein Wort lieben lässt, wie ich es noch nicht kenne. Ich möchte nie aufhören, mit dir zu reden, weil das das Schönste für mich ist. Jesus, ich möchte nur ein Leben mit dir. Und wenn das bedeutet, alle meine lieben Freunde verlassen zu müssen – und meine Familie vor allem –, dann weiß ich auch, dann ist es das Beste und Klügste. Mein Wunsch ist, dass ich in Zukunft immer ehrlich antworten kann, dass du, Jesus, mein Liebstes im Leben bist.*

3. Februar 2011 – Titus hat den Unfall[61] *gut überstanden, und er sieht ausgesprochen gut aus. Er lächelt mehr, als ich es von ihm kenne, und das macht mir große Freude. Jesus, gib mir die Weisheit, die verschiedenen »Sprachen der Liebe« bei meinen Lieben zu erkennen, und lehre mich, damit ich sie anwenden kann. Du hast gesagt, dass man uns als Christen erkennen wird an unseren »guten Taten«. Verändere mein Herz, damit Menschen dich erkennen können durch deine Kraft, die in mir wirkt. Ich möchte jeden Menschen lieben, schon allein weil du uns dies als zweitwichtigstes Gebot gabst. Und gleichzeitig ist mein größter Wunsch, dich zu lieben. Ich schäme mich, denn oft tue ich das Gegenteil: nicht dir die Liebe zeigen, sondern immer wieder das Herz brechen. Und trotzdem gibst du mich nicht auf.*

---

[60] »Aber die ganze Schöpfung hofft auf den Tag, an dem sie von Tod und Vergänglichkeit befreit wird zur herrlichen Freiheit der Kinder Gottes.«

[61] Puschels großer Bruder hatte einen Brandunfall mit starken Verletzungen im Gesicht.

Jesus, ich kann mich nicht ausstehen

In diesen Tagen sind wir wieder neu unterwegs, um auszuloten, was für Behandlungsmöglichkeiten es überhaupt noch gibt. Dabei hat Puschel ihren Optimismus absolut nicht verloren, wenngleich es ihr immer bewusster wird, dass sich ihr Zustand stetig verschlechtert. Sie ist einer der geduldigsten und dankbarsten Menschen, die wir kennen.

Aber natürlich steht auch sie dann und wann unter emotionalem Druck. Meistens merken wir dies überhaupt nicht. Aber es kommt manchmal durch.

Es geschieht schon mal, dass Eva-Maria dreimal laufen muss, um es ihr mit dem Essen recht zu machen. Oft muss sie auch extra auf den Boden laufen, um die Lieblingssachen von der Leine zu holen. Sie kann ihre Mutter auch mal vor den Kopf stoßen, indem sie einfach sagt: Nein, die Spritze lasse ich mir nur von Papa geben. Es sind aus unserer Sicht nie gravierende Dinge. Wir sehen ihre ständigen Schmerzen und empfinden dies gar nicht so. Doch sie ist seit jeher so sensibel, sodass sie das so empfindet. Doch wir können ihr dies überhaupt nicht übel nehmen.

Gibt es noch Behandlungsmöglichkeiten?

18. Februar 2011 – O Mann, ich kann mich nicht ausstehen, wenn ich durch Übermüdung oder so muffelig bin. Meist bekommt Mutti es ab. Ich bin so dankbar für meine Mutti!

Danke! Was für ein Segen liegt darauf, wenn es zu Hause einen Platz zum Erholen gibt. Bisher brauche ich die Ruhe immer nach den Kliniken ... Die letzten zwei Tage liefen einfach so an mir vorbei. Erster Termin an der Charité mit einem Kinder-Onkologen und dann die Untersuchungen in Berlin-Buch. Heute soll der Anruf kommen wegen der Ergebnisse.

Nun sind wir wahrscheinlich an dem Punkt angekommen, an dem ich eine eventuelle Entscheidung treffen muss, ob ich noch einen Versuch von Chemo machen sollte, bei dem es mir wieder schlecht gehen kann. Jesus, ich brauche deinen »Rockzipfel«. Nun bist du, wie es wohl scheint, der Einzige, der noch etwas tun kann. Irgendwie realisiere ich es noch nicht, oder was? Mir ist nicht zum Heulen zumute. Mein Herz ist at peace[62]. *Meine Hoffnung ist größer als je zuvor. Danke, mein Vater.*

Du möchtest, dass ich dir ein Diener bin. Zeige mir, an welchen Stellen. Öffne meine Ohren zum Hören. Gesine[63] *ist mit den Kiddies gekommen. Segne meine Familie, Herr!*

In Dankbarkeit leben

Puschel kämpft wie ein Löwe ...

Für uns beginnt nun die Zeit, in der wir begreifen, dass – menschlich gesehen – nichts mehr helfen kann. Trotzdem versuchen wir weiterhin, alles menschlich Mögliche zu arrangieren. Puschel kämpft wie ein Löwe um Leben und Gesundheit. Gleichzeitig ist sie fest verankert in der Ewigkeit. Dies, ihre Gebete – und wohl auch die der vielen Hundert Freunde, die täglich für sie beten – lassen sie schon längst zu einem Menschen werden, der eigentlich nicht mehr um Dankbarkeit bitten müsste ...

... und ist gleichzeitig fest verankert in der Ewigkeit.

21. Februar 2011 – Jesus, ich möchte in Dankbarkeit leben und nicht nur davon reden. Hilf du mir dabei! Letzte Woche haben die Berliner Ärzte mir gesagt, dass sie keine Therapie mehr für mich haben. Aber sie wissen nicht, dass ich den besten »Therapeuten« habe. Jesus, nicht für mich (abgesehen davon, dass ich gerne lebe), tue es für die Ärzte und alle, die mich beobachten. Ich bin gerettet – im Blick auf die Ewigkeit –, doch es gibt zu viele Herzen, die es nicht sind. Gib mir einen »Dankbarkeits-Lebensstil« in mein Herz. Lass mich nicht an irdischen Dingen, auch an meinem Leben, festhalten. Denn eines Tages werde ich noch viel Größeres und Besseres erleben ... Ich möchte genau das aber mit Menschen teilen und nicht für mich behalten. Hilf mir, zu wachsen. Lass uns zusammenwachsen, sodass niemand, der mich kennt, zweifelt, dass du genau hier und mit niemandem zu vergleichen bist.

---

62 Deutsch: im Frieden
63 Puschels Schwägerin

Jesus, wie lang auch immer mein Leben sein wird. Hole raus, was geht, damit Menschen dich erleben und selbst »er-leben«, wer du bist. Es wäre nicht fair, denn meine Wenigkeit hat es genauso wenig verdient. Und ich möchte so leben wie Martin Luther einmal sagte: »Wenn ich wüsste, dass morgen die Welt untergeht, dann würde ich noch heute einen Apfelbaum pflanzen.« Danke: »He will yet fill your mouth with laughter and your lips with shouts of joy« (Job 8:21 [NIV]).[64]

Mein Leben möchte ich in vollen Zügen »ausnutzen« – leben! Weil du mein Retter bist, lass meinen Kopf klar werden und nicht immer so müde, dass ich selbst hier beim Schreiben einschlafe.

Mein Patenkind Pia

Heute danke ich dir für mein neues kleines Patenkind Pia. Danke, dass ich sie letzte Woche erleben durfte. Segne auch diese neue Woche mit dir! Lass doch auch vom Wetter her alles toll werden. Auch wenn die Sonne bisher kaum da war, bring sie doch bitte diese Woche raus!

25. Februar 2011, 0:16 Uhr – Myri meinte beim Verabschieden gerade,[65] *dass sie »meinen« Kindern in El Salvador das von mir illustrierte Kinderbuch vorlesen und ihnen von mir und meinen Tieren erzählen wird. Vater, ich liebe die Kinder. Ich liebe es, Bilder von ihnen zu sehen. Werde ich jemals wieder mit ihnen sprechen können? In den letzten Tagen haben mir einige Menschen geschrieben, dass sie an meiner Seite mit mir kämpfen. Kämpfe ich? Wie kann ich's? Bin ich zu willenlos?*

---

[64] Deutsch: »Er wird es schenken, dass du wieder lachen kannst und dass du vor Freude jubelst« (Hiob 8,21).

[65] Myri und ihr Mann Daniel brechen nach El Salvador auf – für ein Praktikum in *La Casa*. Davor absolvieren sie noch ein Kulturtraining in Kanada.

… doch du gibst mir Hoffnung

22. Februar 2011 – Frische Luft zu riechen, ist ein Genuss. Ich liebe deine Natur, Vater. Du hast sie wunderbar gemacht. Mein Körper scheint immer mehr zu zerfallen. Die Schmerzen scheinen immer mehr zu werden. Meine Konzentration wird schlechter …, doch die Freude an dir, die Liebe, die Sicherheit, dass es die klügste Entscheidung ist, dir jeden Tag meines Lebens zu geben, wird immer stärker. Mein Jesus, ich scheine in einem Kreislauf zu sein, aus dem ich, menschlich gesehen, nicht herauskommen werde. Doch du gibst mir Hoffnung. Du hast für alles einen Grund. Danke, dazu gibst du Hoffnung, um nicht aufzugeben. Fixing your eyes on Jesus!

Es ist Lämmchenzeit. Wenn es dein Wille ist, dann gib mir ein Lämmchen. Du weißt, ob das gut wäre. »Bei Gott allein kommt meine Seele zur Ruhe; denn von ihm kommt meine Hoffnung« (Psalm 62,6 [EU]). Nimm dich meines ganzen Körpers an. Befreie ihn!

Eva könnte im Juli unbezahlten Urlaub nehmen. Meinst du, ich bin da fit, um mit Eva nach Kanada zu fahren, um Myri und Family zu besuchen?

Darf ich Mitte April die kleine Hündin Grace haben? Ist das dein Wille?

Vater, ich möchte tun, was du möchtest. Gleichzeitig soll es nicht bedeuten, gleichgültig zu sein. Jesus, nimm mich an die Hand, ich brauche dich!

Die kleine Hündin Grace

Puschel hat mit Winnie, einer Hundezüchterin aus Dresden, telefoniert. Winnie hat versprochen, ihr den schönsten und geeignetsten kleinen Welpen auszuwählen. Obwohl Puschel Winnie nur von den Telefonaten kennt, vertraut sie ihr und wartet gern. Aus einem ganz bestimmten Wurf sucht Winnie ein ganz bestimmtes Hündchen aus. Puschel hat sich eigentlich einen Hund gewünscht, der ganz hell ist und eine dunkle Schnauze hat – doch Grace ist das Gegenteil: von oben bis unten schwarz. »Das kann sich noch ändern«, erklärt Winnie, als wir den Welpen auf einer Rückfahrt vom Süden in Dresden abholen. Puschel ist überglücklich, als sie das Tierchen in den Armen hält. Sie nennt es *Grace*, was Englisch ist und auf Deutsch »Gnade« heißt. Fortan begleitet dieses kleine schwarze Bündel, das nur anderthalb Kilogramm wiegt, Puschel auf Schritt und Tritt. Da es keine Haare fallen lässt, darf es sogar bei ihr im Bett schlafen. Und nach ein paar Wochen wird Grace immer heller. Bis sie ein fast weißer Hund mit einer dunklen Schnauze ist …

Puschels letzte Reserven werden aufgebraucht.

Obwohl Puschel sich jeden Tag aufs Neue an Grace erfreut, findet das Hündchen in den letzten Tagebucheinträgen kaum noch eine Erwähnung. Denn nun werden Puschels letzte Reserven aufgebraucht. Immer mehr stehen die Schmerzen im Vordergrund und die Frage, wie wir sie bekämpfen können.

Das größte Wunder: Ich bin ein neuer Mensch!

13. März 2011 – Durch deinen Tod am Kreuz, Jesus, hast du mich befreit. Ich bin nicht »nur« der Hölle entkommen, und damit habe ich nicht »nur« einen Platz mit dir in der Ewigkeit. Nein, das größte Wunder und Geschenk ist, dass ich ein neuer Mensch bin. Wir stehen damit wieder in der Paradiesbeziehung. Weil dein Blut mich befreite, kann ich dir gegenüberstehen. Mit dir spazieren gehen. Ich bin der »verlorene Sohn«, der mit dir ein Fest feiern kann. Du nimmst mich nicht »nur« als Diener wieder auf. Nein, ich darf dich Vater nennen, weil du mir Gnade gabst. Ich habe nichts Gutes dafür getan, es ist allein deine Gnade, die mich befreite. Jesus, nicht mehr ich lebe, sondern du lebst in mir. Zeige mir in den nächsten Tagen, was für einen Unterschied es macht, dass ich befreit bin von meiner Schuld und damit ein neues Wesen bin.

Ich möchte mein Leben, mein neues Leben, leben und nicht verstecken. Lass die Menschen sehen, dass du in mir lebst (Galater 2,19-20). Sie sollen dich sehen, damit auch sie gerettet werden. Du weißt, was dazu nötig ist. Ich bitte dich um Gnade für meine Mitmenschen.

Danke, und den Vers in Römer 8,28[66] werde ich diese Woche mitnehmen. Ich schreibe ihn in mein Herz. Danke für deine Liebe!

Meine lieben Freunde

18. März 2011 – Oh, mein Vater, du hast gestern einen gesegneten Tag geschenkt. Mareike ist abends zu Besuch gekommen. Wir haben geredet, geweint, gelacht ... Danke, Jesus! Ich habe ihr einen Auftrag gegeben. Sie soll sich in der nächsten Woche auf Dankbarkeit konzentrieren. Jesus, zeige du ihr, dass du da bist. Gib ihr ein Erlebnis, das sie nie vergisst, bitte! Segne meine Schwester. Zeige ihr, wie wertvoll sie in deinen Augen ist. Es war toll, Mareike mal wieder strahlen zu sehen. Lass das für sie nur der Anfang sein, um zu einer jungen Frau zu werden, die ein Sonnenschein für ihre Umgebung ist! Nun gehe ich gleich zu Frau Scheel. Wirke du, Jesus!!

An diesem Tag schreibt Puschel wieder einen Brief an ihre Freunde für die Internetseite. Es ist der letzte. Danach geht es nicht mehr. Doch dieser Brief ist so grundlegend, dass wir ihn hier größtenteils zitieren wollen. Er ist zwar wie alle anderen nach wie vor auf der Internetseite[67] zu finden. Doch er ist fast wie ein Vermächtnis. Viele Male ist er seither von Predigern zitiert und von Zeitschriften (manchmal in Auszügen) abgedruckt worden. Puschel kann danach nur noch bis Mai Tagebuch schreiben. Ihr Gesamtzustand verschlechtert sich nun leider kontinuierlich.

Es ist der letzte Brief.

Das bedeutet zwar ganz und gar nicht, dass es jetzt für sie und für uns nur noch traurige Zeiten gibt. Aber zum Beispiel die Konzentration und das Sehen bereiten ihr immer mehr Probleme.

---

66 Und wir wissen, dass für die, die Gott lieben und nach seinem Willen zu ihm gehören, alles zum Guten führt.

67 www.holmer.de

18. März 2011 – Meine lieben Freunde, es ist wirklich schwer zu beschreiben: Mein Körper verliert nach und nach an Funktionen, aber mein Herz ist voller Hoffnung. Mit dem Monatsbibelvers für März ist es aber schon besser zu verstehen: »Bei Gott allein kommt meine Seele zur Ruhe, denn von ihm kommt meine Hoffnung« (Psalm 62,6 [EU]). Bisher konnte man noch meinen, dass ich Hoffnung habe, weil ich optimistisch bin und denke, dass die Medizin ja heute so große Fortschritte macht und mir helfen kann.

Erst gestern habe ich mit einer älteren Dame gesprochen. Sie meinte, dass das Wichtigste ist, nie die Hoffnung zu verlieren. Doch worauf? Ihre Antwort ist: »Dass du alt wirst.« Doch ich habe Jesus einmal mein Leben anvertraut, darum brauche ich mich daran nicht zu klammern. Ich denke, menschlich gesehen würde ich damit auch die Realität ausblenden. Denn ich bin todkrank!

Meine Perspektive ist aber die eines Menschen, der weiß, dass Jesus hier und jetzt da ist. Er tut Wunder. Doch es geht um weit mehr als darum, mich auf diesem Planeten zu behalten. Ich werde eines Tages sterben, wie jeder von uns. Doch ich habe die Gewissheit, dass ich eine viel schönere »Welt« erleben werde. Jesus hat diese Hoffnung in mir verankert, ohne dass ich etwas dafür getan habe. Danke, Jesus!

Dass diese Hoffnung in mir lebt, bedeutet aber ja nicht, dass mir der »Zerfall« meines Körpers erspart bleibt oder nichts ausmachen würde. Erst gestern schrie ich zu dir, Jesus, als mir sehr übel war und die Schmerzen kaum zu ertragen waren, und du hast mein Gebet erhört. Es war, als wenn ich von dir durch die nächtlichen Stunden getragen wurde. Du trägst mich, ich muss nur fragen. Warum fällt es mir oft so spät ein, dass ich Jesus im »Herzen« habe, der nur darauf wartet, gefragt zu werden? Sich aufdrängen ist nicht seine Art. Es ist leicht, im Getriebe des Alltags zu vergessen, was wirklich wichtig ist. Auf wen kann ich mich 100 Prozent verlassen? Als Erstes versuche ich meist, mich auf mich selbst zu verlassen. Doch das ist einfach dumm von mir! Ich verlasse und stütze mich viel zu wenig auf ihn. Selbst schuld würde ich sagen!

Sich auf Jesus zu verlassen, bedeutet aber nicht, dass er uns aus ungemütlichen Lebenslagen herauskatapultiert. Nein, aber er ist genau in dieser Lebenslage mit uns da. Und wenn es nötig ist, dann »trägt« er uns. Im Nachhinein haben wir eine Erfahrung mehr: Er ist da!

Von einem Freund habe ich kürzlich eine Karte bekommen, auf der stand: »Ich bin immer da – Gott!« Ich wünsche euch und mir, dass wir Tag für Tag mehr lernen, uns in unserem Leben auf Jesus zu stützen. Dann haben wir eine Hoffnung, die über den Tod hinausgeht. Lasst uns die Ewigkeit nicht ausblenden!

Der Herr ist meine Hoffnung. Ihm will ich vertrauen und niemals verzagen (Psalm 62,6). Manche Menschen denken, dass mein Leben jetzt nur von Traurigkeit geprägt ist. Das ist nicht der Fall. Im Gegenteil. Ich darf vieles noch mehr schätzen lernen. Mein Herz ist dankbar und damit von Frieden durchzogen. Vor einigen Wochen haben die Ärzte in Berlin mir nach einigen Untersuchungen gesagt, dass sie keine Chemotherapie mehr empfehlen. Der Tumor im Becken und die Metastasen in der Lunge sind unter der letzten Chemo einfach fröhlich weitergewachsen. Nun kommt es mehr darauf an, was mit meinen Schmerzen passiert. Denn die werden nicht schwächer werden. Die letzten Wochen waren zugegebenermaßen sehr beschwerlich, da der Tumor sich im Becken immer breiter macht. Meine Beine lagern Flüssigkeit an, was die Nerven ziemlich nervt! Wir hatten in den letzten Wochen viele Arztbesuche und wurden Stück für Stück weitergeführt. Es kam von einem zum nächsten Termin. Und das Gute war, dass wir die Termine viel schneller bekommen haben als üblich. So kann ich hoffentlich bald berichten, dass meine Schmerzen nicht mehr so unausstehlich sind …

»Fixing my eyes on Jesus« – das sind die Worte, die bei mir immer wieder im Kopf rotieren. Es ist immer meine Entscheidung, worauf ich mich stütze und konzentriere. So bin ich dankbar, wenn ich morgens Zeit mit Jesus verbringen kann, denn mein Tag bekommt durch ihn einen anderen Wert. Und was ich möchte, ist, mein Leben wertvoll auszufüllen, also das Beste draus zu machen. Dazu brauche ich Jesus in jeder Minute. Ich fühle mich reich beschenkt.

Die letzten Tagebucheinträge

Als Puschel selbst keine Einträge mehr für ihre Homepage schreiben kann, tun wir dies natürlich weiter, damit sich Puschels Freunde auch jetzt noch über ihren Gesundheitszustand informieren können.

Nach wie vor stehen für Puschel die »wirklich wichtigen« Dinge im Vordergrund. Und das sind die Menschen um sie herum. Dass sie sich nicht in Trauer verschließt, ist eines der großen Wunder, die Gott tut, eine der Gebetserhörungen, die Gott schenkt. Wir spüren gemeinsam Tag für Tag handfest, dass Gott uns trägt. Denn menschlich gesehen ist es hoffnungslos.

Wir sehen und spüren Gott.

Wir sind sehr beschäftigt mit Arztbesuchen, Untersuchungen und der alltäglichen medizinischen Versorgung. Aber es geht (fast) immer fröhlich bei uns zu. Das ist Gottes Geschenk. Und das ist sein Wunder in allem. Auch wenn wir (und viele Beter und Freunde) uns den Verlauf anders wünschen – wir sehen und spüren Gott.

19. März 2011 – Markus Spieker kommt heute doch nicht. Aber Geli kommt mit J.[68] *und Ela zum Mittag. Lass ihn dich erkennen an diesem Tag. Vater, lass ihn sehen, dass du lebst. Vater, rette ihn! Zeige mir, was ich tun kann. Mache die Türen auf für den Teens Prayer Congress in Neubrandenburg.*[69] *Gib mir Kraft und wenig Schmerzen. Vater, ich brauche deine Hilfe. Nimm dich meines Körpers an. Regle doch auch, dass ich einen Fahrer habe und wir wenigstens morgen ein paar Teenies mitnehmen können.*

Georg überlegt sich, fürs Frühjahr nach Schweden zu gehen. Leite ihn und räume alles aus dem Weg, was ihn davon abhält zu tun, was du für richtig hältst – was richtig ist. Segne ihn – seine ganze Familie. Bring sie immer wieder zu dir zurück. Danke für gestern. Segne Mareikes Tag heute, begegne ihr!

---

68 Ein krebskranker Mann, der Jesus nicht kennt

69 Ein Gebetstreffen für Jugendliche, an dem Puschel gerne teilnehmen würde

26. März 2011 – Vater, irgendwie kommt es mir so vor, als wenn ich mich mit jedem Tag mehr am Leben freue, als wenn ich freier bin als je zuvor. Es ist, als sei eine Last von mir gefallen, seitdem die Ärzte keine Ahnung haben, was sie noch machen können, um mir zu helfen. Jesus, es klingt wirklich schräg, aber ich bin froh, dass die Menschen an diesem Punkt mit ihrer Weisheit angekommen sind.

Danke, dass Mutti und Papa scheinbar auch Frieden haben, dass du alles richtig führen wirst. Lass sie nie diesen Frieden verlieren. Behalte ihnen deinen Frieden bei, denn es wäre schwerer als alles andere, wenn ich wüsste, dass sie nur leiden. Ich weiß, ein Rest Angst wird immer sein als Eltern, oder? Doch grundsätzlich, Vater – ich danke dir, dass du dich nicht nur um mich sorgst, sondern auch um meine Familie. »May the Lord bring you into an ever deeper understanding of the love of God and of the patience that comes from Christ« (2. Thessalonians 3:5).[70] *– Yes, Lord, please!*

In diesen Tagen bekommt Puschel die Anfrage von *ERF Medien*[71], ob sie bereit wäre, dort ein längeres Interviewgespräch zu führen. Auf einer Rückfahrt von Heidelberg können wir in Wetzlar Station machen. Puschel geht es ziemlich schlecht, sie kann sich kaum länger auf den Beinen halten. Doch als wir im ERF ankommen, bekommt sie so viel Kraft, dass sie ein 40-minütiges Gespräch ohne Unterbrechungen führen kann.[72]

---

70 2. Thessalonicher 3,5: »Der Herr richte eure Herzen auf die Liebe zu Gott aus und auf das geduldige Warten auf Christus.«

71 Evangeliums-Rundfunk. www.erf.de

72 Man kann das Interview auf Puschels Internetseite im Bereich „Videos & mehr“ anhören: www.holmer.de.

Puschel mit Markus Spieker und ihrem Bruder Silas an der Spree in Berlin – April 2011.

Nun kann ich mich auf dich stützen

Ich danke dir für die Freiheit, die Hoffnung und den Frieden. Danke, dass ich meine Hoffnung nie auf Menschen stützen musste. Nun kann ich mich komplett auf dich stützen, ohne noch einen Gedanken daran zu verschwenden, ob die Chemo sinnvoll ist oder nicht. Danke auch, dass du in der letzten Woche so viel vorangebracht hast. Ich weiß, du lässt mich nicht im Stich. Du bist am Arbeiten. Du überwältigst mich – ich kann nur staunen! Dir allein gebührt die Ehre bis in alle Ewigkeit!

13. Mai 2011 – Es ist so viel passiert in den letzten Wochen. So bin ich nicht dazu gekommen, hier ein paar Sätze zu schreiben. Die vielen Meetings machen das fast unmöglich. Und außerdem schlafe ich immer fast ein. Durch den Tumor hat mein linkes Bein begonnen anzuschwellen. So brauche ich mehr »Lymphdrainage«. Silke[73] *kommt nun seit einigen Wochen. Vater, segne sie. Lass sie nicht gehen, ohne dass sie dich gesehen hat. Mein Fuß geht nun nicht mehr. Ob ich jemals wieder durch deine Natur laufen kann? Nur durch deine Kraft! Jesus, du bist der Einzige, der noch etwas tun kann. Greife du ein.*

24. Mai 2011 – Jesus, am Freitag ist mein Geburtstag. Ich möchte, dass es ein schöner Geburtstag wird – es ist nur schwer, die lieben Menschen, die ich dabei haben möchte, auf einen Termin zu bringen. Hilf mir, das Richtige zu entscheiden.

Gebet am Geburtstag

Puschel möchte nicht einfach nur Geburtstag feiern. Sie möchte auch Freunde und Verwandte einladen, die ein Ältestenamt in der Gemeinde innehaben, damit sie noch einmal mit und über ihr gemäß der Aufforderung des Jakobus (Jakobus 5) beten und sie im Namen des Herrn salben. Sie fragt ihren Opa, Onkel Markus, der in der Nachbargemeinde Pastor ist, und seine Frau Elke. Und sie fragt einen Freund, Sigurd Havemann, der selbst Krebs hat und in den letzten Monaten immer öfter an ihrem Bett ist. (Im Internet hat sie ihre Freunde schon mehrfach ermutigt, für ihn zu beten.)

26. Mai 2011 – Wir treffen uns am 27. Mai gleich morgens. Opa hat auch zugesagt zu kommen. Danke! Gerade habe ich realisiert, dass Psalm 23 mein Leben ist. In den letzten Tagen hatte ich viele »Flashbacks«[74] *von meinem Leben in El Salvador und Schweden …*

Hier enden Puschels Tagebucheinträge. Von nun an können wir nur noch auf unsere Erinnerungen, die eigenen Aufzeichnungen oder auf das zurückgreifen, was Puschels Freunde oder wir selbst auf ihrer Internetseite geschrieben haben.

[73] Puschels 23 Jahre alte Physiotherapeutin
[74] Geistige Rückblenden

Schmerzen, Schmerzen, Schmerzen

Puschel macht es immer mehr Kummer, dass sie ihren Fuß nicht mehr richtig gebrauchen kann. Der Tumor (das zweite Rezidiv) drückt nun wieder Nerven- und Lymphbereiche ab, sie kann deshalb ihr Bein nicht mehr aktiv bewegen. Wegen des Drucks lässt auch das Gefühl mehr und mehr nach.

Wir sind sehr froh und dankbar, dass uns unser Hausarzt in Teterow mit allem medizinisch Nötigen ausstattet. Das ist für Puschel ein riesiges Geschenk. Denn Dr. Herrmann denkt sehr für Puschel und versetzt sich in ihre Lage. Er sorgt immer wieder dafür, dass Puschel bekommt, was sie aus medizinischer Sicht braucht. Er gibt uns auch die Möglichkeit, viele medizinisch notwendige Dinge selbst zu erledigen: Wir legen Portnadeln, hängen Tröpfe an und bereiten die Venenzugänge für die Blutabnahme vor.

Der Tumor drückt auf die Nerven.

Weil die Schmerzen immer unerträglicher werden, bringen wir Puschel inzwischen regelmäßig zu einem Anästhesiespezialisten nach Rostock. Dort bekommt sie Spritzen direkt in die Nerven, die durch den Tumor abgedrückt werden. Gleichzeitig rufen wir wieder die Heidelberger Bestrahlungsspezialisten an und versuchen, noch einmal eine Schwerionentherapie zu arrangieren.

»Sie möchten eine weitere Bestrahlung für Ihre Tochter, obwohl die erste Bestrahlung nichts Entscheidendes bewirkt hat?«, fragt mich der Arzt.

»Wie kommen Sie denn darauf, dass die erste Therapie nichts bewirkt hat?«, frage ich verwundert zurück. »Sie war sogar extrem wirksam! Sie haben nur nie nachgefragt.«

Doch die Ärzte wollen uns abwimmeln. Nach anderthalb Jahren macht man normalerweise keine zweite Schwerionentherapie. Aber was ist bei Puschel schon normal?

Von unserem ersten Besuch in Heidelberg wissen wir noch, dass wir, wenn wir etwas erreichen wollen, beharrlich sein müssen. Also erkläre ich am Telefon, dass wir eine Bestrahlung wollen, die rein palliativen Charakter hat, die nur noch der Schmerzlinderung dient. Als ich nicht aufgebe, willigen sie schließlich ein. Die Spezialmatratze von 2010 ist noch da, Puschels Bestrahlung sollte nichts im Wege stehen.

So fahren wir im Sommer noch einmal nach Heidelberg, damit Puschel vor der Bestrahlung untersucht und der Tumor vermessen wird. Doch das ist für Puschel kein Problem. Das Hauptziel besteht im Moment darin, ihre Schmerzen zu lindern. Puschel beißt sich durch: die achtstündige Fahrt, eine Übernachtung im Hotel in Heidelberg, MRTs, CTs, all das nimmt sie gern auf sich in der Aussicht auf Linderung. Ende August sind die Untersuchungen abgeschlossen und wir warten zu Hause auf einen Termin für die Bestrahlung. Zunächst muss noch die Krankenkasse zustimmen. Doch die lässt sich Zeit.

Noch einmal Heidelberg

Am 30. August schreiben wir im Internet an die Beter und Freunde, dass die Bestrahlung am 6. September stattfinden soll. Wir hoffen, alle nötigen Genehmigungen zu bekommen. Für uns kommt es jetzt drauf an, ein Zimmer oder kleines Apartment in Heidelberg oder Umgebung zu finden, in dem Puschel (mit einem von uns Eltern und möglichst der kleinen Grace) für die vier Wochen der Bestrahlung wohnen kann. In unserem früheren Quartier bei Ehepaar von Bodisko in Mutterstadt geht es nicht mehr, weil dort vor allem die Treppe inzwischen ein echter Hinderungsgrund ist. Puschel könnte auch im Krankenhaus stationär untergebracht werden. Doch das möchte sie auf keinen Fall. Nun hoffen wir, dass die Krankenkasse einer externen Unterbringung zustimmt und die Kosten übernimmt. So beten wir weiter, dass die Schwerionenbestrahlung möglich wird und entscheidende Entlastung bringt.

Und die Krankenkasse lässt sich Zeit

Von der Krankenkasse aber kommt keine Nachricht. Wir können nur warten und hoffen. Es ist der 5. September, nur noch ein Tag bis zum Termin. Das Telefon klingelt, ich nehme sofort ab. Die Heidelberger Klinik ist am anderen Ende. »Die Krankenkasse hat sich nicht gemeldet, Herr Holmer«, sagt die Dame aus der Verwaltung.

Mir sinkt der Mut. Doch die Frau am anderen Ende spricht weiter: »Doch egal, was die Krankenkasse sagt, wir bestrahlen Lydia – im Notfall auf Kosten des Klinikums!«

Halleluja! Wir buchen ein Apartment direkt im Stadtzentrum von Heidelberg, laden die bereits gepackten Koffer ins Auto und fahren los.

Es werden vier für Puschel sehr mühsame Wochen. Eine Entlastung spürt sie natürlich vorerst nicht, weiß aber vom letzten Mal, dass die Linderung Zeit braucht. Wir nutzen diese Heidelberger Zeit gemeinsam, so gut es geht. Von der Wohnung in der Stadt aus kann Puschel im Rollstuhl ab und zu einen Stadtbummel unternehmen. Unser Doktor zu Hause hat sie mit allen nötigen Schmerzmitteln und zusätzlichen Rezepten versorgt. Puschel ist dankbar für das Vertrauen dieses Arztes, der alles tut und ermöglicht, um ihre Schmerzen zu lindern. Manchmal betet sie: »Herr, vergilt es unserem Doktor und beschenke ihn auf deine Weise.«

Unser Doktor zu Hause hat Puschel gut versorgt.

Ich selbst muss, weil ich zu Hause noch eine Hochzeit und auch einige andere Dienste habe, zwischendurch zurück. So bleibt Eva-Maria allein dort und kümmert sich um Puschel und Grace. Um zur Klinik zu gelangen, nehmen sie das Taxi. Grace, die natürlich nicht mit in die Klinik darf, vollführt jedes Mal ein Tänzchen, wenn sie Puschel nach den Bestrahlungen wiedersieht.

Nun auch das noch – Meningitis

Rückkehr – und keine Pause

Doch dann kommt der Tag, an dem ich wieder dort bin und mich freue, meine beiden (sorry, meine drei) abholen zu können. Für Puschel ist wieder eine fantastische Liege im Auto hergerichtet – sie liegt wie die Prinzessin auf der Erbse. Nachmittags kommt noch Esther, Puschels kleine Schwester, vom Bodenseehof, um mit uns in den Norden zu fahren. Sofort nach der letzten Bestrahlung wollen wir starten. Es klappt alles bestens. Wir nehmen die rund 850 Kilometer unter die Räder, fahren in die Nacht hinein, machen immer wieder Pause. Als wir kurz vor Mitternacht am Rastplatz Dessau-Ost anhalten und noch auf die Toilette gehen und etwas essen wollen, klagt Puschel über immer heftigere Kopfschmerzen. Sie mag nichts mehr essen.

Als wir wieder im Auto sitzen, sagt Eva-Maria: »Lass uns bloß schnell nach Hause fahren!« Es sind noch über 250 Kilometer.

Puschel geht es immer schlechter. Sie kann nicht mehr. Eva-Maria und Esther sitzen bei Puschel hinten, beten und hoffen. Ich fahre so konzentriert und zügig wie möglich. Schließlich haben wir es geschafft. Doch als wir Puschel zu Hause ins Bett legen wollen, schwankt sie und sackt zusammen. Zu dritt nehmen wir sie in den Arm und tragen sie ins Bett. »Willst du noch etwas trinken?«, fragt Eva-Maria. Puschel stöhnt vor Schmerzen, will aber nur noch liegen und Ruhe haben. Hilflos stehen wir neben ihr am Bett, können nur noch beten und sie der Obhut unseres Herrn anbefehlen. Morgen werden wir weitersehen.

Mit Blaulicht in die Klinik

Doch am nächsten Morgen wacht Puschel nicht auf. Wir versuchen, sie behutsam zu wecken, denn die Zeit, ihre Medikamente einzunehmen, ist schon überschritten. Puschel reagiert nicht. Da wird uns klar: Sie ist überhaupt nicht mehr bei Bewusstsein! Was nun?

Wir falten die Hände, wie wir es immer getan haben: »Herr, zeig uns, was wir tun sollen! Wir brauchen dich!« – Wenige Augenblicke später wähle ich die 112. Ich schildere, was los ist. »Es kommt sofort jemand zu Ihnen«, sagt der Einsatzleiter. Es sind wohl knapp zehn Minuten vergangen, da knattert ein Hubschrauber über unserem Haus und landet auf der Wiese, ein Notarzt läuft geduckt schnell zu uns herüber, gleichzeitig kommt bereits ein Krankenwagen. Der Arzt untersucht Puschel, dreht sich dann zu uns um und sagt: »Sofort in die Notaufnahme.«

Puschel ist nicht mehr bei Bewusstsein.

Die Sanitäter laden Puschel in den Krankenwagen, Eva-Maria fährt mit. Puschel wird ins Krankenhaus gebracht. Dort ist alles vorhanden für die ersten Untersuchungen.

Die Diagnose steht schnell fest und wird dann bestätigt: Meningitis – Hirnhautentzündung. Bedrohlicher geht es kaum. Und Hilfe hätte nicht viel länger ausbleiben dürfen. Auf der Intensivstation werden sofort die nötigen Schritte eingeleitet. Als ich dort ankomme, sagt mir Eva-Maria, wie es um Puschel steht. »Wenn in den nächsten Stunden alles stabil bleibt, dann sollte sie es schaffen.«

Doch die Oberärztin präzisiert die Aussage: »Sie müssen damit rechnen, dass wir erst in zwei bis drei Tagen wissen, ob Ihre Tochter es übersteht.«

Eine Odyssee beginnt

Für Puschel und uns beginnt eine Odyssee. Denn unserem Krankenhaus fällt es schwer, mit Puschels Schmerzen und der Menge an Schmerzmitteln, die sie braucht, umzugehen. Um die Meningitis auszuheilen (und keine Wechselwirkungen der vielen Medikamente zu riskieren), lässt man die bisherigen Schmerzmittel drei Tage lang komplett weg. Wir selbst haben natürlich keine Ahnung, was passieren wird, wenn Puschel aufwacht. Wir wiederholen immer wieder, welche Art und welche Mengen von Schmerzmittel Puschel bisher genommen hat, und bitten um Kontaktierung der Onkologen und Schmerztherapeuten, die Puschel behandelt haben. Doch man kontaktiert niemanden.

Da Puschels Schmerzmittel aber vor allem Morphine sind, gerät sie unweigerlich in einen Entzug, der nach drei Tagen massiv sichtbar wird. Die Ärzte reagieren nun hektisch und verabreichen ein extrem starkes Opiat, welches normalerweise zur Schmerzausschaltung während einer Operation eingesetzt wird. Doch das ist nicht für längere Zeit anwendbar.

Eva-Marias Schwester Christine und meine Schwester Elisabeth, die beide Krankenschwestern sind, kommen uns für die Begleitung unserer Puschel zu Hilfe. Elisabeth ist Puschels Patentante und kommt eigens aus dem Süden angereist. Sie lösen uns oft bei den Nachtwachen ab. Es folgen Tage und Nächte, in denen wir alle an unsere Grenzen stoßen. Tage- und nächtelang sitzen wir an Puschels Bett und versuchen, die Ärzte zu bewegen, Puschel mit den nötigen Schmerzmitteln zu versorgen.

Wir stehen am Bett und halten es fast nicht aus, Puschel so leiden zu sehen: Sie stöhnt, weint, halluziniert, zittert. Wir sehen das Ende vor uns – die Geschwister sind alle zusammengekommen, um von Puschel Abschied zu nehmen. Wir wünschen uns so sehr, dass sie nicht hier sterben muss. Die Frauen drängen mich, den Vater: Hole sie nach Hause zurück! Sie soll nicht hier sterben.

In der Nacht sitze ich an ihrem Bett und hadere mit Gott: »Herr, sie ist doch dein geliebtes Kind. Und du hast gesagt, dass du hören und handeln willst, wenn wir dich darum bitten. Nun flehe ich dich an: Rühre du Puschels Körper an und lass sie Ruhe finden.« Für diese Nacht findet Puschel Ruhe ... Doch nach insgesamt zehn Tagen ziehen wir die »Notbremse«: Ich verlange den Heimtransport nach Bülow oder die sofortige Überstellung in ein Tumorzentrum. Da endlich bewegt sich die Leitung der Intensivstation und versucht, eine Überführung nach Rostock in Gang zu setzen.

Die Geschwister sind da, um Abschied zu nehmen.

Es wird ein chaotischer Übergang, weil man nicht einmal einen Arzt mit dem Krankentransport mitschickt und in Rostock deshalb keine geordnete Übergabe erfolgt. Wir sind erschöpft, wütend und traurig, funktionieren einfach, versorgen und begleiten Puschel, reden mit den Ärzten und Pflegern und kommen dabei kaum zum Nachdenken. Doch in jeder ruhigeren Minute verfolgt uns die Frage: »O Gott, warum machst du so etwas? Sie ist doch dein Kind!«

Auch im Universitätsklinikum in Rostock trauen sich die Ärzte zunächst nicht daran, die momentane Medikation in eine geordnete Schmerzmedikation umzuwandeln.

Wir sind verzweifelt und fragen uns am Morgen, wie wir den Tag bis zum Abend überstehen sollen. Da kommt der Leiter der Schmerztherapie Dr. Siems aus dem Urlaub zurück. Und endlich gibt es Linderung für Puschel.

Dr. Siems stellt die Medikation sofort um. Das für längere Zeiträume völlig ungeeignete Medikament mit der bisher so irrwitzig hohen Dosis ersetzt er durch eine adäquate Medikation auf Morphiumbasis.

Er weiß, dass Puschel nun erneut einen Entzug durchmachen muss. Doch er verlässt in diesen Tagen Puschels Krankenbett auf seiner Palliativstation kaum noch. Er steht Puschel und uns in dieser Umstellung bewundernswert bei, sodass auch die hohe Übergangsdosis von Morphium schon bald reduziert werden kann.

Es ist ein für alle Beteiligten schwerer Weg. Puschel ist nicht mehr sie selbst. Die letzten drei Wochen hat sie in einer Art Narkose verbracht. Sie reagiert zwar immer mal wieder, doch völlig wesensfremd. Später kann sie sich an fast nichts mehr aus diesen drei Wochen erinnern. Sie scheint die Ereignisse zu der Zeit zwar kurzfristig mitbekommen zu haben, aber ihr Gedächtnis hat offenbar nichts davon gespeichert. Wie gut aber auch ...!

Puschel ist nicht mehr sie selbst.

Keine zwei Tage mehr?

Im Oktober 2011 geht Dr. Siems auf unsere eindringlichen Bitten hin – gegen den Rat aller seiner Kollegen – zielstrebig darauf ein, Puschel so schnell wie möglich nach Hause zu bringen. Für ihn ist klar, dass es mit Puschel bald zu Ende geht. Die Kollegen im Klinikum denken, dass sie zu Hause keine zwei Tage mehr überstehen wird ...

Als Puschel dann tatsächlich nach Hause kann, begleitet Dr. Siems den Heimtransport höchstpersönlich – obwohl er dafür überhaupt nicht zuständig ist. Wir sind von Herzen dankbar für seinen großen Einsatz, auch für die letzten Wochen auf der Palliativstation.

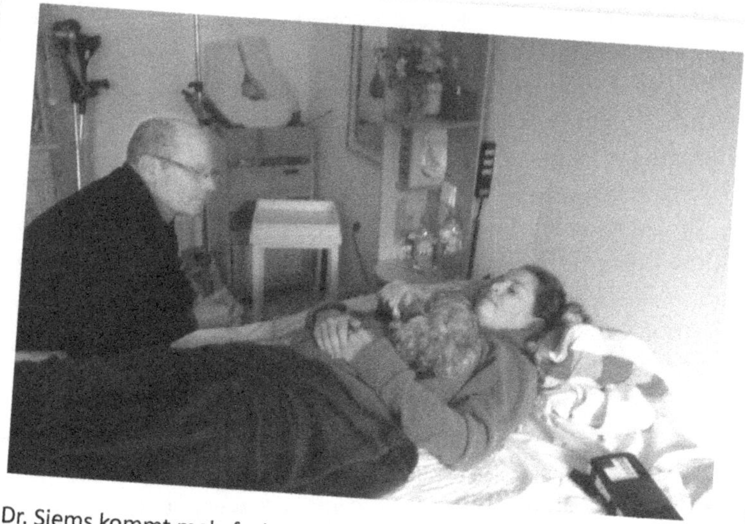

Dr. Siems kommt mehrfach nach Bülow, um nach Puschel zu sehen. Ihm sind wir zutiefst dankbar für seinen Einsatz.

Nach vier Wochen in Heidelberg, zehn Tagen im Krankenhaus und zweieinhalb Wochen in Rostock kommt Puschel am 27. Oktober endlich wieder nach Bülow. Dr. Siems hat für den Übergang nach Hause alles gut vorbereitet. Und wir sind mittlerweile »Experten« auf unserem Gebiet, sodass wir Puschel danach fast allein medizinisch versorgen können. Unser Hausarzt stellt uns in den nächsten Monaten wiederum alles Nötige zur Verfügung.

Das Weihnachtsfest 2011 zu Hause

Puschel ist noch sehr von der Narkosemedikation gezeichnet, ist selten wach und kaum geistig zugänglich. Ein paar Tage später kommt plötzlich Besuch: Markus Spieker aus Berlin steht in der Tür. Er hat sich einfach aufgemacht und will nur mal ein paar Minuten nach ihr sehen. Ich sage ihm an der Tür, dass Puschel kaum wachzukriegen sei, aber er solle ruhig mitkommen zu ihr. Als wir in ihr

Zimmer treten und ich ihr sage: »Puschel, Markus Spieker ist von Berlin gekommen, um dich mal kurz zu besuchen«, da schlägt sie die Augen auf und führt mit ihm eine Unterhaltung, wie sie bis dahin nicht möglich gewesen ist. Von da an kann sie die nächsten Wochen sehr viel wacher und klarer erleben. Es gibt also auch jetzt positive Zeichen und Gründe zur Dankbarkeit. Puschel freut sich immer, wenn Markus auch in den kommenden Wochen einfach mal so vorbeikommt.

»Markus Spieker ist von Berlin gekommen.«

Es gibt auch weiter viele Beschwernisse mit Schmerzen und verschiedenen Problemen. Im Vordergrund stehen für uns in dieser Zeit gar nicht die Schmerzen, die der Krebs verursacht, sondern die Nachwirkungen der falschen Schmerzmedikamente, die nach Abklingen der Meningitis gegeben wurden. Es sind zum Teil Phantomschmerzen, die aber extrem schwierig zu bekämpfen sind. Es sind Nervenschmerzen, die schlecht zu lokalisieren sind. Es ist ein Knäuel von verschiedenen Symptomen, für die es oft keine klare Ursache gibt. Möglicherweise hat sie noch immer auch mit dem Entzug von dem extremen Schmerzmittel zu tun. Das Gute ist, dass uns alle Ärzte und Pflegedienste unglaublich freundlich und engagiert zur Seite stehen. Wir können so das Allermeiste an medizinischen Maßnahmen selbst erledigen, was für Puschel immer das Angenehmste und Beste ist. Besonders schön ist für sie, dass alle, die sie besuchen möchten, dies nun auch können – viel besser als in jeder Klinik. Puschel erholt sich in mancher Hinsicht sehr deutlich. Denn sie ist nun mehr und mehr wach und kann am normalen Leben im Haus und in der Familie recht aktiv teilnehmen. Sooft wir können, gehen wir mit ihr an die frische Luft oder holen sie zum Essen im Liegerollstuhl an den Tisch der Familie.

Doch es ist nicht klar, wohin der Pegel ausschlagen wird. Wenn der Körper die vielen verschiedenen Medikamente so verarbeitet, dass er sich insgesamt erholt, gibt es eine Chance, noch einmal grundlegendere Besserung zu erleben. Dabei ist völlig unklar, wie sich der Krebs weiterentwickelt hat – wir können noch nicht sagen, ob und wie die Bestrahlung in Heidelberg gewirkt hat. Wir können nur abwarten und Tag für Tag weitermachen. Das Wichtigste für uns ist, dass wir Puschel wieder zu Hause haben. An ihrer Seite kämpfen wir, leiden und freuen uns mit ihr. Denn auch für Fröhlichkeit gibt es wieder Zeiten und Gelegenheiten. Wir nutzen sie dankbar. Das Weihnachtsfest und der Jahreswechsel werden Zeiten, in denen wir im großen Kreis um ihr Bett herumsitzen, mit ihr beten, singen, reden und lachen.

Froh über jede gemeinsame Stunde

Uns ist klar, dass es, menschlich gesehen, wohl keine Aussicht mehr gibt, Puschel noch einmal in gesünderem Zustand zu erleben. Doch wir sind froh über jede gemeinsame Stunde. Es kommen immer wieder Freunde oder Verwandte vorbei, die sie ein wenig aufmuntern wollen. Puschels Cousinen Reinhild, Almut und Magdalena schreiben:

> *Als Puschel krank wurde und wir Schwestern durch Studium und Arbeit nach und nach von Thüringen zurück in den Norden zogen, fuhren wir immer öfter nach Bülow. Wir wollten helfen, da sein, mit anpacken (was uns sogar den Namen »the helping sisters« einbrachte). Oftmals merkten wir, dass wir gar nicht viel tun konnten. Aber da sein – das konnten wir.*
>
> *Einmal machten wir gerade Abendbrot. Wir deckten auf einer Hälfte des Tisches das Geschirr auf, während auf der anderen Hälfte Onkel Hannes damit beschäftigt war, Spritzen für Puschel fertig zu machen. Da im Dorf kein Arzt wohnte, übernahm Onkel Hannes die Aufgabe des intravenösen Spritzens selbst – davor wurde gebetet wie vor dem Essen (allerdings mehr als Bitte, dass das Spritzen gelingt und für Puschel zum Guten wirkt). Obwohl wir nach Bülow kamen, um etwas zu geben, fuhren wir immer als Beschenkte wieder nach Hause. In Puschels Gegenwart wurde manche Priorität neu gesetzt und manch schiefer Gedanke geradegerückt.«*

Wir fuhren immer als Beschenkte nach Hause.

Einige Mädchen aus unserer Jugend kommen mit Flöten, Keyboard und Geigen, um ihr ein kleines Konzert zu spielen, was Puschel sehr erfreut. Eine Familie aus unserer Gemeinde besucht Puschel mit allen

Familienmitgliedern – ihre Tochter war immer bei Puschels »Bibellesen für Mädchen« dabei. Die Mutter sagt nach dem Besuch bei Puschel zu uns: »Ich hatte viel mit meinen eigenen Gedanken zu tun. Aber als ich aus dem Zimmer von Puschel herauskam, war es, als würde ich einen ganzen Arm voller Geschenke mitbringen. Es war unbeschreiblich.« Puschels Zimmer ist nie von Traurigkeit, sondern immer von Freude und Frieden erfüllt. Ihre Cousinen hier im Norden kommen jetzt noch öfter. Sie genießen ihre Nähe, wollen sie trösten – und werden selbst getröstet. Almut schreibt nach einem solchen Besuch:

> *Du hast mich gelehrt, dass ich kein Recht auf ein Leben habe, wie es mir Spaß macht. Kein Recht auf Gesundheit oder Mann und Kinder, auf alles Gute, was ich habe. Aber ich kann mich freuen über alles, was mir gegeben ist. Eine Arbeit und eine Wohnung und Essen und Freunde, eine Familie, die mich liebt, und Menschen, die ich liebe. Sonne und Wind und Wolken und Meer und Felder und Regen und Möwen und Matsch und Fahrräder. Ich danke dir, dass du mich Dankbarkeit gelehrt hast; dass du mich auf den Weg der Vergebung geführt und aus meiner bequemen Opferrolle herausgerissen hast. Und dafür, dass du mich in die Verantwortung gestellt hast, selbst zu meinem Glück beizutragen, indem ich aufhöre, im Selbstmitleid zu baden.*

Ein unvergesslicher Spaziergang

Ende Januar zeichnet sich ab, dass die Nieren und andere Organe Probleme bekommen. Plötzlich wird das Atmen schwer: Puschel hat Wasser in der Lunge. Das Herz wird langsam schwächer und kann das Wasser nicht mehr abtransportieren. Dr. Siems kommt extra aus Rostock, um eine Lungenpunktion durchzuführen, also das angesammelte Wasser zu entfernen. Er macht es unter diesen Umständen grandios. Für diesen (letzten) Dienst sind wir dem Doktor unglaublich dankbar. Denn er sorgt dafür, dass Puschel in den kommenden Tagen wieder frei atmen kann.

Das Atmen wird schwer.

Es ist der 31. Januar. In den letzten Tagen sind noch einmal viele da, um Puschel zu besuchen. Auch Opa Holmer kommt noch einmal. Und natürlich wird, wenn er kommt, gebetet und gesungen! Irgendwie spüren alle, dass es das letzte Mal sein könnte.

Am Spätnachmittag kommen Puschels »Tante Mary« und deren Tochter Hanna noch einmal zu Besuch. Als ich Puschel frage, ob sie einen Spaziergang an den See machen möchte, sagt sie entschieden: »Ja!« Sie will zu jeder möglichen und unmöglichen Zeit an die frische Luft. Ich lege sie wie immer in den Rollstuhl. Sie hat auch jetzt noch so viel Kraft in den Armen, dass sie sich selbst an meinem Hals festhält und ich mit einem Arm nur ihren Körper hochheben muss, während ich mich mit dem anderen Arm am Bett abstützen kann. Eva-Maria packt sie warm ein und wir ziehen los. Es wird ein wunderbarer Spaziergang: Der wintergraue Himmel spannt sich weit über uns, still liegt der gefrorene See da, unser Atem zeichnet sich in der kalten, frischen Luft ab – wir schieben Puschel im Liegerollstuhl ans Ufer und betreten vorsichtig die Eisfläche. Auf dem Rückweg macht Puschel sogar noch Witze und Späße.

Dann liegt sie geschafft, aber sehr dankbar wieder in ihrem Bett. »Danke, Papa«, sind ihre schwachen, aber klaren Worte. Hanna kann noch längere Zeit mit ihr reden und die Bibel mit ihr lesen. Sie schreibt über die letzte Begegnung mit ihrer Cousine:

> *Dann fiel mir ein Spruch ein, den Donna mir geschickt hatte. Ich sollte ihn Puschel vorlesen, was ich noch nicht getan hatte. Was für ein »Zufall«, dass er mir gerade in diesem Moment in den Sinn kam. So sprach ich ihn aus: »Ich lasse euch ein Geschenk zurück – meinen Frieden. Und der Friede, den ich schenke, ist nicht wie der Friede, den die Welt gibt. Deshalb sorgt euch nicht und habt keine Angst« (Johannes 14,27).*
>
> *Als ich fertig war, schaute ich hoch und sah Puschel lächeln. Sie sagte nur: »Das ist ein wirklich Guter.« Danach bat sie mich, ihn immer wieder zu lesen. Als wir uns verabschieden mussten, sagte sie nur: »Hanna, ich hab dich lieb. Du bist ein wirklich besonderer Mensch.« Ich sträubte mich dagegen und meinte nur: »Puschel, das kann nicht dein Ernst sein. DU bist ein wundervoller, ganz besonderer Mensch. Für uns Cousins und Cousinen bist*

du ein riesen Vorbild, denn du hast uns gezeigt, wie wir zufrieden sein können mit dem, was wir haben. Dass wir Gott in allem vertrauen können, egal, was geschieht, dass er uns hindurchführt und alles in der Hand hat. Danke dafür.«

Unter Lächeln und Weinen brachte sie mit Schwierigkeit einige Worte heraus. Es waren Worte, die sie Jahre begleitet hatten und die sie sich in großen Leuchtbuchstaben, wenn schon nicht auf die Stirn, aber doch fest ins Herz geschrieben hatte: »Let us fix our eyes on Jesus ...« Ich stimmte unter Tränen mit ein: »... the author and perfecter of our faith.«[75]

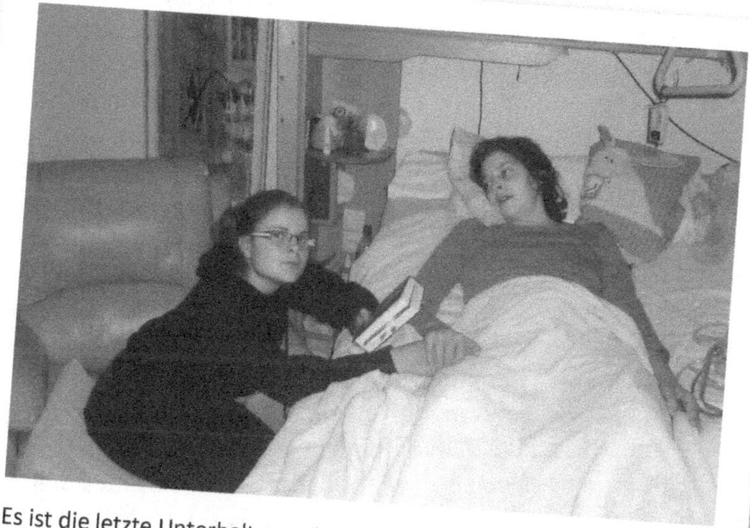

Es ist die letzte Unterhaltung, die Puschel auf dieser Erde hat.

[75] Hebräer 12,2. Der Spruch steht in Holsby in der Kapelle an der Wand über dem Altar.

Die größte und wichtigste Reise ist die schwerste

Eva-Maria und ich sind so damit beschäftigt, mit Puschel Tag für Tag gegen die Krankheit zu kämpfen, dass uns der Gedanke an das Ende gar nicht wirklich kommt. Der 31. Januar ist einfach ein weiterer schöner Tag mit Puschel. Und dann sind alle Besucher weg. Eva-Maria bereitet wie immer alles für die Nacht vor. Die Tröpfe mit Schmerzmitteln richten wir gemeinsam – wie jeden Tag.

Wie immer stehen wir an ihrem Bett und beten gemeinsam. Dabei ist es für uns eine große Beruhigung, dass Puschel seit der Lungenpunktion ruhig und tief atmen kann. Eva-Maria geht wie immer recht zeitig ins Bett, damit sie dann wieder die Frühschicht ab fünf Uhr übernehmen kann. Ich gehe in mein Arbeitszimmer und beobachte Puschel von Zeit zu Zeit auf dem Monitor meines Smartphones – seit einigen Wochen können wir Puschel durch eine Kamera von überall sehen. Puschel schläft in dieser Nacht sehr ruhig. Dann, gegen ein Uhr, gehe auch ich ins Bett, natürlich nicht, ohne vorher noch einmal leise zu ihr hineinzuschauen. Ihr Kopf ist ein wenig zur Seite gefallen, weil wir das Kopfende des Bettes recht steil gestellt haben, damit sie besser atmen kann. So richte ich ihren Kopf gerade und hoffe, dass sie nicht aufwacht, sondern ruhig weiterschlafen kann.

Dies ist der Moment, in dem ich Puschel zum letzten Mal lebend sehe. Und so verabschiede ich mich in die Nacht, nicht damit rechnend, dass es die letzte Begegnung ist.

Als Eva-Maria wie immer sehr früh aufsteht, um nach Puschel zu sehen, kommt sie kurz darauf an mein Bett und weckt mich mit den Worten: »Hannes, jetzt ist unsere Puschel beim Heiland.« Es ist der 1. Februar 2012. Puschels Organe haben endgültig ihren Dienst eingestellt. Kurze Zeit später stehen wir gemeinsam an ihrem Bett. Sie liegt vor uns, friedlich, mit einem zufriedenen, fast lächelnden Gesichtsausdruck. Doch sie selbst ist seit einigen Stunden in der Ewigkeit.

»Hannes, jetzt ist unsere Puschel beim Heiland.«

Während wir sie anschauen, betend, traurig, jeder ein wenig seinen Gedanken nachhängend, sind wir auch ein wenig erleichtert – und dankbar. Dann beten wir gemeinsam, ziemlich stockend, und danken Gott für das Leben unserer Tochter, für alles, was er uns mit ihr geschenkt hat. Sie war ein besonderes »Geschenk des Himmels«. Das qualifiziert Puschels Geschwister nicht ab, denn sie selbst empfinden es auch so. Ein Geschenk, das einmalig ist, und gleichzeitig ein Vermächtnis, das unser ganzes Leben geprägt hat. Dies alles sagen wir Gott – hier an ihrem Bett – und bitten ihn, dass ihr Leben auch für viele ihrer Freunde zu einem Vermächtnis wird. Zu einem Zeugnis, einer Aufforderung, intensiv und entschieden auf die Ewigkeit hin zu leben.

Immer noch stehen wir da, tausend Gedanken bestürmen uns. Ja, Gott hat sie viel zu früh wieder von uns genommen. Warum, das wissen wir jetzt noch nicht. Er weiß es ganz gewiss. Mir fällt eine Zeile aus einem Lied von Manfred Siebald ein: »Was wir so fest in Händen halten, das ist uns alles nur von Gott gelieh'n. Wir dürfen es verwalten und dürfen es gestalten und geben es zurück an ihn.« Dann denke ich an Hiob, der – als so viel Unglück über ihn kam – sich tief vor Gott verneigte und sagte: »Der HERR hat's gegeben, der HERR hat's genommen; der Name des HERRN sei gelobt!«[76] Gott zu loben, Jesus im Herzen zu haben und mit ihm jeden Tag zu leben – das war Puschels größte Leidenschaft.

Noch lange Zeit sitzen Eva-Maria und ich still an ihrem Bett. Manche dieser Gedanken teilen wir miteinander. Manche davon teilen wir mit Gott im Gebet. Und dann bricht der Tag an – mit allem, was nun nötig ist.

Es wird ein schöner Tag, denn er ist geprägt von der Dankbarkeit für alles, was Gott uns geschenkt hat – viel mehr als von Traurigkeit und Fragen.

---

[76] Hiob 1,21; LUT

Abschied

Gegen neun Uhr klingelt es. Besuch aus Schweden steht vor der Tür. Es sind Donna und Wally, die beiden Freunde aus Holsby, die für Puschel ein bisschen wie Eltern waren. Sie hatten sich angemeldet, wollen eigentlich Puschel überraschen. Ich lächele sie traurig an und sage auf Englisch: »Ihr seid gerade richtig gekommen, doch Puschel ist bereits in der Ewigkeit bei unserem Herrn.«

Kurze Zeit später stehen wir gemeinsam an ihrem Bett. Gerade bahnt sich ein klarer, heller Sonnenstrahl den Weg in ihr Zimmer – direkt auf ihr Bett. Es sieht aus, als wäre ein Engel an ihre Seite getreten.

Hierher gehört wohl ein Brief, den Donna kurz nach der Beerdigung schickte und den wir in Teilen wiedergeben möchten:

»Puschel war mir oft eine persönliche Ermutigung! Sie hatte viel Grund über die schlimmen Schmerzen zu klagen, aber sie tat es nicht. Sie lebte ihr Leben in vollen Zügen und bei Weitem mehr, als wir für möglich gehalten hätten. In meiner Situation (Rückenschmerzen, die irgendwann zur Operation führten) war es für mich eine große Herausforderung, ›Dank zu sagen mit einem dankbaren Herzen‹! Dies war eines von Puschels Lieblingsliedern (›Give thanks with a grateful heart‹).

2008 schickte Puschel mir ein Gedicht, das sie geschrieben hatte. Sie bat mich, es ins Englische zu überarbeiten. Viel wichtiger ist, wie sehr die Einfachheit dieses Gedichtes mein Herz berührte:

Wo gehe ich hin?
In wessen Fußtapfen gehe ich?
Wer zeigt mir den Weg?
Gehe ich blind?
Was ist mein Ziel?
Bin ich auf diesem Weg allein?

Meine Seele findet in Gott allein Ruhe!
Er ist mein Ziel!
Und ich gehe nicht allein!

Friede und Ruhe,
Sicherheit und Liebe,
und reichlich, niemals – endende Gnade!

Wer bin ich – ohne IHN?
Weggeweht vom Wind!
Ich habe alles, worauf es ankommt – mit IHM!
Für immer Vergebung!
Mein Freund, ich möchte dein Freund sein.
Sei mein Vater!

Dein Kind.

Oh, die Anmut ihres Lebens in Christus und die unerschütterliche Beziehung zu IHM. Sie zeigte dies immer und immer wieder und ihr Leben berührte das von so vielen anderen – einschließlich meines! Ich werde ihre Freundschaft immer schätzen!!«

Dieser 1. Februar 2012 ist ein Ausnahmetag in unserem Leben. Ein Tag des Abschieds, doch auch ein Tag, an dem wir uns der Realität und der Gegenwart unseres Herrn klarer bewusst sind als je zuvor. Wally, der schwedisch-amerikanische Freund, sagt immer wieder: »Es ist so schön, dieses Aroma des Lebens und nicht des Todes zu riechen.« Und in der Tat: Es liegt Ruhe über allem – ein Friede, der »größer ist, als unser menschlicher Verstand es je begreifen kann« (Philipper 4,7).

»Das Aroma des Lebens – nicht des Todes«

Ein wenig später kommt Opa Holmer mit seiner Frau. Gemeinsam können wir Lieder singen, beten – und letztlich Gott nur noch loben und ihm danken für dieses erfüllte, wenn auch nach unserem Gefühl bei Weitem zu kurze Leben.

Doch Gottes Uhren gehen bekanntlich anders als unsere. Seine Gedanken und Wege sind höher als unsere (Jesaja 55,9). Wir sind fester denn je davon überzeugt, dass sein Wort wahr ist und seine Gedanken über uns immer Gedanken des Friedens sind (Jeremia 29,11).

Das Ende einer Geschichte auf dieser Erde

Mit einem Gedicht einer Cousine von Puschel möchten wir Puschels Geschichte hier langsam ausklingen lassen. Es ist Gottes Geschichte, die sicherlich nicht endet. Wir sind sicher, dass vieles von dem, was Puschel in dieser Welt in so vielen Menschen bewegen konnte, erst in der Ewigkeit sichtbar werden wird. Denn es sind geistliche Wirkungen, die Puschel selbst nie sich, sondern immer ihrem treuen Vater im Himmel zugeschrieben hat.

du wirst im himmel einmal überrascht sein

was könnte ich über deine geschichte schreiben?
es ist schwer, etwas zu sagen
deine augen, dein lächeln – einfach nur wunderbar
es scheint ein feuer zu sein, das nicht von dieser erde ist!
hinabgefallen, viel ist kaputt gebrochen,
aber du bist immer noch so stark
du läufst, du kämpfst,
und du bist immer so voller liebe.
es ist so viel kaputt, du bist oft erschöpft
immer und immer wieder erlebst du das,
doch du betest, du bist voller hoffnung
du strahlst immer diese freude aus!
du sagst, es sei okay, wenn du gehen musst,
aber du würdest auch gern bleiben;
es ist schwer, auszudrücken,
wie sehr du mich beeindruckst,
was dies für mich bedeutet
du beeindruckst mich so sehr,
wie die vielen anderen auch;
du wirst im himmel einmal überrascht sein,
wie viele menschen du tief berührt hast
der friede, über den du sprichst,
ich spüre ihn in deinen briefen!
dieser friede in dir kann nur direkt vom himmel sein!

ein stern in der nacht, hell und wunderschön
dein licht scheint in der dunkelheit!
es leuchtet mit dem feuer der ewigkeit
SEIN feuer möge dich wärmen,
es möge dein Herz in allem, was dir geschieht, ganz fest halten!

Magdalena Holmer

In dem Tagebuch von Holsbybrunn klebte ein Zettel (ob er dorthin gehört oder erst in die spätere Zeit, wissen wir nicht) mit folgenden Worten, die wir gern wiedergeben möchten:

»Lebe, als wenn heute der letzte Tag wäre!« Wie soll ich leben, wenn ich wüsste, dass ich »nur« noch einen Tag zu leben habe? Was ist der Sinn meines Lebens? Was würde ich speziellen Menschen unter allen Menschen noch sagen wollen? Jetzt würde ich denken, dass mir die Menschen leidtun, die zurückgeblieben sind. Denn ich habe es besser. Ich kann dankbar auf mein Leben mit Gott schauen. Oder wollte ich noch was Bestimmtes erreichen? Wozu wäre es dann gut? Für mein Ich oder einen Sinn für die Ewigkeit? Gott, du hast mir das Leben gegeben und wenn du es dir nimmst, möchte ich dich trotzdem so! Ich möchte ein Hoffnungsschimmer, eine Ermutigung für diejenigen sein, die Angst vor dem Tod haben, denn für mich ist es, denke ich, eine Freudenfeier, bei Jesus zu sein. Und »nur« für meine Lieben wird es schon erst einmal eine Trauerfeier sein, aber ich wünsche mir, dass sie Gottes Weg so sehen, ihn annehmen, das Beste daraus machen, nämlich anderen Menschen davon erzählen, wie groß die Freude in der Ewigkeit sein wird! Ich kann es mir noch nicht vorstellen, wie es dort sein wird, aber ich bin ja nur ein Mensch auf Erden. »Lehre uns, Herr, bedenken, dass wir sterben müssen, auf dass wir klug werden!« (Psalm 90,12«).

Gott hat das Wunder, das wir uns erhofft haben, nicht getan. Doch es ist ein großes Wunder, und ganz sicher ein Ergebnis so vieler Gebete in diesen fünf Jahren, dass es für Puschel nie infrage stand, dass Gottes Plan perfekt ist. Wir können so viele Linien in ihrem Leben sehen, die ein Mensch nie hätte planen können. Auch wir als Familie leben bis heute davon, dass Gott Gebete erhört. Gott hat uns diesen Frieden, den Puschel sich für uns gewünscht und erbeten hatte, geschenkt. Dieser Friede ist »größer, als unser menschlicher Verstand es je begreifen kann«. Wir danken Gott und all denen, die so treu für Puschel und uns gebetet haben und es noch tun!

Was ich von dir gelernt habe …

Oft hat Puschel ihre Mutter erwähnt und sie hat in den letzten Jahren davon gelebt, dass diese sich aufopferungsvoll um sie gekümmert hat. Hier nun noch ein Gedankensplitter von Eva-Maria, auch wenn alles bisher Geschriebene ganz und gar von uns beiden so empfunden und geschrieben worden ist.

Es ist eine Art Brief an Puschel:

Als du durch deine Krankheit wieder nach Hause kamst, nahm unser Tierbestand mächtig zu. Das bedeutete konkret: zu den zwei Eseln kamen noch hinzu: ein Pony, mehrere Zwergkaninchen, mehr und mehr Chinchillas, Katzen und Katzenbabys, Schafe, Fische und ein Pferd. Diese bekamen natürlich möglichst alle irgendwann Junge. Eigentlich mag ich Tiergeburten bei uns immer gerne. Aber die Frage, wohin mit dem süßen Nachwuchs, nahm mir dann und wann ein wenig die Freude. Du entwaffnetest mich dabei meistens mit einem »Ach, Mutti …«. Und das bedeutete in deiner Sprache der Liebe: »Mach dir nicht so viele Sorgen …« Dahinter stand immer dein Lebensmotto »Gott kennt dein Gestern, gib ihm dein Heute, dann sorgt er für dein Morgen«. Also freute ich mich mit …

Du liebtest das Leben, das Gott schenkt, so sehr, dass du alles Leben um dich herum in dein Leben mit hineingenommen hast. Denn es war für dich immer ein Geschenk des himmlischen Vaters, deines Schöpfers.

Abschiedsgottesdienst

Während des Abschiedsgottesdienstes erzählt Heinz Spindler, der Leiter des Fackelträgerzentrums *Bodenseehof*, von einer Begegnung mit Puschel. Sie hatte ihm erzählt, wie einfach es war, mit den Patienten in den Krankenhäusern über Jesus zu reden. Sie hatte ihm auch von den gläubigen Leuten erzählt, die uns beim Gebet unterbrochen hatten, als wir beteten: Herr, dein Wille geschehe. »Das kann nicht Gottes Wille sein, dass Lydia krank ist. Gottes Wille ist Gesundheit, Perfektion und Vollkommenheit«, sagten sie. Doch Puschels Körper war nicht gesund – trotzdem war dieser Weg immer Gottes Weg.

Heinz Spindler erzählt, dass Puschel ihn eines Tages fragte (wohl einfach rhetorisch): »Habe ich etwas falsch gemacht, wenn ich sagte: ›Dein Wille geschehe‹? Ich wollte immer nur, dass Jesus mein Leben gebraucht, indem er sich durch mich bezeugt. Und das tut er, wenn ich mit Ärzten und Patienten zusammentreffe.«

Heinz Spindler schreibt:

> *Diese Aussage von Lydia »Puschel« Holmer werde ich nicht mehr vergessen. Ich werde auch nicht die Augen von Puschel vergessen, in die ich blickte, während sie dies sagte. Es waren Augen voller Hoffnung und geprägt von Liebe zu ihrem geliebten Herrn und Retter Jesus Christus. Dies ist mir Auftrag sowie Anfrage zugleich geworden. Das soll und muss mein Lebensinhalt sein und immer neu werden! Es gibt keine größere Aussage im Leben eines Jesus-Menschen, ob jung oder alt, und es kann auch keine bessere Lebenserfüllung für Jesus-Menschen geben.*
>
> *Ich bin Jesus Christus unendlich dankbar, dass er mich diese junge Frau mit diesem tiefen Vertrauen in ihn hat kennenlernen lassen. Möge ihr Lebenszeugnis vielen helfen, Erfüllung, Sinn und Hoffnung für ihr Leben zu finden. Vor allem wünsche ich mir, dass das Buch über sie das wird, was Lydias Lebensziel war: »Ich wollte doch nur, dass Jesus sich durch mein Leben bezeugt …«*

Mit unaussprechlicher Dankbarkeit für wunderbare »Jesus-Begegnungen« durch Lydias Leben sowie durch das Leben ihrer Familie. Euer Heinz

Nachwort – von »Opa Holmer«

Mit tiefer Bewegung habe ich die Tagebucheintragungen meiner Enkeltochter Lydia gelesen. Mich hat erstaunt, dass auch ein Opa von seiner Enkeltochter lernen kann, zum Beispiel die Einfalt und das Zutrauen zu ihrem himmlischen Vater. Oder die feste Gewissheit, dass Gott die Dinge so führt, wie es gut und richtig ist. Auch eine große Gelassenheit gehört dazu, als die Dinge für Lydia so ganz anders liefen, als sie es sich wünschte. Für sie schien es völlig natürlich zu sein, bei ihrem Vater im Himmel abzugeben, was sie durch Menschen an Problemen erfuhr oder was sie an Rückschlägen in der Lebensführung erlebte. Und sie hatte eine sehr große Freude über Gottes wunderbare Schöpfung. Mit ihrem Vater im Himmel war sie offenbar in einem staunenden Dauergespräch darüber.

Ruhig hatte sie ihren Opa angehört – und wies ihn doch mit Bestimmtheit ab, als er ihr sagte, nun müsse sie doch erst einmal den gerade erst erlernten Beruf praktizieren, sich in der Arbeit bewähren und auch endlich Geld verdienen. »Opa, mir ist aber klar, dass ich zu den Fackelträgern nach Schweden gehen soll«, sagte sie einfach. Und später ging sie dann sogar zu den Straßenkindern in El Salvador! Dieser ruhigen Gewissheit hatte auch ein wohlwollend besorgter Opa nichts entgegenzusetzen. Jetzt im Nachhinein erkenne ich: Es war so wohl genau richtig. Lydia hatte nur wenig Zeit. Doch sie strebte nach einem erfüllten Leben. Es wurde ein Leben voll ewigen Reichtums.

Aber wo bleibt denn nun die Erhörung unserer vielen dringenden Gebete? Gott hat uns doch die Zusage gegeben, dass er alle unsere Gebete erhört. Viele haben im Gebet vor Gott um die Wiederherstellung ihrer Gesundheit geradezu gerungen. Gott hat anders entschieden. Mehrfach hat Lydia selbst geschrieben: »Vater, dein Wille geschehe!«

Da muss ich Gott wohl einfach zutrauen, dass tatsächlich »sein Plan perfekt ist« und er voller Liebe und Weisheit an Lydia gehandelt hat. Er kann die Dinge besser laufen lassen, als wir es erbeten haben. Im Himmel werden wir erkennen: Wer bei Jesus ist, will nicht mehr zurück.

Doch kann es denn sein, dass Gott eine junge Krankenschwester von solch einem wichtigen Dienst an hilfsbedürftigen Straßenkindern abruft und ihr dort die nötige Pflege aus der Hand nimmt? Ja, er kann. Denn inzwischen hat sich auch in *La Casa* einiges weiterentwickelt. Es werden dort kleine Häuser gebaut, in denen die Kinder in »Familien« wohnen, geführt von Hauseltern. Und Lydias Glocke in der Kapelle ruft sie unter Gottes Wort. Ihre Freundin Myriam hat inzwischen mit Daniel, ihrem Mann, in *La Casa de mi Padre* gearbeitet und so ein Stück die Lücke gefüllt. Sie werden nun zwar vorerst in ein anderes Land Mittelamerikas gehen. Doch Gott füllt die Lücken, die Menschen hinterlassen. Obwohl er uns nicht braucht, will er uns dennoch gebrauchen. Er beruft zum Dienst und beruft ab in seine herrliche Ewigkeit.

In diesem Buch ist sehr viel aus der Sicht von Lydias Vater berichtet, denn er arrangierte vor allem die vielen Reisen zu den Therapien und auch zu den Wunschzielen seiner in jeder Hinsicht sehr mobilen Tochter. Die Mutter hielt meist die Stellung zu Hause und bereitete ihr bei der Rückkehr einen warmen Empfang. Nicht erst in den letzten Wochen war sie unverzichtbar als die treue Krankenpflegerin. Lydias beständiger inniger Wunsch nach ihrem Zuhause ist ohne sie nicht denkbar gewesen. Es ist faszinierend, wie viel Kraft und Liebe fließen können, wenn ein Vater und eine Mutter zusammenstehen, gemeinsam beten und das Nötige tun.

Uwe Holmer

Die Internetseite mit Lydias Geschichte ist unter **www.holmer.de** oder mithilfe dieses QR-Codes zu erreichen. Dort können Sie auch Video- und Radio-Interviews mit Lydia sowie Buchlesungen sehen, hören oder herunterladen.

Uwe Holmer
Zuversicht
Weil Glaube trägt

Gb., 144 S., 12 × 18,7 cm
Best.-Nr. 271730
ISBN 978-3-86353-730-2

Uwe Holmer (1929–2023) ist überzeugt: Die Erde hat einen hochintelligenten, mächtigen Schöpfer, der es gut mit uns Menschen meint. Und in der Bibel – in Gottes Wort – wird uns das Woher und das Wohin, das Wie und das Wozu unseres Lebens erklärt.

So können wir die Freude und Gewissheit des Glaubens kennenlernen. Begleiten Sie den „Mann, bei dem Erich Honecker wohnte“, auf seiner Glaubensreise: wie Gott ihn Glauben lehrte; wie Gott zu uns durch die Schöpfung und Jesus Christus spricht; wie wir Antworten auf die Grundfragen des Lebens finden können und warum Glaube heilsam ist – und warum alles verloren ist, wenn man Gott los ist ...

Martin Flemming
Und morgen Ewigkeit
Abschied von meiner Frau

Gb., 240 S., 13,5 × 20,5 cm
Best.-Nr. 271976
ISBN 978-3-86353-976-4

„Ich liebe dich, Chérie. Und der Herr Jesus liebt dich noch mehr." Diese Worte richtete Martin direkt nach ihrem Tod an seine Frau Irina.

In diesem Buch erzählt er ihre gemeinsame Geschichte: vom ersten Kennenlernen in der Bar und ihrer gemeinsamen Hinwendung zu Jesus über die Krebsdiagnose und die Geburt ihrer Tochter bis hin zum gemeinsamen Weg ans Ziel. Dabei ist dieser Weg nicht von Leiden, sondern von einer lebendigen und kraftvollen Ewigkeitsperspektive geprägt. Die im Tagebuchstil verfassten Zeilen sind darum von einer tiefen Wahrheit durchzogen, die unsere begrenzte Lebenszeit bei Weitem übersteigt und jeden einlädt, sein Leben auf dieses Ziel auszurichten. Ein Leben nach dem Motto: Und morgen Ewigkeit!

Susanne von Pentz-Jaeger
Plötzlich ist er nicht mehr da
Ein Bergunglück. Ein Schock.
Das weitere Leben.

Gb., 128 S., 11 × 17 cm
Best.-Nr. 271622
ISBN 978-3-86353-622-0

Bei einem tragischen Unfall verliert Susanne von Pentz-Jaeger ihren Ehemann. Ein schöner Wandertag wird zum Albtraum.

Offen und authentisch schreibt sie in diesem Buch über Verlust, Trauer und ihr Leben nach diesem Schicksalsschlag. Sie möchte Menschen in ähnlichen Situationen Mut machen, aber auch Anregungen für die Begleitung von Trauernden geben.